ÉCRITS POUR SOI-MÊME
LETTRES À FRONTON

DES MÊMES TRADUCTEURS À LA MÊME LIBRAIRIE

ÉPICTÈTE, *Entretiens. Fragments et sentences*, introduction, traduction et notes de Robert Muller, « Bibliothèque des Textes Philosophiques – Poche », 2015

JULIEN L'EMPEREUR, *Contre les Galiléens*, introduction, traduction et notes par A. Giavatto et R. Muller, « Bibliothèque des Textes Philosophiques – Poche », 2018

BIBLIOTHEQUE DES TEXTES PHILOSOPHIQUES
Fondateur Henri GOUHIER Directeur Emmanuel CATTIN

MARC-AURÈLE

ÉCRITS POUR SOI-MÊME

suivi des

LETTRES À FRONTON

Introduction, traduction et notes
par

Angelo GIAVATTO et Robert MULLER

PARIS
LIBRAIRIE PHILOSOPHIQUE J. VRIN
6 place de la Sorbonne, V^e^

2024

Imprimé en France
ISSN 0249-7972
ISBN 978-2-7116-3123-0
www.vrin.fr

AVERTISSEMENT

Le nom de Marc-Aurèle est à jamais associé au petit livre habituellement appelé *Pensées* en français, dont nous proposons ici une traduction nouvelle sous le titre plus conforme au titre grec que nous a transmis la tradition de *Écrits pour soi-même*. La célébrité de cet ouvrage tient à la fois à la personnalité de l'auteur, empereur et philosophe, et au témoignage qu'il apporte sur le dernier stoïcisme.

On sait moins qu'a été conservé aussi un ensemble de lettres, datant essentiellement de la jeunesse de Marc-Aurèle, qui nous renseignent sur la vie quotidienne et la période d'apprentissage du futur empereur. Ces lettres, ici éditées, constituent ainsi un complément utile à l'intelligence de ce personnage peu ordinaire, et ce d'autant plus qu'il n'en existe pas de traduction française récente. Pour la même raison, ont été joints quelques documents sur la vie et la mort de l'Empereur.

INTRODUCTION
AUX *ÉCRITS POUR SOI-MÊME*

> Essaie de voir aussi comment te va la vie de l'homme de bien, qui d'un côté se satisfait de la part qui lui est assignée dans l'univers, de l'autre se contente d'observer la justice dans ses propres actes.
>
> IV, 25

Entre 161 et 180, l'Empire romain fut dirigé par un philosophe. Né en 121 de Marcus Annus Verus et de Domitia Lucilla, Marc-Aurèle fut adopté d'abord par son grand-père paternel Marcus Annius Verus, puis par Antonin le Pieux, par la volonté d'Hadrien. En 145, il épousa la fille d'Antonin le Pieux, Faustine la Jeune. Après avoir été consul à deux reprises, il succéda à son père adoptif, décidant d'associer son frère Lucius Verus (qui mourra en 169) à la direction de l'Empire. Ses presque vingt années à la tête de l'Empire furent troublées par des révoltes et des invasions, notamment celle des Quades et des Marcomans, qui l'occupèrent intensément dans la dernière phase de sa vie. Une trace de ces campagnes est même visible dans le texte philosophique de Marc-Aurèle que nous présentons dans ce volume[1]. Si sa renommée littéraire est liée à ce dernier écrit, d'autres textes nous sont parvenus en son nom (ou associés à lui), notamment des lettres, qui

1. *Cf.* p. 34, n. 2 et p. 43, n. 1.

nous éclairent sur sa vie personnelle et sa formation intellectuelle, et des témoignages littéraires, juridiques et épigraphiques concernant ses activités d'empereur. C'est précisément la richesse et l'hétérogénéité de cette production et de ces sources que notre volume vise à mettre en lumière et à rendre accessible au lecteur, afin qu'il puisse apprécier toute la complexité d'une des figures les plus marquantes de l'histoire ancienne.

Les *Écrits pour soi-même* (τὰ εἰς ἑαυτόν), connus habituellement sous le nom de *Pensées*, sont si célèbres qu'ils sont souvent considérés par des personnes d'horizons différents, spécialistes ou non du monde gréco-romain, comme un véritable livre de chevet, au même titre que la Bible ou d'autres textes de même importance.

Ce texte relativement court (113 pages dans la dernière édition critique de l'original grec) se présente comme une succession de chapitres plus ou moins longs, souvent extrêmement concis, parfois plus développés et argumentés. Ces chapitres consistent pour la plupart en ce que l'on pourrait appeler génériquement des réflexions philosophiques, mais peuvent parfois correspondre à des citations tirées de la tradition précédente, philosophique ou littéraire, ou même à des notes au style décousu. Le premier livre de l'ouvrage, qui compte en tout douze livres, présente une structure particulière : seize des membres les plus importants de l'entourage de Marc-Aurèle sont évoqués par l'auteur dans chacun des seize premiers chapitres du livre pour une série de qualités, de vertus ou même d'expériences vécues ou partagées avec lui ; ces traits de caractère ou ces événements ont visiblement inspiré ou servi d'enseignement à l'Empereur, au même titre que les principes philosophiques qui sont à la base du reste de l'ouvrage. Enfin, le dernier chapitre du livre concerne les dieux et tout ce que Marc-Aurèle considère leur devoir. Les onze livres restants sont d'une longueur inégale et comportent un nombre inégal de chapitres : ils vont de seize chapitres (livre III) à soixante-quinze (livre VII). Il convient de noter qu'il n'est pas possible de savoir si la division en douze livres et en chapitres est entièrement attribuable à l'auteur[1] et si la structure de l'écrit telle que nous la connaissons reflète parfaitement son intention. D'ailleurs, certains spécialistes ont supposé que le premier livre a été écrit en dernier et qu'il constitue une sorte de préambule à l'œuvre[2]. Bien qu'à certains moments on puisse constater qu'une série de chapitres successifs traite du même sujet[3], les livres n'ont pas de cohérence thématique[4] – nous verrons d'ailleurs bientôt que cela est tout à fait cohérent avec l'objectif même de l'ouvrage.

Les réflexions de Marc-Aurèle possèdent le plus souvent un bon degré de clarté, ce qui est sans doute à la base de la diffusion de ce texte auprès du grand public – même si l'importance historique de son auteur a certainement contribué aussi à ce succès. Outre cette accessibilité, la célébrité de ce texte peut être attribuée au contenu des réflexions qu'il contient : des réflexions

1. En fait, de telles divisions ne sont que partiellement présentes dans la tradition manuscrite. La structure que l'on trouve dans les éditions actuelles est celle de l'édition de Thomas Gataker, publiée à Cambridge en 1652.

2. *Cf.* notamment F. Martinazzoli, *La* successio *di Marco Aurelio. Struttura e spirito del primo libro dei* Pensieri, Bari, Adriatica, 1951.

3. Comme le relève P. Hadot, *La citadelle intérieure. Introduction aux* Pensées *de Marc Aurèle*, Paris, Fayard, 1997[2] (1992), p. 240-251.

4. Les tentatives d'identifier des critères thématiques rigides dans la division en livres (comme celles de A. Braune, *Marc Aurels* Meditationen *in ihrer Einheit und Bedeutung*, Diss. Altenburg, 1878, p. 12-52 et R. Caratini, *Marc Aurèle. L'empereur philosophe*, Neully-sur-Seine, Lafon, 2004, p. 140-150) ne sont pas entièrement convaincantes.

morales de portée existentielle, capables de parler à des lecteurs non spécialistes, qui y trouvent une inspiration pour leur vie quotidienne. En ce sens, cet écrit manifeste de manière exemplaire le pouvoir qu'ont les textes de l'Antiquité gréco-romaine de parler aux êtres humains de toutes les époques, dont la nôtre. En ce qui concerne les spécialistes, ce texte n'a jamais manqué d'intéresser les historiens[1] (en raison de l'identité de son auteur) mais surtout les experts en littérature et en philosophie antiques. Pour les premiers, il s'agit d'un ouvrage d'une grande finesse stylistique, témoin de l'écriture en langue grecque à Rome, représentatif entre autres du style de la diatribe et du genre de la sentence[2]. Pour les seconds, ce texte constitue le dernier chapitre de l'histoire du stoïcisme antique, et en particulier du stoïcisme dit impérial. Au cours des dernières décennies, qui ont vu un véritable renouveau des études des spécialistes de la philosophie antique sur Marc-Aurèle[3] ainsi que des éditions et des

1. Parmi les travaux historiques sur Marc-Aurèle, nous pouvons rappeler ici le livre récent et très riche de B. Rossignol (*Marc Aurèle*, Paris, Perrin, 2020).

2. *Cf.* à ce propos M. Alexandre, « Le travail de la sentence chez Marc-Aurèle : philosophie et rhétorique », dans *Formes brèves. De la* γνώμη *à la pointe : métamorphose de la* sententia, *La Licorne* 3, 1979, p. 125-158. L'étude la plus importante des dernières années sur les aspects littéraires de l'écrit est sans doute celle de R.B. Rutherford, *The* Meditations *of Marcus Aurelius. A Study*, Oxford, Clarendon, 1989 ; pour une étude plus ancienne, *cf.* J. Dalfen, *Formgeschichtliche Untersuchungen zu den* Selbstbetrachtungen *Marc Aurels*, Munich, Habelt, 1967.

3. *Cf.*, parmi les ouvrages les plus récents, M. van Ackeren (éd.), *A Companion to Marcus Aurelius*, London, Blackwell, 2012 et J. Sellars, *Marcus Aurelius*, London, Routledge, 2020. Parmi les études précédentes, nous pouvons mentionner E. Asmis, « The Stoicism of Marcus Aurelius », *ANRW* 2.36/3, 1989, p. 2228-2252, P. Hadot, *La citadelle intérieure.*

commentaires sur son texte philosophique[1], les chercheurs se sont concentrés sur les aspects les plus techniques de cette écriture philosophique, les inscrivant précisément dans l'évolution du stoïcisme antique. Enfin, d'autres études ont tenté d'analyser ce texte en combinant les aspects stylistiques et philosophiques, en partant de l'idée que les spécificités de la forme de l'écriture de l'Empereur influencent et sont influencées par son contenu[2].

Cet écrit, composé d'après ce que l'on en sait à la fin de la vie de Marc-Aurèle, frappe par au moins deux caractéristiques formelles. Tout d'abord, il n'a pas la structure d'un traité philosophique tel que nous l'entendons : Marc-Aurèle ne traite pas le même sujet une seule fois pour toutes, de manière exhaustive, mais le reprend à divers moments de l'écrit, avec un système de répétitions et de variations. La répétition des thèmes obéit à un critère de variation qui suit des principes rhétoriques ou dialectiques : un même point doctrinal peut être exposé ou exprimé sous forme de souhait ou d'injonction, par exemple, ou encore être présenté de manière dogmatique ou démontré de façon rigoureuse, notamment sous la forme d'un syllogisme. Une deuxième caractéristique différencie l'écriture de Marc-Aurèle des autres écrits philosophiques de la tradition antérieure et postérieure : alors que ces derniers s'adressent à un public, d'élèves ou de lecteurs extérieurs au cercle

Introduction aux Pensées *de Marc Aurèle*, *op. cit.* et J. Annas, « Marcus Aurelius : Ethics and its Background », *Rhizai* 2, 2004, p. 103-119.

1. Parmi les principaux, P. Hadot et C. Luna, *Marc-Aurèle. Écrits pour lui-même*, Introduction générale, Livre I, Paris, Les Belles Lettres, 1998 ; Ch. Gill, *Marcus Aurelius. Meditations. Books 1-6*, Oxford, Oxford University Press, 2013 ; C. Dalimier, *Marc Aurèle. Pensées pour soi*, Paris, Flammarion, 2018.

2. *Cf.* A. Giavatto, *Interlocutore di se stesso. La dialettica di Marco Aurelio*, Hildesheim-Zürich-New York, Olms, 2008.

de l'auteur, l'écrit de Marc-Aurèle, comme l'indique explicitement le titre que la tradition manuscrite lui attribue, s'adresse au contraire à l'auteur lui-même. Ce procédé inédit s'explique précisément à partir du premier trait stylistique que nous venons de mettre en lumière : Marc-Aurèle, qui a appris dès sa jeunesse les principes de la philosophie stoïcienne, entend les faire revivre *constamment* dans son âme et accorder son action avec eux, en se laissant guider par la partie de lui-même qui garde ces principes[1]. Sur le plan théorique, la démarche de Marc-Aurèle se fonde sur l'épistémologie et sur la théorie de l'action stoïciennes : l'âme, qui est un corps, est influencée et modifiée dans sa structure par les enseignements qu'elle entend et sur lesquels elle réfléchit ; l'action, de son côté, a comme point de départ une telle structure psychique et dépend de cette dernière pour sa qualité morale.

Encore un mot sur la composition de l'œuvre. Le texte philosophique de Marc-Aurèle est un texte personnel, visant un but philosophique qui, comme nous l'avons vu, concerne son auteur lui-même. Mais comme la plupart des œuvres de l'Antiquité, il est tissé à travers un dialogue incessant avec la tradition antérieure. En ce sens, les interlocuteurs silencieux de l'Empereur, qui habitent en marge de son écriture, sont nombreux. Le premier d'entre eux est sans doute Épictète, que l'on peut considérer comme le maître spirituel de Marc-Aurèle et qui est largement cité par l'Empereur. Des textes de Platon sont également mentionnés, de même que certains propos des philosophes pré-platoniciens (Héraclite en particulier, Démocrite et

1. En ce sens, cet écrit constitue un chapitre important de la réflexion antique sur l'intériorité ; voir à cet égard les pages consacrées à Marc-Aurèle dans F. Ildefonse, *Le multiple dans l'âme. Sur l'intériorité comme problème*, Paris, Vrin, 2022.

Empédocle), mais le réservoir de citations de l'auteur dépasse la sphère de la philosophie et concerne également la tradition littéraire, en particulier Homère ainsi que les auteurs de théâtre de l'époque classique et hellénistique. À ce vivier de textes s'ajoute la tradition mythologique gréco-romaine, ainsi que – selon une coutume que nous connaissons déjà depuis Sénèque et Épictète – les personnages de l'histoire passée. Ces personnages endossent à la fois le rôle classique d'*exempla* de la vertu (ou du vice, le cas échéant) et celui, philosophiquement encore plus poignant, d'hommes et de femmes importants et célèbres ayant pourtant subi le même sort de mort et d'oubli que celui auquel sont soumis tous les êtres humains.

Comme nous l'avons dit, les thèmes abordés par Marc-Aurèle dans son écrit sont enracinés dans l'ensemble de la philosophie stoïcienne et sont tous abordés dans une perspective que nous pourrions définir comme éthico-pratique. Marc-Aurèle ne fait pas de sélection doctrinale, excluant par exemple la sphère de la physique et de la logique pour se concentrer sur l'éthique. En revanche, il plie la totalité de ce qu'il a eu l'occasion de connaître de la philosophie stoïcienne au but de son écriture, c'est-à-dire maintenir une connaissance lucide et solide du stoïcisme et agir en cohérence avec elle. Ainsi il vise à réaliser le but de la philosophie tel que les Stoïciens l'avaient théorisé dès l'origine de cette école : vivre en accord avec la nature universelle et la nature individuelle, c'est-à-dire se réaliser en tant qu'être humain au sein d'un univers organisé par la volonté d'un dieu universel, tout-puissant et bienveillant. En ce sens, même des sujets qui ne relèvent pas immédiatement du domaine de l'éthique, mais plutôt de la logique (notamment de la théorie de la connaissance[1]) ou, surtout, de la physique[2], sont mentionnés et traités dans la mesure où ils peuvent inspirer Marc-Aurèle dans son comportement.

Il n'est pas nécessaire ici de dresser une liste exhaustive des thèmes abordés par Marc-Aurèle dans son écrit, mais nous pouvons au moins en évoquer quelques-uns à titre d'exemples : le caractère providentiellement positif de la structure et du fonctionnement de l'univers ; le fait que notre existence en tant qu'êtres humains doit être conçue comme celle d'une partie singulière à l'intérieur d'un tout dont nous partageons le destin et auquel nous devons constamment apporter notre contribution ; la nécessité de réaliser pleinement notre nature humaine en accomplissant une vertu qui vise le bien commun ; l'attention que nous devons constamment porter à la qualité de notre rapport cognitif à la réalité, en visant des représentations fiables du monde et non pas les premières impressions que nous en recevons ; l'importance de comprendre ce qui seul possède une authentique valeur dans notre vie, à savoir les actes vertueux et la partie de nous qui a la faculté de les réaliser ; la bienveillance que nous devons manifester à l'égard des autres êtres humains, même lorsqu'ils nous font ce qui semble être du mal ; la capacité du monde de la nature à inspirer notre comportement vertueux, dans la mesure où les animaux et même toutes les autres parties de l'univers, contrairement à l'homme, remplissent parfaitement et constamment la fonction qui est la leur. Comme le montre déjà cette liste partielle, ces thèmes

1. *Cf.* A. Giavatto, « Logic and the *Meditations* », *in* M. van Ackeren (éd.), *A Companion to Marcus Aurelius*, *op. cit.*, p. 408-419.

2. *Cf.* P. Hadot, « La physique comme exercice spirituel, ou pessimisme et optimisme chez Marc-Aurèle », *Revue de Théologie et de Philosophie* 102, 1972, p. 225-239.

s'étendent du domaine de la théorie de la connaissance à celui de la cosmologie ou de la philosophie politique, mais leur dénominateur commun est toujours le même : la capacité à nourrir la réflexion et l'action de Marc-Aurèle dans son quotidien d'homme – et d'empereur.

Marc-Aurèle est donc un auteur qui, tout en connaissant les principaux courants philosophiques de son époque, a trouvé dans le stoïcisme l'environnement intellectuel qui convenait à sa personnalité. Ce qui est apparu à certains chercheurs comme un signe d'éclectisme, voire d'adhésion à d'autres doctrines, n'est rien d'autre que la tentative de Marc-Aurèle de prouver que les principes *éthiques* de son école sont les plus efficaces, même lorsque la réalité s'avérerait être différente de l'image qu'en donne le stoïcisme dans son ensemble : lorsque Marc-Aurèle dit qu'il faut rester vertueux aussi bien dans le cas où l'univers est gouverné par la providence que dans le cas où il est le résultat de la collision aléatoire d'atomes, il n'est nullement en train d'envisager la possibilité réelle de l'hypothèse atomiste, mais d'affirmer la force du principe moral au-delà même de son arrière-plan cosmologique[1]. Marc-Aurèle se reconnaît donc comme stoïcien – et comme philosophe. La question de son orthodoxie et de la reconnaissance

1. Il s'agit de la fameuse dichotomie « soit la providence soit les atomes », qui a beaucoup occupé les spécialistes. Elle est abordée dans les chapitres suivants : II, 11, 2-3 ; IV, 3, 5 ; 27 ; VI, 10 ; 24 ; VII, 32 ; VIII, 25, 4 ; IX, 18, 2 ; 28, 1-3 ; 39, 1 ; X, 6, 1 ; 7, 5 ; XII 14 ; 24, 1. Pour les études consacrées à cette question, *cf.* J. Cooper, « Moral Theory and Moral Improvement : Marcus Aurelius », in *Knowledge, Nature, and the Good. Essays on Ancient Philosophy*, Princeton, Princeton University Press, p. 335-368 ; G. Reydams-Schils, *The Roman Stoics. Self, Responsibility, and Affection*, Chicago-London, The University of Chicago Press, 2005, p. 42 ; A. Giavatto, *Interlocutore di se stesso. La dialettica di Marco Aurelio*, *op. cit.*, p. 213-228.

« institutionnelle » de sa nature de philosophe est plus un problème des modernes que de Marc-Aurèle lui-même[1], qui était bien conscient de la nature de son éducation, de l'étendue de ses connaissances philosophiques et de la manière dont elles intervenaient dans le rôle qu'il occupait dans le monde. Et c'est précisément cela qu'intéressait Marc-Aurèle – et qui a informé par conséquent son écriture : réaliser sa tâche, telle que la providence universelle l'a conçue, et incarner les principes du stoïcisme à l'intérieur des limites mêmes de ce destin qui était le sien.

Le texte philosophique de Marc-Aurèle nous confronte à l'une des figures clés de l'histoire antique. Mais contrairement aux représentations iconographiques de l'Empereur, qui nous intimident par la sévérité et la puissance émanant de son visage, ce texte nous permet d'entrer dans le laboratoire intérieur de cet être humain au destin exceptionnel, en nous révélant ses faiblesses, ses efforts, ses doutes, sa capacité à reconnaître ses dettes morales, son infatigable volonté de se rendre meilleur. Bref, sa féconde fragilité humaine.

Note sur le texte

Le texte des *Écrits pour soi-même* nous a été transmis par un manuscrit du Vatican du XIVe siècle (*Vaticanus gr.* 1950, **A**), par l'*editio princeps* publiée en 1559 à Zurich par Wilhelm Xylander (**T**) et réalisée à partir d'un manuscrit perdu, ainsi que par une série d'extraits dans d'autres manuscrits. La tradition manuscrite présente de nombreuses

1. Pour un exemple d'étude qui aborde ces questions, *cf.* J. Rist, « Are You a Stoic ? The Case of Marcus Aurelius », *in* B.F. Meyer et E.P. Sanders (éd.), *Jewish and Christian Self-Definition*, 3 : *Self-Definition in the Graeco-Roman Word*, London, SMC, 1982, p. 23-45.

divergences et les experts sont intervenus à plusieurs reprises au cours des derniers siècles pour modifier le texte. Le texte grec traduit dans ce volume est celui de la dernière édition critique complète, publiée par Joachim Dalfen d'abord en 1979 puis, dans une seconde édition, en 1987, chez l'éditeur Teubner. Nous avons bien entendu tenu compte d'autres travaux critiques sur le texte grec, y compris la précédente édition critique de référence, à savoir celle d'A.S.L. Farquahrson de 1944, le premier volume de la nouvelle édition des Belles Lettres, publiée en 1998 par Pierre Hadot et Concetta Luna, ainsi que des éditions antérieures (comme celle de Trannoy dans les Belles Lettres, de 1925, ou de Willy Theiler, publiée d'abord en 1951 puis republiée en 1974) ou des traductions annotées particulièrement attentives au texte grec, comme celle du précieux volume contenant tous les écrits de Marc-Aurèle, publié par Guido Cortassa chez UTET en 1984. Nous avons indiqué en notes de bas de page les quelques endroits où nous nous sommes écartés du texte de Joachim Dalfen.

Remarque sur la traduction

En dépit du caractère apparemment littéraire de ses écrits, et bien que l'auteur écrive d'abord pour lui-même, Marc-Aurèle utilise le plus souvent un vocabulaire rigoureux, conforme à l'usage philosophique et plus précisément à la doctrine stoïcienne. C'est pour rendre sensible ce souci de rigueur que nous avons choisi de conserver, autant que possible et en assumant les lourdeurs qui peuvent en résulter, une même traduction pour un terme donné. Certains termes techniques pouvant toutefois prêter à confusion en français, nous en proposons ci-après quelques explications complémentaires.

Compréhension, [représentation] compréhensive (κατάληψις, [φαντασία] καταληπτική)

Voir les notes à IV, 22, p. 59 et à IX, 6, p. 138.

Démon (δαίμων)

Le terme grec désigne d'abord un dieu ou une divinité inférieure, mais il s'applique aussi à l'âme et par extension au génie d'un individu, à sa personnalité ou son caractère. Selon Marc-Aurèle lui-même, le démon, fragment de Zeus donné par ce dernier à chaque homme, se caractérise par l'intelligence (νοῦς) et la raison (λόγος) de chacun (voir V, 27, 2, p. 80).

Impulsion (ὁρμή)

Terme technique stoïcien, un des quatre pouvoirs de l'âme humaine, à savoir le pouvoir d'agir, à côté de la représentation, de l'assentiment et de la raison. Selon les cas, on peut dire tendance, inclination, penchant, élan, propension, volonté même ; mais on a préféré conserver le plus possible un même terme pour souligner sa récurrence dans la langue d'un auteur soucieux d'être fidèle à l'école dont il se réclame

Indifférent (ἀδίαφορον)

Voir la note à III, 11, 5, p. 50.

Principe (δόγμα)

Thèse ou proposition fondamentale, à laquelle il faut régulièrement revenir dans les diverses circonstances de la vie. Le plus souvent, il s'agit d'un principe stoïcien que Marc-Aurèle veut se remettre en mémoire, mais le terme peut s'appliquer aussi aux « principes » qui inspirent la conduite ou la pensée des hommes en général.

Principe directeur (ἡγεμονικόν)

Une des huit « parties » de l'âme humaine, la principale, celle qui commande (*cf.* V, 11, p. 75). Mais le terme de « partie » est trompeur : pour les Stoïciens, l'âme est essentiellement une, et les autres « parties » sont plutôt considérées comme des extensions ou des prolongements du principe directeur.

Réserve, réservé (αἰδήμων)

Dans la langue de Marc-Aurèle (comme dans celle d'Épictète), ces termes ont un sens plus fort qu'en français, où ils renvoient à une forme de retrait et de modestie : il s'agit ici d'une vertu authentique, proche de la maîtrise de soi.

CHRONOLOGIE

26 avril 121 : naissance de Marc-Aurèle à Rome[1].

138 : l'empereur Hadrien adopte le futur Antonin le Pieux en lui recommandant d'adopter à son tour Marc-Aurèle et Lucius Commodus. Hadrien meurt en juillet, Antonin empereur.

139 : Marc devient « César » ; et le reste pendant 23 ans.

140 : premier consulat, avec l'empereur Antonin.

145 : deuxième consulat, toujours avec Antonin.
Mariage avec Faustine, fille d'Antonin.

146 : Marc prend ses distances avec Fronton et la rhétorique, se tourne vers la philosophie.

1. Originellement : *Marcus Annius Verus* ; puis *Marcus Aurelius Antoninus*. Comme souvent dans les documents anciens, le nom de notre homme apparaît dans nos textes sous des formes différentes, selon qu'on retient l'une ou l'autre ou plusieurs de ces dénominations. Ce qui peut donner lieu à des malentendus (*Antonin* désignant son père adoptif, *Vérus* son frère par adoption Lucius Commodus).

147 : Marc obtient la puissance tribunitienne pour la première fois (1er décembre).

161 : troisième consulat, avec Lucius Commodus.
Mort d'Antonin, Marc accède à l'empire ; il partage le pouvoir avec Lucius Commodus (qu'il appelle Vérus). Début de la guerre contre les Parthes.

163-166 : guerres en Orient (conquête de Ctésiphon, de Séleucie).

166 : célébration du triomphe sur les Parthes ; la peste ravage l'Empire.

167 : invasion des Quades et des Marcomans (peuples germains) dans le nord de l'Italie.

169 : mort de Lucius Vérus, Marc seul à la tête de l'Empire.

169-175 : Marc sur la frontière dans la région du Danube (Carnuntum, Sirmium et Viminacium).

175 : rébellion d'Avidius Cassius, un des généraux de la guerre contre les Parthes ; ensuite gouverneur des provinces d'Orient, il se proclama empereur mais fut tué par ses officiers après quelques mois, avant l'arrivée de Marc. – Voyage en Orient avec Faustine et leur fils Commode.

176 : mort de Faustine dans le Taurus. – Marc passe à Athènes ; initié aux mystères d'Eleusis ; fonde quatre chaires de philosophie (platonicienne, péripatéticienne, stoïcienne, épicurienne) avec dotation annuelle de 10 000 drachmes ; Hérode Atticus reçoit la tâche de choisir les professeurs.

176 : retour à Rome ; célébration du triomphe sur les Germains et les Sarmates.

177 : Commode, fils de Marc, associé à l'Empire.

178, août : nouvelles invasions dans la région du Danube ; Marc repart vers la frontière.

17 mars 180 : mort de Marc à Sirmium ou à Vienne.

MARC-AURÈLE

ÉCRITS POUR SOI-MÊME
LETTRES A FRONTON

ÉCRITS POUR SOI-MÊME

LIVRE I

1. De mon grand-père Verus[1] : le bon caractère et l'absence de colère.

2. De la réputation et du souvenir laissé par celui qui m'a engendré[2] : la réserve et la force virile.

3. De ma mère[3] : la piété, la générosité et la capacité à s'abstenir non seulement de faire le mal mais même d'en

1. Les dix-sept chapitres du premier livre sont tous introduits par la préposition *παρά* suivie du nom de ceux à qui Marc est redevable de divers bienfaits ou des qualités dont il se félicite. En grec la préposition *παρά*, lorsqu'elle est suivie d'un génitif, indique l'origine et la dérivation, mais ici Marc-Aurèle n'ajoute pas de verbe précisant le sens de cette dérivation. Selon les cas, on devra entendre « j'ai hérité, je dois » (lorsqu'il s'agit de traits qu'il se reconnaît), « j'ai appris, j'ai eu l'occasion d'admirer » (quand il croit ne pas encore posséder les qualités en question). Par fidélité au texte original, nous avons décidé de conserver la formulation implicite sans verbe.

Le grand-père de Marc-Aurèle, Marcus Annius Verus, était un homme très riche et politiquement influent. Il fut consul à trois reprises et préfet de la Ville, ainsi que conseiller de Nerva, Trajan et Hadrien. Vers 138, à l'âge de 70 ans, il entra au Sénat en même temps qu'Hadrien adoptait Antonin et que ce dernier adoptait Marc-Aurèle.

2. Le père biologique de Marc-Aurèle était Marcus Annius Verus. Après sa mort prématurée, son fils fut adopté une première fois par son grand-père paternel, dont il est question au § 1.

3. Domitia Lucilla, membre elle aussi, comme le père de Marc-Aurèle, d'une famille aisée. Elle profita de sa richesse considérable pour créer un centre de culture hellénique autour de sa maison.

2 concevoir l'idée. | Et aussi la simplicité du mode de vie,
bien éloignée du train des riches.

4. De mon arrière-grand-père[1] : ne pas avoir fréquenté
2 les écoles publiques, | avoir bénéficié de bons maîtres à la
3 maison | et avoir compris qu'en ce domaine il faut savoir
dépenser sans compter.

5. De mon précepteur[2] : n'avoir été partisan ni des
Verts ni des Bleus, ni des Boucliers Courts ni des Longs[3] ;
2 | supporter la fatigue et me contenter de peu ; faire mon
3|4 travail moi-même | et ne pas me mêler de tout ; | ne pas
faire bon accueil à la calomnie.

6. De Diognète[4] : ne pas m'intéresser aux choses
2 futiles ; | ne pas croire ce que les faiseurs de prodiges et
les magiciens racontent sur les incantations, la conjuration
3 des démons et choses de ce genre ; | ne pas m'amuser à
frapper les cailles[5] et ne pas m'abandonner à de telles
4|5 manies ; | supporter qu'on parle avec franchise ; | m'être
6 laissé gagner par la philosophie ; | avoir suivi les leçons
de Bacchius d'abord, puis celles de Tandasis et de

1. Il s'agit très probablement de Lucius Catilius Severus, grand-père paternel de Domitia Lucilla, qui succéda à Marcus Annius Verus en tant que préfet de la Ville et qui aurait même pu succéder à Hadrien comme empereur. Il appartenait au cercle de Pline le Jeune. Toutefois, il pourrait aussi s'agir d'Annius Verus, arrière-grand-père paternel de Marc-Aurèle, qui exerça également des fonctions politiques.

2. Personnage non identifiable. L'*Histoire Auguste* (*Vie d'Antonin le Pieux*, X, 5) nous informe que Marc-Aurèle fut très secoué par sa mort. Sur l'*Histoire Auguste*, voir p. 296, n. 1.

3. Respectivement, factions rivales dans les courses de chars et dans les luttes entre gladiateurs.

4. Il s'agit presque certainement du maître de peinture de Marc-Aurèle.

5. Les sources anciennes ne donnent pas d'informations précises sur ce jeu. Il consistait probablement à inciter les cailles les unes contre les autres ou à les frapper.

Marcianus[1] ; | avoir écrit des dialogues dans mon jeune 7
âge ; | avoir voulu dormir sur un lit étroit avec une simple 8
peau, et adopter toutes les pratiques du même genre qui
font partie de l'éducation hellénique.

7. De Rusticus[2] : avoir pris conscience que j'avais
besoin de corriger mon caractère et de lui donner tous mes
soins ; | ne pas m'être laissé séduire par la passion de la 2
sophistique, ne pas composer de traités théoriques ni
prononcer de petits discours édifiants, ne pas chercher à
frapper l'imagination des gens par un étalage d'ascétisme
ou de bienfaisance ; | avoir renoncé à la rhétorique, à la 3
poésie, aux mots d'esprit ; | ne pas me promener à la maison 4
en costume de cérémonie et éviter les excès de ce genre ;
| écrire mes lettres simplement, à l'exemple de celle que 5
lui-même écrivit de Sinuessa à ma mère ; | être disposé à 6
l'indulgence et à la conciliation envers ceux qui m'ont
irrité ou offensé, aussitôt qu'ils expriment le désir de
revenir en arrière ; | lire les textes de façon minutieuse et 7
ne pas me contenter d'une compréhension globale, et ne
pas accorder immédiatement mon assentiment à ceux qui
bavardent à tort et à travers ; | avoir eu connaissance des 8
notes prises aux leçons d'Épictète, qu'il m'a communiquées
de sa bibliothèque.

8. D'Apollonius[3] : être libre et résolu à ne pas laisser
jouer le hasard ; | n'avoir égard, si peu que ce soit, à rien 2
d'autre qu'à la raison ; | rester toujours semblable à soi- 3
même, dans les douleurs aiguës, lors de la perte d'un enfant,
dans les longues maladies ; | avoir clairement perçu, sur 4

1. Nous savons que le premier de ces trois personnages était un philosophe platonicien. Les deux autres sont inconnus.

2. Quintus Iunius Rusticus fut un philosophe stoïcien, mais aussi un homme politique (deux fois consul et une fois préfet de la Ville).

3. Il s'agit d'un autre philosophe stoïcien, Apollonios de Chalcédoine.

un modèle vivant, qu'un même individu peut être à la fois
5 très énergique et détendu ; | expliquer les textes sans se
6 fâcher ; | avoir vu un homme qui comptait manifestement
pour la moindre de ses qualités son expérience et son
7 habileté à transmettre les doctrines ; | avoir appris comment
il faut accueillir de la part d'amis ce qui passe pour des
faveurs, sans se sentir humilié à cause d'elles ni s'y montrer
insensible et les dédaigner.

2 **9.** De Sextus[1] : la bienveillance ; | l'exemple d'une
3 famille soumise à l'autorité paternelle ; | la notion de la
4 vie conforme à la nature ; | la gravité sans affectation ;
5 | la sollicitude attentive mise à discerner ce que réclame
6 l'amitié ; | la patience à l'égard des profanes et de ceux qui
7 jugent sans réfléchir ; | la faculté de s'adapter à tous, si bien
que s'entretenir avec lui était plus agréable que toute
flatterie, et que ceux qui en avaient l'occasion éprouvaient
8 pour lui le plus profond respect ; | découvrir et ordonner
les principes nécessaires à la vie, en les comprenant parfaitement
9 et en procédant avec méthode ; | ne jamais manifester
le moindre signe de colère ou d'une autre passion, mais
10 être à la fois totalement impassible et très affectueux ; | faire
11 des éloges de façon discrète ; | posséder un grand savoir
sans ostentation.

10. D'Alexandre le grammairien[2] : s'abstenir de
2 blâmer ; | ne pas reprendre de façon blessante ceux qui ont
commis un barbarisme ou un solécisme ou fait entendre
une expression malsonnante, mais se contenter de prononcer

1. Sextus de Chéronée était le neveu de Plutarque. Il fut le maître de Marc-Aurèle même après l'accession de ce dernier à l'Empire, en 161. Il était très probablement un philosophe stoïcien, même si le lexique byzantin de la Souda le définit comme pyrrhonien.

2. Alexandre de Cotyaeum. Il fut le maître de grammaire de Marc-Aurèle et lui enseigna le grec.

adroitement le mot qu'il fallait dire, sous forme de réponse, de confirmation ou d'examen en commun de la chose même et non de l'expression, ou encore en recourant poliment à une autre suggestion de ce genre.

11. De Fronton[1] : avoir remarqué comment se manifestent l'envie, la duplicité et l'hypocrisie des tyrans, et que la plupart du temps ceux qu'on appelle chez nous patriciens sont en un sens moins capables d'aimer leurs proches.

12. D'Alexandre le platonicien[2] : ne pas répondre souvent et sans nécessité, de vive voix ou par lettre : « Je n'ai pas le temps », et ne pas ajourner constamment ainsi les devoirs qu'imposent les relations sociales en invoquant l'urgence des affaires.

13. De Catulus[3] : ne pas traiter à la légère les plaintes d'un ami, même s'il arrive qu'il se plaigne sans raison,
mais essayer de rétablir les relations habituelles ; | dire de 2
tout cœur du bien de ses maîtres, comme on le voit dans
ce qui est rapporté de Domitius et d'Athénodote[4] ; | avoir 3
une véritable affection pour ses enfants.

1. Marcus Cornelius Fronton (95-167) fut un homme politique, un avocat et un maître de rhétorique latine, parmi les figures les plus influentes de l'éducation et de la vie de Marc-Aurèle, comme le montre l'échange épistolaire entre les deux personnages compris dans ce volume.

2. Très probablement Alexandre de Séleucie, rhéteur renommé qui fut le secrétaire de Marc-Aurèle pour la correspondance en langue grecque. Le fait qu'il était platonicien est confirmé par un texte de Philostrate (*Vies des Sophistes*, II, 5, 570) attestant qu'Alexandre était appelé, de manière sarcastique, Πηλοπλάτων, « Platon d'argile ».

3. Cinna Catulus, philosophe stoïcien.

4. On ne sait pas exactement à quoi Marc-Aurèle fait référence ici, puisque le premier des deux personnages est inconnu et qu'au sujet du second, il n'est pas sûr qu'il s'agisse du philosophe stoïcien mentionné par Fronton, *Lettres à Marc César*, II, 1, 3 ; IV, 12, 2.

14. De Severus[1] : l'amour de la famille, l'amour du
2 vrai, l'amour du juste ; | avoir grâce à lui connu Thrasea,
Helvidius, Caton, Dion, Brutus[2], et avoir formé l'idée d'un
État où la loi est la même pour tous, gouverné selon le
principe de l'égalité et d'un droit égal à la parole[3], et d'une
monarchie respectant par-dessus tout la liberté des sujets ;
3 | et encore estimer la philosophie à sa juste valeur et
4 avec constance ; | la bienfaisance et une générosité sans
5 limites ; | l'espérance, la confiance en l'amitié de ses amis ;
6 | la franchise avec laquelle il s'adressait à ceux qu'il lui
7 arrivait de blâmer ; | ne pas mettre ses amis dans l'obligation
de deviner ce qu'il voulait ou ne voulait pas, car il le disait
clairement.

15. De Maximus[4] : se dominer et ne pas se laisser
2 distraire par quoi que ce soit ; | la sérénité en toutes
3 circonstances et notamment dans les maladies ; | un
caractère fait d'un heureux mélange de douceur et de
4 gravité ; | l'accomplissement sans négligence des tâches
5 qui se présentaient ; | la conviction partagée par tous qu'il
pensait ce qu'il disait, et que quand il agissait, c'était sans

1. Claudius Severus, homme politique et philosophe péripatéticien.

2. Paetus Thrasea et Helvidius Priscus étaient deux adeptes du stoïcisme ; Néron contraignit le premier au suicide tandis que Vespasien condamna à mort le second. Caton d'Utique fut l'adversaire de César et se suicida en 46 pour échapper à ce dernier. Dion est très probablement Dion de Syracuse, proche de Platon : il s'opposa avec acharnement à Denis II, tyran de Syracuse ; d'autres pensent qu'il s'agit du rhéteur Dion Chrysostome. Marcus Iunius Brutus est célèbre pour sa participation à la conjuration contre César.

3. Ἰσόνομος (« où la loi est la même pour tous »), ἰσότης (« principe de l'égalité ») et ἰσηγορία (« droit égal à la parole ») sont des mots classiques dans la philosophie politique grecque (employés notamment par Platon, Isocrate et Aristote), formés avec le préfixe ἰσο- qui marque l'égalité associée au régime démocratique.

4. Claudius Maximus, philosophe stoïcien.

mauvaises intentions ; | jamais de stupeur ni d'effroi, ni 6
précipitation ni lenteur, ni embarras ni abattement, pas de
rire forcé suivi d'accès de colère ou de défiance ; | être 7
bienfaisant, prêt à pardonner, véridique ; | offrir l'image 8
d'un homme droit plutôt que redressé ; | le fait que jamais 9
personne n'a pensé être méprisé par lui ni imaginé qu'il
lui fût supérieur ; | plaisanter avec grâce. 10

16. De mon père[1] : le tact et la fermeté inébranlable
dans les décisions prises après examen approfondi ;
| l'indifférence pour la vaine gloire que donnent les 2
prétendus honneurs ; | l'amour du travail et la persévérance ; 3
| l'oreille attentive qu'il prêtait à ceux qui peuvent utilement 4
contribuer au bien public ; | la manière inflexible de donner 5
à chacun selon son mérite ; | l'art de distinguer les occasions 6
où il faut se raidir de celles où il faut se relâcher ; | avoir 7
mis fin aux amours pour les jeunes gens[2] ; | le sens du bien 8
commun ; la permission accordée à ses amis de ne pas
toujours manger à sa table et de ne pas être obligés de
l'accompagner dans ses voyages, ainsi que le fait de se
montrer toujours le même avec ceux qui l'avaient quitté
pour certaines affaires ; | examiner minutieusement les 9
questions soumises à délibération et poursuivre l'examen
jusqu'au bout ; | conserver ses amis sans jamais s'en lasser 10
ni se prendre pour eux d'une folle passion ; | se suffire en 11
tout à soi-même en restant serein ; | prévoir les choses de 12
loin et les organiser dans les moindres détails sans
dramatiser ; | avoir réprimé les acclamations et toute espèce 13
de flatterie adressées à sa personne ; | le soin permanent 14
donné aux besoins de l'Empire et la gestion prudente des

1. Antonin le Pieux, empereur de Rome entre 138 et 161 et père adoptif de Marc-Aurèle.

2. On ne peut pas savoir qui est visé, l'Empereur lui-même ou son entourage.

dépenses publiques, la patience à supporter les critiques
15 qu'on lui adressait sur ces questions ; | aucune superstition
dans le rapport aux dieux, et envers les hommes ni
démagogie ni désir de plaire ou de gagner la faveur
populaire, mais en tout une conduite mesurée et résolue,
16 jamais vulgaire ni obsédée par la nouveauté ; | en ce qui
concerne les biens qui contribuent à la commodité de
l'existence (biens dont la fortune l'avait comblé), un usage
à la fois sans orgueil et sans faux-fuyants, de sorte qu'il
les goûtait avec simplicité quand ils étaient à sa portée et
17 n'en éprouvait pas le besoin s'ils faisaient défaut ; | le fait
que personne n'a pu le traiter de sophiste ni d'esprit trivial
ni de pédant, mais qu'on l'a dit homme mûr, accompli,
inaccessible à la flatterie, capable de défendre aussi bien
18 ses propres intérêts que ceux des autres ; | en outre l'estime
qu'il avait pour ceux qui pratiquent la philosophie de façon
authentique, évitant d'offenser les autres sans pour autant
19 se laisser tromper par eux ; | et encore, une conversation
20 agréable et courtoise, sans être fastidieuse ; | le soin
raisonnable qu'il prenait de son corps, non en amoureux
de la vie ni avec coquetterie ni certes avec négligence,
mais de telle sorte que grâce à l'attention qu'il portait à sa
personne il ne recourait que rarement à la médecine ou
21 aux drogues et emplâtres ; | surtout sa manière de s'effacer
sans jalousie devant ceux qui avaient acquis une compétence,
par exemple l'éloquence, la connaissance des lois, des
coutumes ou d'autres matières, et son empressement à
soutenir leurs efforts pour que chacun obtienne l'estime
que réclamait son excellence particulière ; que tout en
agissant constamment selon les traditions des ancêtres, il
22 ne se souciait pas de l'afficher ; | et aussi son peu de goût
pour les déplacements et l'agitation perpétuelle, sa capacité,
au contraire, à séjourner dans les mêmes lieux et à traiter

les mêmes affaires de façon continue ; | qu'après ses 23
violents accès de maux de tête il retrouvait aussitôt
fraîcheur et vigueur pour reprendre ses travaux habituels ;
| qu'il n'avait pas beaucoup de secrets, très peu au contraire, 24
en peu d'occasions et pour les intérêts de l'État uniquement ;
| sa conduite sage et pleine de mesure dans la célébration 25
des fêtes, les travaux publics, les distributions au peuple
et choses de ce genre, n'ayant d'égard qu'à ce que le devoir
demandait de faire et non à la gloire que lui vaudrait ce
qu'il avait fait ; | qu'il ne prenait pas de bains à des heures 26
indues, n'aimait pas bâtir, ne se souciait guère de ce qu'il
mangeait, ni des tissus ou des couleurs de ses vêtements,
ni de la beauté des corps ; | (je pense encore au portique de 27
Lorium qui de la résidence d'en bas conduit vers le haut,
et aux nombreuses choses qui se trouvaient à Lanuvium)[1] ;
| la manière dont il se comporta avec le publicain de 28
Tusculum qui l'implorait, ainsi que tous les comportements
de ce genre ; | rien de dur, rien assurément d'impudent, rien 29
de violent, rien qui eût jamais pu faire dire à quiconque
« Il en sue ! », mais des décisions toujours réfléchies comme
à loisir, sans trouble, ordonnées, vigoureuses, cohérentes ;
| (on pouvait lui appliquer ce qu'on rapporte de Socrate, à 30
savoir qu'il savait aussi bien s'abstenir que jouir de ces
choses dont beaucoup d'hommes sont trop faibles pour
s'abstenir et à la jouissance desquelles ils se livrent trop
facilement) ; | sa force, son endurance, modérées toutes 31
deux, comme il l'était lors de la maladie de Maximus.

1. Dans cette phrase, nous préférons l'expression στοὰ ἣ, « le portique qui… », conjecture de W. Theiler, au mot στολὴ (« tunique »), présent dans la tradition manuscrite acceptée par Dalfen. Il s'agit dans tous les cas d'une phrase obscure, probablement corrompue. Lorium était le lieu d'une maison de campagne de l'empereur Antonin, non loin de Rome, où Marc-Aurèle aimait à séjourner. Lanuvium était une ville ancienne du Latium dans les monts albains.

17. Des dieux : avoir de bons aïeux, un bon père et une bonne mère, une bonne sœur, de bons maîtres, de bons domestiques, des parents et des amis presque tous bons;
2 | qu'envers aucun d'eux je ne me sois laissé entraîner à commettre une faute, bien que mon caractère eût pu m'y pousser si l'occasion s'était présentée (mais grâce aux dieux il ne s'est trouvé aucun concours de circonstances
3 permettant de me prendre en faute); | n'avoir pas été élevé trop longtemps chez la concubine de mon grand-père;
4 | avoir préservé la fleur de ma jeunesse et ne pas avoir prématurément fait acte de virilité, en avoir au contraire
5 retardé le temps; | avoir été sous l'autorité de mon prince et père, qui devait m'enlever tout orgueil et m'amener à comprendre qu'on peut vivre à la cour sans avoir besoin de gardes du corps, de vêtements recherchés, de candélabres ou de statues en tenant lieu[1], ni d'objets de luxe de ce genre, mais qu'il est possible de se limiter quasiment au train de vie d'un particulier sans pour autant déchoir ou pécher par négligence dans l'accomplissement des devoirs qui incombent à un chef dans la gestion des affaires
6 publiques; | avoir eu un frère comme le mien[2] dont le caractère avait la vertu de m'inciter à prendre soin de moi et qui en même temps me rendait heureux par l'estime
7 affectueuse qu'il me témoignait; | avoir eu des enfants ni
8 mal doués ni physiquement disgraciés; | n'avoir pas fait trop de progrès ni en rhétorique ni en poésie ni dans les autres disciplines, qui m'auraient peut-être retenu si je
9 m'étais aperçu que j'y avançais sur la bonne voie; | avoir prévenu les vœux de mes maîtres en les établissant dans

1. Marc-Aurèle semble faire référence aux statues portant des torches, également mentionnées par Lucrèce, II, 24-26.

2. Lucius Verus, co-empereur avec Marc-Aurèle entre 161 et 169, année de sa mort.

la dignité qu'ils me paraissaient désirer, et ne pas avoir
différé ma décision en prévoyant de le faire plus tard sous
prétexte qu'ils étaient jeunes encore ; | avoir connu 10
Apollonius, Rusticus, Maximus ; | m'être représenté 11
clairement et souvent ce qu'est la vie conforme à la nature ;
en sorte que désormais, autant qu'il dépend des dieux, des
communications, de l'assistance et des inspirations venues
d'en haut, rien ne m'empêche de vivre conformément à la
nature, et que si j'en suis loin encore, c'est de ma faute et
parce que je ne tiens pas compte des avertissements des
dieux – ou pour ainsi dire de leurs leçons ; | avoir eu un 12
corps capable de résister si longtemps dans la vie qui est
la mienne ; | n'avoir pas touché à Bénédicta ni à Théodotus, 13
mais aussi plus tard, quand j'ai été atteint des passions de
l'amour, m'en être guéri ; | tout en me fâchant souvent 14
contre Rusticus, n'avoir commis aucun excès dont j'aurais
eu à me repentir ; | que celle qui m'a donné le jour et devait 15
mourir jeune ait néanmoins pu passer avec moi ses
dernières années ; | que chaque fois que je voulais secourir 16
un pauvre ou une personne ayant besoin d'aide pour une
autre raison, on ne m'ait jamais répondu que je n'avais
pas d'argent pour le faire ; | que je ne me sois pas moi-même 17
pareillement trouvé dans la nécessité de demander l'aide
d'autrui ; | avoir eu une femme comme la mienne, si 18
dévouée, si aimante, si simple ; | n'avoir pas manqué de 19
maîtres compétents pour mes enfants ; | avoir reçu en songe 20
la révélation de divers remèdes, notamment pour mes
crachats de sang et mes vertiges ; | et j'y ajoute le remède 21
reçu à Gaète d'une sorte de devin[1] ; | quand je me suis 22
attaché à la philosophie, ne pas être tombé aux mains d'un

1. Le texte transmis est corrompu ici. Nous traduisons la reconstruction proposée par W. Theiler et acceptée par Dalfen.

sophiste, ni m'être retiré à l'écart pour analyser les auteurs et les syllogismes[1], ni pour m'occuper à l'étude des
23 phénomènes célestes. | Car pour tout cela, il est besoin de l'assistance des dieux et de la fortune.

Écrit chez les Quades au bord du Gran. Livre I[2].

1. Avec A.I. Trannoy, nous traduisons ici ἐπὶ τοῦ … ἀναλύειν et non pas ἐπὶ τοὺς … ἀναλύειν comme le donne la tradition manuscrite acceptée par Dalfen.

2. Ces mots apparaissent dans l'*editio princeps* de l'écrit de Marc-Aurèle, réalisée par Michel Toxites (Michael Schütz) en 1559 et basée sur un manuscrit (appelé *Toxitanus*) aujourd'hui perdu. Les Quades étaient une population germanique installée au nord du Danube, dans l'actuelle Moldavie. Le Gran est un affluent de ce fleuve ; il porte aujourd'hui le nom de Hron.

LIVRE II

1. Dès l'aurore se dire par avance : je rencontrerai un indiscret, un ingrat, un violent, un fourbe, un envieux, un
égoïste. | Tous ces défauts viennent de ce qu'ils ignorent 2
les biens et les maux. | De mon côté, j'ai réfléchi au fait 3
que par nature le bien, c'est ce qui est beau et le mal ce qui est laid, que par nature le coupable lui-même est mon parent – ni par le sang ou la semence, mais parce qu'il participe de l'intelligence et possède une parcelle de la divinité ; par conséquent, aucun d'eux ne peut me nuire ; car personne ne saurait me faire faire quelque chose de honteux ; et je ne peux pas non plus me mettre en colère
contre un parent ni le haïr. | Car nous sommes nés pour 4
coopérer, comme les pieds, les mains, les paupières ou les
deux rangées de dents, celle du haut et celle du bas. | Il est 5
donc contre nature de s'opposer les uns aux autres ; et c'est s'opposer que de s'emporter contre quelqu'un ou de lui montrer de l'aversion.

2. Ce que je suis, en fin de compte : morceaux de chair,
faible souffle et principe directeur. | Abandonne les livres, 2
ne te laisse plus distraire, ce n'est pas permis. Mais comme si tu allais mourir, méprise les morceaux de chair : sang impur, petits os, fins réseaux de nerfs, veines et artères.
| Vois aussi en quoi consiste le souffle : du vent, et pas 3
toujours le même mais à tout instant expiré puis de nouveau
avalé. | En troisième lieu donc le principe directeur. Pense 4

à ceci : tu es vieux[1] ; ne permets plus qu'il soit esclave, qu'il soit tiraillé par les ficelles de l'impulsion égoïste, ni qu'il s'irrite contre le destin actuel ou appréhende celui qui doit venir.

3. Les œuvres des dieux sont pleines de providence,
celles de la fortune ne se font pas sans la nature ou ne
laissent pas d'être tissées et entrelacées avec celles que la
2 providence ordonne. Tout découle de là. | S'y ajoute que
tout cela est nécessaire et utile à l'ensemble du monde
dont tu es une partie. Or pour toute partie de la nature est
bien ce que produit la nature de l'univers et ce qui la
conserve ; et ce qui conserve le monde, c'est aussi bien les
transformations des éléments que celles des composés.
3 | Si ce sont là des principes, qu'ils te suffisent. Quant à ta
soif de livres, rejette-la pour ne pas mourir en murmurant,
mais en étant vraiment serein, et du fond du cœur plein de
gratitude envers les dieux.

4. Rappelle-toi depuis combien de temps tu temporises,
et combien de fois tu as obtenu des dieux des délais sans
2 en profiter. | Il faut une bonne fois que tu saisisses de quel
monde tu es une partie, de quel ordonnateur du monde tu
es une émanation et qu'une limite de temps t'a été fixée :
si tu n'en tires pas profit pour atteindre la sérénité, il passera,
tu passeras et il n'y aura plus de nouvelle chance.

5. À toute heure, songe fermement, en Romain et en
mâle, à faire ce qui t'incombe avec la gravité d'un homme
consciencieux et exempt d'affectation, avec amour, liberté
et justice, et à donner congé à toutes les autres pensées.
2 | Ce congé, tu le leur donneras si tu accomplis chaque
action comme si c'était la dernière de ta vie, une fois

1. Né en 121, Marc-Aurèle avait plus ou moins cinquante ans au moment où il écrit ces mots.

débarrassé de toute légèreté, de toute aversion maladive
te détournant de la décision rationnelle, de toute fausseté,
de tout égoïsme et de tout ressentiment contre la part que
t'a attribuée le destin. | Tu vois comme elles sont peu 3
nombreuses, ces choses dont il suffit de se rendre maître
pour mener une vie paisible et pieuse ; car les dieux ne
réclament rien de plus à celui qui observe ces préceptes.

6. Maltraite, maltraite-toi, ô mon âme ! Tu n'auras plus
l'occasion de t'honorer. Car brève est la vie pour chacun,
| et la tienne est presque achevée, toi qui ne te respectes 2
pas toi-même, mais mets ta bonne fortune dans l'âme
d'autrui.

7. Les événements extérieurs te distraient peut-être ?
Donne-toi le loisir d'apprendre encore quelque chose de
bon et cesse de tourbillonner. | Mais il faut dès maintenant 2
te garder aussi de l'autre sorte d'égarement, car on
n'échappe pas à la divagation quand, fatigué de la vie, on
entreprend d'agir sans avoir de but vers lequel diriger toute
impulsion et, une bonne fois, toute pensée.

8. On voit difficilement un homme devenir malheureux pour ne pas s'être arrêté à ce qui se passe dans l'âme d'autrui ; mais ceux qui ne prêtent pas attention aux mouvements de leur propre âme sont, eux, nécessairement malheureux.

9. Voici ce qu'il faut toujours avoir à l'esprit : quelle est la nature de l'univers, quelle est ma nature à moi et quel est son rapport à la nature de l'univers, quelle partie elle est et de quel ensemble elle est une partie, et que personne ne t'empêche de toujours faire et dire ce qui est conforme à la nature dont tu es une partie.

10. C'est en philosophe que, dans la comparaison des fautes, Théophraste[1] affirme, comme on le ferait en jugeant selon le sens commun, que celles qui sont commises sous l'effet du désir sont plus graves que celles qui relèvent de
2 la colère. | Il est en effet manifeste que lorsqu'on se trouve sous l'empire de la colère, c'est en éprouvant une certaine peine et un secret serrement de cœur qu'on se détourne de la raison ; mais celui qui pèche sous l'effet du désir, celui-là est vaincu par le plaisir et paraît en quelque sorte plus
3 incontinent, plus efféminé dans ses fautes. | C'est donc à juste titre et en philosophe que Théophraste a dit que la faute commise avec plaisir mérite un reproche plus grave que celle qui s'accompagne de peine. En somme, dans un cas l'auteur de la faute ressemble davantage à un homme victime d'une injustice antérieure et que la peine éprouvée a contraint à se mettre en colère ; tandis que dans le second, l'homme s'est de lui-même porté à commettre une injustice, entraîné à l'action par son désir.

11. Tout faire, tout dire et tout penser comme si tu
2 pouvais sortir de la vie dès maintenant. | Quitter les hommes n'a rien de terrible s'il y a des dieux, car ces derniers ne sauraient te précipiter dans le malheur ; s'il n'y en a pas ou s'ils ne se soucient pas des affaires humaines, à quoi bon vivre dans un monde vide de dieux ou vide de
3 providence ? | Mais, oui, il y a des dieux, et ils se soucient des affaires humaines. Et pour que l'homme ne tombe pas dans les maux véritables, ils ont fait qu'il dépendît entièrement de lui de ne pas y tomber ; et s'il existait quelque mal en dehors de ceux-là, ils auraient prévu cela aussi et fait qu'il dépendît de chacun de ne pas y tomber.

1. Théophrase d'Erésos, qui vécut à peu près entre 372 et 288 avant J.-C., fut un philosophe péripatéticien. Il prit la direction de l'école d'Aristote après la mort de ce dernier.

| Mais ce qui ne rend pas l'homme plus mauvais, comment 4
cela rendrait-il plus mauvaise la vie de l'homme ? | Ce 5
n'est pas parce que la nature universelle aurait ignoré ces
maux ou parce que, les connaissant, elle était impuissante
à les écarter ou à les corriger qu'elle les aurait négligés ;
elle n'aurait pas non plus, par impuissance ou incapacité,
commis la lourde faute de faire échoir à parts égales les
biens et les maux indistinctement aux bons et aux méchants.
| Or la mort et la vie, la gloire et l'obscurité, la douleur et 6
le plaisir, la richesse et la pauvreté, toutes ces choses
arrivent à parts égales aux hommes bons et aux hommes
méchants sans être ni belles ni laides. Ce ne sont donc ni
des biens ni des maux.

12. Comme tout disparaît vite : dans le monde, les
corps eux-mêmes, et dans le cours des âges, leur souvenir.
Telles sont toutes les choses sensibles, et particulièrement
celles qui séduisent par l'attrait du plaisir ou effraient par
la perspective de la douleur, ou celles que la vanité publique
célèbre partout à la ronde. En quel sens tout cela est vil,
méprisable, sordide, périssable, mort, il appartient à la
faculté intelligente de l'examiner. | À elle aussi d'examiner 2
qui sont ces gens dont les jugements et les paroles dispensent
bonne et mauvaise renommée ; | d'examiner ce que c'est 3
de mourir, et de voir que, si l'on considère la chose elle-
même isolément et dissipe par l'analyse de la notion les
fantômes qu'elle fait surgir, on finira par n'y voir rien
d'autre qu'une œuvre de la nature ; et s'effrayer d'une
œuvre de la nature est puéril – à vrai dire, ce n'est pas
seulement une œuvre de la nature, c'est en outre une chose
qui lui est utile. | À la faculté intelligente d'établir aussi 4
comment l'homme touche au dieu, par laquelle de ses
parties il le fait, et dans quelle disposition, selon le moment,
cette partie de l'homme le fait.

13. Rien de plus misérable que celui qui tourne autour
de tout, qui sonde, comme on l'a dit, « les profondeurs de
la terre »[1], qui cherche à deviner ce qui se passe dans l'âme
d'autrui, sans s'apercevoir qu'il lui suffit d'être attentif
uniquement au démon qui habite en lui et de lui rendre un
2 culte sincère. Ce culte consiste à le garder pur de passion,
de légèreté ainsi que de mauvaise humeur envers ce qui
3 vient des dieux et des hommes. Car ce qui vient des dieux
est vénérable en raison de l'excellence qui est la leur ; ce
qui nous vient des hommes nous est cher à cause de notre
commune parenté – parfois aussi, en un sens, digne de
pitié en raison de leur ignorance des biens et des maux,
infirmité non moindre que celle qui prive de distinguer le
blanc et le noir.

14. Même si tu devais vivre trois mille ou trente mille
ans, souviens-toi que personne ne perd d'autre vie que
celle qu'il est en train de vivre et n'en vit pas d'autre que
2 celle qu'il perd. Ainsi le plus long et le plus court
3 reviennent au même. Le présent est égal pour tous, ce
qui est détruit est donc égal pour tous, et ce qu'on perd est
4 manifestement peu de chose. En effet, le passé et l'avenir,
personne ne peut les perdre : comment pourrait-on ôter à
5 quelqu'un ce qu'il n'a pas ? En conséquence, il faut
toujours se souvenir de deux choses : l'une, que tout, de
toute éternité, est d'aspect semblable et revient périodiquement, et que cela ne fait aucune différence de voir les
mêmes choses pendant cent ou deux cents ans ou pendant
un temps infini ; la seconde, que l'homme qui vit très vieux
et celui qui doit mourir très rapidement font la même perte.

1. Pindare, fr. 292 Snell-Maehler. Cette phrase n'est connue que par la citation (légèrement différente de celle de Marc-Aurèle) qu'en fait Platon dans le *Théétète* (173e).

| Car c'est du seul présent qu'on va être privé, puisque 6
c'est lui seul qu'on possède et qu'on ne perd pas ce qu'on
n'a pas.

15. « Que tout est opinion. »[1]. D'un côté, ce qu'on objectait à Monimos le Cynique est évident, mais évident aussi le profit qu'on peut tirer de son affirmation[2], à condition de n'en accepter la valeur que dans les limites du vrai.

16. L'âme de l'homme se maltraite surtout lorsqu'elle
devient, autant que cela dépend d'elle, un abcès et pour
ainsi dire une excroissance du monde. | En effet, s'irriter 2
contre un événement, c'est faire sécession de la nature qui
embrasse toutes les autres natures. | Elle se maltraite aussi 3
quand elle prend un homme en aversion et va jusqu'à se
dresser contre lui pour lui nuire, comme font les âmes de
ceux qui se mettent en colère. | Elle se maltraite en troisième 4
lieu lorsqu'elle est vaincue par le plaisir ou la douleur. | En 5
quatrième lieu, quand elle feint, agit ou parle en simulant
et en trahissant la vérité. | Cinquièmement, quand elle 6
donne libre cours à une action ou à une impulsion sans les
orienter vers un but, mais agit au hasard et de façon
incohérente, alors que les moindres de nos actions doivent
se rapporter à une fin. Or la fin des êtres doués de raison

1. *Cf.* XII, 22.

2. Il s'agit de Monimos de Syracuse, un Cynique aux opinions sceptiques qui vécut au IVe siècle avant J.-C. Diogène Laërce (VI, 83) cite un passage de Ménandre (fr. 193 Kassel-Austin) qui attribue à Monimos l'idée que « toute opinion est vanité » (v. 7). La critique adressée à Monimos dont parle Marc-Aurèle consistait sans doute à affirmer que si tout est opinion, alors ce même principe s'applique aussi à l'idée que tout est opinion. Marc-Aurèle propose de retenir l'utilité philosophique de la thèse de Monimos sans se laisser emporter par un scepticisme absolu et sans la considérer non plus comme paradoxale.

est d'obéir à la raison et à la loi de la plus ancienne des cités et du plus ancien des gouvernements[1].

17. La vie humaine : sa durée, un point ; sa substance,
fluente ; la perception sensorielle, obscure ; l'assemblage
corporel tout entier, près de se putréfier ; l'âme, un
tourbillon ; le sort, énigmatique ; la réputation, incertaine.
2 | En résumé, tout ce qui concerne le corps est un fleuve et
tout ce qui concerne l'âme, songe et fumée ; la vie, guerre
et séjour sur une terre étrangère ; la gloire posthume, oubli.
3 | Qu'est-ce donc qui peut nous guider ? Une seule et unique
4 chose, la philosophie. | Elle consiste à veiller sur le démon
intérieur pour qu'il soit exempt d'outrage et de faute, plus
fort que les plaisirs et les douleurs, pour qu'il ne fasse rien
au hasard, évite de mentir et de feindre, et n'ait pas besoin
que d'autres fassent ou ne fassent pas ceci ou cela, pour
qu'en outre il accepte les événements et son lot comme
venant de là d'où lui-même est venu ; et par-dessus tout,
attende la mort l'esprit serein en n'y voyant rien d'autre
que la dissolution des éléments dont est composé tout être
5 vivant. | S'il n'y a rien de redoutable pour les éléments
eux-mêmes à ce que chacun se transforme continuellement
en un autre, pourquoi craindre la transformation et la
dissolution de toutes choses ? Cela est en effet conforme
à la nature, et rien de ce qui est conforme à la nature n'est
un mal.

1. C'est-à-dire le monde ; *cf.* III, 11, 2 ; IV, 3, 5 *etc.*

LIVRE III

ÉCRIT À CARNUNTUM[1]

1. Il ne faut pas seulement tenir compte de ce que chaque jour la vie s'épuise et que la part restante s'amenuise à mesure, mais encore de ceci : à supposer que la vie d'un homme dure plus longtemps, on ne peut savoir si sa pensée restera dans la suite identique à elle-même, et sera suffisante pour comprendre les choses et pour réfléchir à la bonne
manière de connaître les réalités divines et humaines. | Car 2
s'il commence à extravaguer, la respiration, l'alimentation, l'imagination, les impulsions et toutes les fonctions de ce genre ne lui feront pas défaut ; mais disposer de soi, faire le compte exact des devoirs, analyser les apparences, examiner même la question de savoir s'il est temps de quitter la vie, ainsi que toutes les questions qui exigent absolument un raisonnement bien exercé, tout cela s'éteint
d'abord. | Ce n'est donc pas seulement parce qu'à chaque 3
instant on s'approche de la mort qu'il faut se hâter, mais aussi parce qu'on perd auparavant la faculté de concevoir les choses et d'en avoir la conscience réfléchie.

2. On doit aussi prêter attention à ceci : les accidents eux-mêmes qui s'ajoutent aux produits naturels ont quelque

1. Carnuntum était le quartier général de Marc-Aurèle dans les années 171-173, lorsqu'il était engagé dans la lutte contre les tribus germaniques des Quades et des Marcomans.

2 chose de gracieux et d’aimable. | Par exemple, lorsqu’on
cuit le pain, apparaissent par endroits de petites fentes, et
les brisures ainsi produites, bien qu’en quelque sorte
contraires à ce qu’on attend de l’art du boulanger, ont
pourtant une certaine convenance, et stimulent l’appétit
3 de façon particulière. | Les figues, de même, s’entrouvrent
4 quand elles sont tout à fait mûres. | Quant aux olives qu’on
laisse mûrir sur l’arbre, c’est précisément l’imminence de
la pourriture qui donne au fruit une beauté particulière.
5 | Pareillement les épis qui s’inclinent vers la terre, la peau
du front du lion, l’écume qui coule du groin des sangliers,
et beaucoup d’autres choses qui sont loin d’être belles si
on les envisage isolément, du fait qu’elles accompagnent
les productions naturelles, les embellissent et nous
séduisent ; ainsi un homme doué de sensibilité et d’une
plus profonde intelligence des phénomènes de l’univers
ne trouvera presque rien qui ne comporte un certain charme,
même dans les accidents qui ne sont que des conséquences
6 d’autre chose. | Cet homme ne prendra pas moins de plaisir
à voir en vrai la gueule béante des fauves qu’il n’en prendra
aux imitations qu’en offrent les peintres et les sculpteurs.
Même chez une vieille femme ou un vieil homme il saura,
avec ses yeux de sage, discerner une certaine perfection
propre à la maturité, et chez les enfants une grâce séduisante.
On rencontre beaucoup de cas de ce genre ; ils ne convaincront pas tout le monde, mais seulement celui qui s’est
réellement familiarisé avec la nature et ses œuvres.

3. Hippocrate[1] a guéri beaucoup de maladies, mais
2 lui-même tomba malade et mourut. | Les Chaldéens[2] ont

1. Hippocrate de Cos, qui vécut entre le Ve et le IVe siècle avant J.-C., fut l’un des médecins grecs les plus connus.

2. Cette population mésopotamienne était célèbre dans l’Antiquité pour ses connaissances astronomiques et astrologiques.

prédit la mort d'un grand nombre d'hommes, et ils furent
à leur tour saisis par le destin. | Alexandre, Pompée, Caius 3
César, après avoir tant de fois détruit de fond en comble
des villes entières et taillé en pièces, dans des batailles
rangées, des dizaines et des dizaines de milliers de cavaliers
et de fantassins, finirent un jour par sortir eux aussi de la
vie. | Héraclite, qui a fait tant de savantes recherches sur 4
la conflagration du monde, est mort le ventre rempli d'eau
et le corps entièrement couvert de bouse[1]. | Démocrite, 5
c'est la vermine qui l'a tué, et Socrate une autre sorte de
vermine[2]. | Qu'est-ce à dire ? Tu t'es embarqué, tu as 6
navigué, tu as été conduit au port : débarque ! Si c'est pour
entrer dans une autre vie, là non plus rien ne sera vide de
dieux ; si c'est pour être dans un état d'insensibilité, tu
n'auras plus à subir ni douleurs ni plaisirs, et cesseras
d'être le servant d'une enveloppe de moindre prix que
l'entité supérieure qui est à son service : d'un côté,
intelligence et démon ; de l'autre, terre et sang mêlé de
boue.

4. N'use pas la part de vie qui te reste à te faire des
idées sur autrui (à moins que cela n'ait un rapport à une
fin utile à l'intérêt général), je veux dire : à te faire des
idées sur ce qu'un tel fait et dans quel but, sur ce qu'il dit,
pense, manigance, et sur toutes ces choses qui t'étourdissent
et te détournent de prendre soin de ton propre principe
directeur. | Il faut par conséquent, dans la chaîne de tes 2

1. Diogène Laërce (IX, 3) explique qu'à la fin de sa vie, le philosophe fut victime d'hydropisie et tenta de se soigner en s'enterrant dans une étable, croyant que la chaleur de la bouse de vache ferait évaporer l'excès d'eau de son corps.

2. Marc-Aurèle confond ici Démocrite avec Phérécyde de Syros (sur la mort de ce dernier, *cf.* Diogène Laërce, I, 118). La vermine qui aurait tué Socrate est une référence métaphorique aux accusateurs de ce dernier et à ceux qui le condamnèrent à mort.

idées, écarter le hasard et la futilité, mais avant tout la
3 curiosité indiscrète et la méchanceté. | Tu dois t'habituer à n'avoir que des idées telles que, si on te demandait soudain : « À quoi penses-tu en ce moment ? » tu puisses répondre sur-le-champ en toute franchise : « À ceci et à cela » ; de la sorte il sera immédiatement évident que tout en toi est simple, bienveillant, digne d'un être sociable, indifférent aux images de plaisir et de jouissance en général, à la dispute, à l'envie, au soupçon et à tout ce dont tu rougirais d'avoir à expliquer que tu l'as dans ton esprit.
4 | Car un tel homme, qui ne remet pas à plus tard de compter désormais parmi les meilleurs, est un prêtre et un serviteur des dieux, honorant en particulier la divinité qui a établi en lui sa demeure ; cela[1] préserve cet homme de la souillure des plaisirs, le rend invulnérable à toute douleur, à l'abri de toute démesure, inaccessible à toute méchanceté, athlète du plus grand combat, de celui où l'on n'est abattu par aucune passion, où l'on est profondément immergé dans la justice, accueillant avec empressement et de toute son âme les événements et tout ce que le sort lui réserve, qui jamais, sauf en cas de nécessité impérieuse visant l'intérêt commun, ne se fait des idées sur ce qu'un autre peut bien
5 dire, faire ou penser. | Une seule chose le préoccupe : la manière d'accomplir les actes qui relèvent de lui, et il pense constamment, parmi les choses qui se produisent dans l'univers, à celles qui sont filées avec sa propre existence ; les premières, c'est lui qui fait qu'elles sont belles, et quant aux secondes, il est convaincu qu'elles
6 sont bonnes. | Car le lot qui est attribué à chacun est entraîné

1. L'original permet également de considérer « la divinité qui a établi en lui sa demeure » comme étant le sujet de « préserve » et de « rend » qui suivent.

avec le tout et en même temps l'entraîne. | Il garde aussi 7
à l'esprit que tout être doué de raison est son parent, et
qu'il est conforme à la nature de l'homme de prendre soin
de tous les hommes ; que par ailleurs il ne faut pas s'attacher
au jugement de tout un chacun, mais seulement à celui de
ceux qui vivent en accord avec la nature. | Pour ceux qui 8
ne vivent pas ainsi, il garde constamment à l'esprit le genre
d'hommes qu'ils sont, chez eux comme hors de chez eux,
et quels gens de telles personnes fréquentent de nuit comme
de jour. | Il ne tient donc aucun compte de l'approbation 9
d'individus pareils, qui ne sont même pas satisfaits
d'eux-mêmes.

5. Ne fais rien contre ton gré, ni contre l'intérêt
commun, ni sans examen préalable, ni en te laissant tirailler
çà et là ; qu'aucune finesse n'enjolive ta pensée ; parle peu,
ne te disperse pas dans une foule d'affaires. | Qu'en outre 2
le dieu qui réside en toi commande à un être viril, à un
homme âgé, à un homme d'État, à un Romain, à un
magistrat qui a pris son poste en homme qui attendrait le
signal de la retraite sans être retenu par aucun lien, sans
avoir besoin de serment ni de la présence de quelqu'un
pour en témoigner. | En cet être règne la sérénité ; il se 3
passe de l'aide d'autrui et de la paix procurée par les autres.
| Il faut être droit, non redressé. 4

6. Si dans la vie humaine tu trouves mieux que la justice,
la vérité, la tempérance, le courage – en un mot, mieux
que la pensée qui est satisfaite d'elle-même quand elle te
fait agir selon la droite raison, et satisfaite du destin à
propos du lot qui t'est imparti indépendamment de tes
choix ; si, dis-je, tu aperçois une chose supérieure à tout
cela, tourne-toi vers elle de toute ton âme et jouis de ce
suprême bien que tu viens de trouver. | Mais si rien ne se 2
révèle supérieur à ce démon qui demeure en toi, qui s'est

soumis tes impulsions personnelles, qui examine les
représentations, qui, comme disait Socrate, s'est arraché
aux affections sensibles, qui s'est soumis aux dieux et
3 prend soin des hommes ; | si tu trouves tout le reste moins
important et de moindre valeur, alors ne laisse place à rien
d'autre ; car si une seule fois tu penches vers cette autre
chose et te laisses entraîner vers elle, tu ne pourras plus
sans être tiraillé honorer par-dessus tout ce bien qui t'est
4 propre. | Il n'est pas permis, en effet, d'opposer au bien
selon la raison et la cité quoi que ce soit d'étranger, comme
la louange venant de la foule, les magistratures, la richesse
5 ou la jouissance du plaisir. | Même si toutes ces choses
paraissent pour un temps nous convenir, elles ont vite fait
6 de prendre le dessus et de nous emporter. | Donc pour ce
qui te concerne, dis-je, fais le choix du meilleur, simplement
et librement, et attache-toi à lui. – Mais le meilleur c'est
7 l'utile. – | S'il s'agit de ce qui t'est utile en tant que tu es
un être doué de raison, préserve ce choix ; mais si c'est en
tant que tu es un vivant, reconnais-le ouvertement et, sans
orgueil, garde ton jugement ; veille seulement à faire cet
examen sans trébucher.

7. N'estime jamais comme étant de ton intérêt ce qui
te contraindra un jour à transgresser ta parole, à abandonner
le respect de toi-même, à haïr, soupçonner ou maudire
quelqu'un, à feindre, à désirer ce qui a besoin de murs et
2 de tentures. | Celui qui a préféré à tout son intelligence,
son démon et le culte dû à l'excellence de ce dernier,
celui-là ne joue pas la tragédie, ne gémit pas, et n'a besoin
ni de solitude ni d'une nombreuse compagnie ; et le plus
important est qu'il vivra sans rechercher ni fuir quoi que
3 ce soit. | Qu'il jouisse de son âme dans l'enveloppe du
corps pendant un intervalle de temps plus long ou plus
4 court, il ne s'en inquiète pas le moins du monde. | Même

s'il doit le quitter dès maintenant, en effet, il s'en ira aussi
aisément que s'il accomplissait une autre de ces actions
que l'on peut accomplir avec discrétion et décence ; son
seul souci, sa vie entière, est d'éviter à sa pensée d'adopter
une manière d'être qui ne convient pas à un vivant
intelligent et fait pour vivre en cité.

8. La pensée de celui qui s'est réprimé et bien purifié
ne contient aucune infection, aucune souillure, aucune
plaie cachée. | Quand le destin le frappe, ce n'est pas une 2
vie inachevée qu'il lui prend, comme on pourrait dire en
le comparant à un acteur tragique quittant la scène avant
d'avoir fini de jouer son rôle et achevé la pièce. | En outre, 3
rien en lui de servile, d'affecté, de trop attaché ou de trop
détaché, rien dont il aurait des comptes à rendre, rien de
dissimulé.

9. Vénère ta faculté de juger. Il dépend entièrement
d'elle que dans ton principe directeur ne se forme plus de
jugement en désaccord avec la nature et avec la constitution
du vivant doué de raison. | C'est elle qui assure l'absence 2
de précipitation, ainsi que les bons rapports avec les
hommes et l'accord avec les dieux.

10. Rejette donc tout le reste et ne retiens que ces
quelques choses[1]. Et souviens-toi encore que chacun ne
vit que dans le présent, ce présent qui n'est qu'un instant ;
le reste ou bien est déjà vécu ou bien relève de l'incertain.
| Petit est donc le temps que chacun vit, petit le coin de 2
terre où il vit ; petite chose encore que la gloire posthume,
même la plus longue, et elle n'existe que transmise par de
petits hommes qui mourront très vite, ne se connaissant
pas eux-mêmes et connaissant moins encore celui qui est
mort depuis longtemps.

1. Dans la mesure où la phrase suivante introduit une nouvelle réflexion, on peut penser que ce début de chapitre renvoie à ce qui précède.

11. Aux préceptes que j'ai mentionnés, il faut encore en ajouter un : toujours se faire une définition ou une description de l'objet de ta représentation, de façon à le voir distinctement tel qu'il est dans son essence, à nu, en totalité à travers tous ses aspects, et se dire à soi-même le nom qui lui est propre, ainsi que les noms des éléments
2 dont il est composé et en lesquels il se résoudra. | En effet, rien n'élève autant la pensée que de pouvoir examiner méthodiquement et dans un esprit de vérité chacun des objets qui se présentent dans la vie, et de les envisager toujours de manière à se demander en même temps, pour chacune, quelle est son utilité et pour quel monde, quelle est sa valeur par rapport à l'univers et quelle est sa valeur par rapport à l'homme, ce citoyen de la cité la plus éminente
3 et dont les autres cités sont comme les maisons ; | se demander aussi ce qu'est cet objet qui produit actuellement cette représentation en moi, de quels éléments il est composé, combien de temps il doit naturellement subsister, de quelle vertu on a besoin par rapport à lui : douceur, courage, franchise, bonne foi, simplicité, capacité à se
4 suffire et ainsi de suite. | C'est pourquoi il faut dire en toute occurrence : ceci vient de dieu ; cela, en vertu de l'enchaînement des événements entrelacés en trame serrée et de ce qui en résulte par rencontre et hasard ; cela par contre vient d'un être qui appartient à ma race, à ma parenté, à ma communauté, mais qui ignore ce qui pour lui est conforme
5 à la nature. | Mais moi je ne l'ignore pas ; c'est pourquoi je le traite conformément à la loi naturelle de la société, avec bienveillance et justice ; en même temps néanmoins, je vise les indifférents en fonction de leur valeur[1].

1. Référence à tout ce qui se situe entre le bien et le mal (que les Stoïciens appellent aussi « choses intermédiaires ») et qui est considéré par les Stoïciens comme indifférent, ἀδιάφορον. Au sein de cette

12. Si tu accomplis la tâche présente en suivant la droite
raison avec empressement, énergie et bienveillance, sans
te préoccuper de ce qui est secondaire, si par ailleurs tu
veilles à garder ton démon en état de pureté comme si tu
devais le restituer dès maintenant ; si tu persistes dans cette
voie sans rien attendre ni rien fuir, mais te contentes
d'accomplir l'action présente conformément à la nature
et t'en tiens à la vérité romaine[1] dans tes discours et les
paroles que tu prononces, alors tu vivras heureux. | Et 2
personne n'est en mesure de t'en empêcher.

13. De même que les médecins ont toujours sous la
main les instruments et les fers nécessaires pour prodiguer
des soins en cas d'urgence, toi de même tiens prêts les
principes requis pour connaître les choses divines et les
choses humaines, et pour accomplir toute action, même la
moindre, en ayant à l'esprit la liaison qui unit entre elles
les unes et les autres. | Car tu ne réussiras rien de ce qui 2
concerne les hommes si tu ne te reportes en même temps
aux choses divines, et inversement.

14. Arrête de t'abuser : tu ne reliras ni tes Mémoires ni les hauts faits des anciens Romains et des anciens Grecs, pas plus que les extraits des ouvrages que tu mettais de côté pour tes vieux jours. Hâte-toi donc vers le but, abandonne les vains espoirs et viens à ton secours si tu as quelque souci de toi tant que la chose est possible.

15. Les gens ne savent pas combien de sens ont ces mots : dérober, semer, acheter, se reposer, voir ce qu'il faut faire ; cela ne se voit pas avec les yeux, mais grâce à une autre vision.

catégorie, qui ne contribue ni au bien ni au mal de l'individu, les Stoïciens reconnaissent néanmoins une sous-catégorie de « préférables », comme la santé (par rapport à la maladie).

1. Au sens de : conforme aux antiques vertus de Rome.

16. Corps, âme, intelligence. Au corps appartiennent
les sensations, à l'âme les impulsions, à l'intelligence les
2 principes. | Recevoir l'empreinte d'une représentation, cela
appartient aussi aux animaux domestiques, être tiraillé par
les ficelles des impulsions se rencontre aussi chez les bêtes
sauvages, les androgynes, Phalaris[1] et Néron. Quant à avoir
l'intelligence pour nous guider vers ce qui apparaît comme
des devoirs, cela appartient même à ceux qui nient les
dieux, à ceux qui abandonnent leur patrie ou à ceux qui se
3 livrent à leurs agissements les portes fermées. | Si donc
tout le reste est commun aux êtres que je viens de mentionner,
demeure en propre pour l'homme de bien : aimer, accueillir
avec empressement les événements qui sont filés avec sa
propre vie ; ne pas souiller ni troubler le démon qui demeure
en lui par une foule de représentations, mais le conserver
serein, obéissant au dieu comme il convient, sans aucune
parole contraire à la vérité ni aucune action contraire à la
4 justice. | Et si personne ne croit qu'un tel homme puisse
vivre avec simplicité, modestie et bonne humeur, il ne s'en
irrite pas et ne dévie pas de la route qui mène au but de la
vie, but qu'il faut atteindre en restant pur, calme, dégagé
d'attaches et en s'accordant avec son destin sans y être
contraint.

1. Tyran d'Agrigente du VIe siècle avant J.-C., célèbre pour sa cruauté. Il torturait et tuait ses victimes en les enfermant dans un taureau d'airain sous lequel un feu était allumé.

LIVRE IV

1. Lorsque le maître intérieur est dans un état conforme à la nature, il adopte face aux événements une attitude telle qu'il puisse toujours la modifier aisément en fonction de
la situation. | Il n'a d'attachement pour aucune matière en 2
particulier, mais se porte vers ce qui apparaît comme prioritaire, sous réserve néanmoins : si autre chose s'y substitue, il en fait sa matière, à l'instar du feu quand il se rend maître des choses qu'on y jette, alors qu'une petite lampe en serait étouffée ; un feu ardent au contraire a vite fait d'assimiler les matériaux qu'on lui ajoute, il les consume et grâce à eux s'élève plus haut.

2. Qu'aucun acte ne soit accompli au hasard, ni autrement que ne le demande la règle qui permet d'atteindre parfaitement le but de l'art.

3. On se cherche des retraites à la campagne, au bord
de la mer, à la montagne. | Tout cela relève d'une mentalité 2
bien vulgaire puisqu'il t'est loisible à toute heure de faire retraite en toi-même. Nulle part en effet l'homme ne trouve de retraite plus calme et plus débarrassée d'affaires que dans son âme, plus particulièrement quand il possède en soi des maximes telles qu'il suffit de se tourner vers elles pour atteindre aussitôt une totale quiétude ; et par quiétude je n'entends rien d'autre qu'un ordre parfait.

3 | Accorde-toi donc continuellement cette retraite et
renouvelle-toi. Tâche d'avoir quelques maximes concises,
élémentaires qui, aussitôt qu'elles se présenteront à toi,
suffiront à écarter tout ressentiment, et à te ramener sans
4 colère à tes occupations quand tu y retournes. | Contre
quoi, en effet, te mettre en colère ? La méchanceté des
hommes ? Reprends les énoncés suivants : les êtres vivants
doués de raison sont nés les uns pour les autres ; les
supporter est une partie de la justice ; c'est malgré eux
qu'ils pèchent ; bien nombreux sont ceux qui, après s'être
fâchés à mort, soupçonnés, haïs, percés de coups de lance,
sont déjà étendus dans la tombe et réduits en cendres.
Calme-toi donc enfin !

5 | Mais peut-être t'irrites-tu du lot qui t'est assigné par
l'univers ? Rappelle-toi la proposition disjonctive : « Ou
une providence, ou des atomes », et par quels arguments
il a été établi que le monde est comme une cité.

6 | Mais tu seras exposé aux exigences du corps ?
Considère alors que la pensée n'est pas mêlée aux agitations,
douces ou violentes, du souffle vital une fois qu'elle s'est
séparée et qu'elle a reconnu son pouvoir propre ; considère
enfin tout ce que tu as appris sur la douleur et le plaisir, et
à quoi tu as donné ton assentiment.

7 | Mais tu seras tiraillé par le goût de la gloriole ? Jette
les yeux sur la rapidité avec laquelle tout tombe dans
l'oubli, sur le gouffre du temps qui s'étend à l'infini dans
les deux sens, sur la vacuité du bruit que fait la gloire, sur
la versatilité et l'absence de jugement de ceux qui paraissent
dire du bien de toi, sur l'étroitesse du lieu où cette gloire
8 est circonscrite : | car la terre entière n'est qu'un point ; et
comme est étroite sa partie habitée ! et dans cette partie,
combien d'hommes y aura-t-il pour te louer, et de quelle
sorte ?

| Il reste donc à te remettre en mémoire la retraite que 9
tu peux trouver dans ce petit champ qui est à toi ; avant
tout ne te tourmente pas, ne te raidis pas, mais sois libre,
vois les choses virilement, en être humain, en citoyen, en
être mortel. | Parmi les pensées à avoir toutes prêtes sous 10
les yeux, compte les deux que voici : la première, que les
choses ne touchent pas l'âme, mais demeurent au-dehors,
immobiles, et que les troubles naissent uniquement de
l'opinion intérieure ; | la seconde, que tout ce que tu vois 11
va à l'instant se transformer et ne sera plus ; et pense
constamment à la foule de choses qui se sont déjà
transformées sous ton regard. | Le monde est changement, 12
la vie est opinion.

4. Si le fait d'être intelligent nous est commun, la raison
qui fait de nous des êtres qui raisonnent nous est commune
aussi ; s'il en est ainsi, la raison qui commande ce qu'il
faut faire ou ne pas faire nous est commune aussi ; s'il en
est ainsi, la loi elle aussi nous est commune ; s'il en est
ainsi, nous sommes concitoyens ; s'il en est ainsi, nous
participons à une certaine organisation politique ; s'il en
est ainsi, le monde est comme une cité. | En effet, à quelle 2
autre organisation politique commune dira-t-on que
participe la totalité du genre humain ? C'est de là-bas, de
cette commune cité, que nous viennent précisément
l'intelligence, la raison, la loi ; sinon, d'où viennent-elles ?
| De même que ce qui est terrestre en moi a été prélevé sur 3
une certaine terre, que ce qui est humide l'a été sur un
autre élément, que ce qui est souffle a été détaché d'une
certaine source, ce qui est chaud et igné d'une source
spécifique (car rien ne vient de rien, tout comme rien ne
retourne au non-être), de même assurément l'intelligence
est venue de quelque part.

5. Comme la naissance, la mort est un mystère de la nature : recombinaison et dissolution, à partir des mêmes éléments vers les mêmes, rien en somme d'humiliant ; car il n'y a là rien qui soit contraire à la condition du vivant intelligent ni à la logique de sa constitution.

6. Que des gens pareils agissent de cette façon, c'est
une nécessité naturelle. Celui qui ne veut pas qu'il en soit
2 ainsi veut que la figue n'ait pas de suc. | Bref, souviens-toi
de ceci : en un rien de temps, toi et lui vous serez morts ;
et bientôt même votre nom ne subsistera plus.

7. Supprime l'opinion, et voilà supprimé « on m'a fait tort ». Supprime « on m'a fait tort », et c'est le tort qui est supprimé.

8. Ce qui ne rend pas l'homme pire ne rend pas non plus pire la vie qu'il mène et ne lui fait aucun tort, ni du dehors ni du dedans.

9. Par sa nature, l'utile est contraint de produire cet effet.

10. Tout ce qui arrive, arrive justement : c'est ce que
tu découvriras si tu réfléchis attentivement. Je ne veux pas
seulement dire que ce qui arrive est dans l'ordre des choses,
mais que cela est conforme à la justice, sur le modèle d'un
2 partage qu'on ferait en fonction du mérite. | Examine donc
ce point comme tu as commencé à le faire ; et quoi que tu
accomplisses, que ce soit dans l'intention d'être un homme
de bien, conformément à la conception qu'en a en propre
3 l'homme de bien. | Conserve cette règle en toute action.

11. Ne juge pas comme l'homme qui t'offense, ni comme il veut que tu juges, mais vois les choses comme elles sont en vérité.

12. Il faut en permanence avoir tout prêts ces deux principes : l'un, de faire uniquement ce que te suggère la règle de l'art de régner et de légiférer dans l'intérêt des

hommes ; l'autre, de changer d'avis s'il se trouve quelqu'un pour te corriger et te faire abandonner une opinion. | Mais 2
cet abandon doit toujours avoir un motif convaincant, tel que la justice ou l'intérêt commun, seuls motifs qui doivent intervenir dans la décision, et non ce qui te semble agréable ou susceptible de te procurer de la gloire.

13. Possèdes-tu la raison ? – Oui. – Pourquoi alors ne t'en sers-tu pas ? Si elle s'acquitte de sa fonction, que veux-tu d'autre ?

14. Tu subsistes en tant que partie. Tu disparaîtras dans ce qui t'a donné naissance ; ou plutôt, par transformation, tu seras absorbé dans sa raison séminale.

15. Beaucoup de grains d'encens sur le même autel : l'un est tombé d'abord, l'autre plus tard, aucune importance.

16. Avant dix jours tu paraîtras un dieu aux yeux de ceux qui te regardent actuellement comme une bête sauvage ou un singe – mais à condition de revenir aux principes et au culte de la raison.

17. Ne fais pas comme si tu devais vivre des milliers d'années. La nécessité est suspendue sur toi. Tant que tu es en vie, tant que c'est permis, deviens homme de bien.

18. Que de loisir on gagne si on ne regarde pas à ce que le voisin a dit, fait ou pensé, mais seulement à ce qu'on fait soi-même pour agir avec justice, piété, en un mot conformément aux maximes de l'homme de bien[1]. Pas d'humeur sombre, ne pas regarder autour de soi avec défiance, mais courir droit sur sa ligne, ne pas dévier.

19. Celui qui s'enthousiasme pour la gloire posthume ne s'imagine pas que chacun de ceux qui se souviendront de lui mourra lui aussi très bientôt, et à son tour celui qui

1. Ces derniers mots sont une tentative de traduction d'un texte considéré comme irrémédiablement corrompu.

lui succédera, jusqu'à ce que tout souvenir soit éteint –
passant de l'un à l'autre comme des flambeaux qui
2 s'allument et s'éteignent. | Suppose même que ceux qui
se souviendront de toi soient immortels, et immortel aussi
le souvenir : en quoi cela te concerne-t-il ? Je ne dis pas
seulement que cela ne concerne pas le mort ; mais au vivant,
à quoi sert la louange ? – À moins peut-être que ce ne soit
3 utile pour gouverner. | C'est que, actuellement, tu
abandonnes au mauvais moment le don que nous a fait la
nature si tu restes attaché à un autre argument.

20. Il faut dire encore que tout ce qui est beau d'une
façon ou d'une autre est beau par soi et complet par soi,
sans que la louange qu'on en fait y entre pour partie ; ce
2 qui est loué n'en devient donc ni pire ni meilleur. | Je dis
cela aussi bien pour les objets communément qualifiés de
beaux, telles les choses matérielles et les produits fabriqués.
Ce qui est réellement beau, de quel supplément a-t-il encore
besoin ? Pas plus que n'en ont besoin la loi, la vérité, la
3 bienveillance ou la pudeur. | Laquelle de ces choses est
belle parce qu'on la loue, laquelle perd sa beauté parce
qu'on la dénigre ? L'émeraude perd-elle sa valeur si on ne
la loue pas ? Et l'or, l'ivoire, la pourpre, une lyre, un
couteau, une petite fleur, un arbuste ?

21. Si les âmes survivent, comment l'air peut-il les
2 contenir depuis l'éternité ? | Et comment la terre peut-elle
contenir les corps de ceux qui y sont enterrés depuis une
durée aussi longue ? C'est que, tout comme ici-bas les
corps se transforment et se décomposent pour faire place
à d'autres cadavres, ainsi les âmes qui émigrent dans l'air
se transforment après avoir subsisté quelque temps, se
dispersent et s'enflamment, absorbées dans la raison
séminale de l'univers : de cette façon elles permettent à
d'autres âmes de s'établir à leur place. Voilà ce qu'on peut
répondre dans l'hypothèse de la survivance des âmes.

| Mais il ne faut pas seulement songer à la multitude des 3
corps qui ont reçu ce genre de sépulture, mais aussi au
grand nombre d'animaux qui chaque jour sont mangés par
nous et par les autres animaux. | Combien en effet y en 4
a-t-il à être consommés, et pour ainsi dire ensevelis de
cette manière dans les corps de ceux qui s'en nourrissent ?
Et pourtant il y a de la place pour eux grâce à leur
transformation en sang et à leur changement en l'élément
aérien ou en l'élément igné. | Quel est sur ce point le moyen 5
de connaître la vérité ? La distinction entre ce qui est
matière et ce qui est cause.

22. Ne pas se laisser étourdir, mais à l'occasion de toute impulsion, répondre en faisant ce qui est juste, et pour toute représentation, s'assurer qu'elle saisit son objet[1].

23. Tout me convient de ce qui te convient, ô monde ;
rien de ce qui vient à point pour toi n'arrive trop tôt ou
trop tard pour moi. | Tout ce que produisent tes saisons, ô 2
nature, est fruit pour moi. Tout vient de toi, tout est en toi,
tout retourne en toi. | Le poète[2] a dit : « Ô chère cité de 3
Cécrops ! » Et toi, ne diras-tu pas : « Ô chère cité de
Zeus » ?

24. « Occupe-toi d'un petit nombre d'affaires, dit-il[3], si tu veux vivre content. » Ne vaut-il pas mieux faire ce qui est nécessaire, et faire tout ce que prescrit la raison de celui qui est par nature un être politique, et le faire comme

1. Littéralement « sauvegarder ce qu'il y a en elle de compréhensif (καταληπτικόν) ». Les Stoïciens appellent φαντασία καταληπτική la représentation qui saisit la réalité de l'objet ou du fait qu'elle concerne et à laquelle le sujet peut donner son assentiment. Pour les Stoïciens, une telle représentation a la valeur de critère de vérité.

2. Littéralement « celui-là », mais c'est une citation d'Aristophane (fr. 112 Kassel-Austin). Selon la légende, Cécrops était le premier roi d'Athènes.

3. Démocrite, fr. B 3 Diels-Kranz.

2 elle le prescrit ? | Car ce comportement ne procure pas seulement le contentement que donnent les belles actions, mais aussi celui qui résulte de ce qu'on s'occupe d'un petit
3 nombre d'affaires. | Si en effet on retranche de nos paroles et de nos actions celles qui ne sont pas indispensables, qui sont la majorité, il y aura plus de loisir et moins de trouble.
4 | C'est pourquoi, à propos de chaque action, il faut se remettre ceci en mémoire : n'est-elle pas de celles qui ne
5 sont pas indispensables ? | Il ne faut d'ailleurs pas éliminer uniquement les actions non indispensables, mais encore celles des représentations qui sont dans ce cas ; ce qui évitera du même coup les actions superflues.

25. Essaie de voir aussi comment te va la vie de l'homme de bien, qui d'un côté se satisfait de la part qui lui est assignée dans l'univers, de l'autre se contente d'observer la justice dans ses propres actes et d'être dans des dispositions bienveillantes.

2 **26.** Tu as vu cela ? Vois encore ceci. | Ne te trouble pas ;
3 rends-toi simple. | Quelqu'un commet-il une faute ? C'est
4 contre lui qu'il la commet. | Quelque chose t'est-il arrivé ? Bien ! Tout ce qui t'arrive vient de l'univers, et t'était dès l'origine attribué par le destin et filé avec ta propre
5 existence. | Somme toute, brève est la vie. Il faut tirer profit
6 du présent, avec réflexion et justice. | Sois mesuré quand tu te relâches.

27. Ou un monde bien ordonné, ou une confusion de
2 matériaux assemblés ; mais il y a un ordre[1] ! | Est-il possible qu'en toi subsiste un ordre et que le désordre règne dans le tout, alors qu'en fait toutes choses sont si bien réparties,

1. Nous suivons ici le texte établi par W. Theiler. Le propos exploite les deux sens fondamentaux de κόσμος, que nous avons traduit d'abord par « monde », puis par « ordre ».

si bien amalgamées, si bien en sympathie les unes avec les autres ?

28. Caractère sombre, caractère efféminé, caractère opiniâtre, sauvage, bestial, puéril, faux, bouffon, mercantile, tyrannique.

29. Si c'est être étranger au monde que d'ignorer les
êtres qu'il contient, on n'est pas moins étranger si l'on
ignore ce qui y arrive. | C'est un exilé, celui qui s'exile de 2
la règle de la cité. Un aveugle, celui qui ferme l'œil de
l'intelligence. Un mendiant, celui qui a besoin d'autrui et
ne possède pas en lui tout ce qui est utile à la vie. | C'est 3
un abcès du monde, celui qui se retire et se sépare de la
raison de la nature commune parce qu'il est mécontent des
événements ; car la nature qui amène l'événement est aussi
celle qui t'a toi-même amené. C'est un membre retranché
de la cité celui qui retranche son âme particulière de celle
des êtres doués de raison, car l'âme est une.

30. L'un est sans tunique et il philosophe ; un autre, c'est sans livre ; un autre encore, à demi nu, déclare : « Je n'ai pas de pain et je reste fidèle à la raison. » Et moi je dispose des nourritures procurées par les études et je ne lui reste pas fidèle.[1]

31. Aime le petit métier que tu as appris et trouve en lui ta satisfaction. Pour le reste de ta vie, passe-le en homme qui du fond du cœur s'en remet aux dieux pour tout ce qui le concerne, et quant aux hommes, ne se fait le tyran ni l'esclave de personne.

32. Songe, à titre d'exemple, au temps de Vespasien ; tu verras toujours les mêmes choses : des gens qui se marient, élèvent des enfants, tombent malades, meurent, font la guerre, célèbrent des fêtes ; des gens qui font du

1. Nous accueillons le texte de A.I. Trannoy.

commerce, qui cultivent la terre ; qui flattent, se montrent arrogants, soupçonneux, tendent des pièges, souhaitent voir d'autres mourir, murmurent contre le présent, aiment, thésaurisent, aspirent au consulat, au trône. Eh bien, toutes
2 ces vies n'existent plus nulle part. | Passe ensuite au temps de Trajan : toujours les mêmes choses ; et disparue aussi
3 cette vie. | Considère pareillement les autres intitulés désignant des époques et des peuples entiers, et vois combien d'hommes, après s'être donné beaucoup de mal, sont tombés en peu de temps et se sont dissous en leurs
4 éléments. | Fais avant tout défiler dans ton esprit ceux que tu as toi-même connus, qui se tourmentaient pour rien et négligeaient de faire ce qui était conforme à leur constitution propre, de s'y tenir de toutes leurs forces et de s'en
5 contenter. | Il est nécessaire ici de se rappeler que le soin apporté à chacun de nos actes possède lui aussi une valeur et une mesure propres ; ainsi tu ne te décourageras pas si tu ne t'es pas occupé plus qu'il ne convient de choses de moindre importance.

33. Les mots autrefois d'usage courant sont à présent des archaïsmes ; de même les noms de personnages autrefois très célèbres sont aujourd'hui pour ainsi dire des archaïsmes : Camille, Céson, Volesus, Dentatus[1] ; peu après, Scipion et Caton[2] ; puis Auguste, et plus tard Hadrien et Antonin. Car tout s'efface et entre promptement dans

1. Camille est un général romain de l'époque républicaine, actif au début du IVe siècle av. J.-C. Le deuxième personnage mentionné est presque certainement Caeso Fabius Vibulanus, trois fois consul au début du Ve siècle av. J.-C. Volesus, sabin de naissance, censé être arrivé à Rome à l'époque de Romulus, est l'ancêtre de la *gens Valeria*, une importante famille de patriciens. Dentatus fut trois fois consul au début du IIIe siècle av. J.-C. ; il était pour les Romains un modèle de frugalité et de modestie.

2. Scipion l'Africain et Caton l'Ancien, deux hommes politiques et militaires romains actifs entre la fin du IIIe et la première moitié du

la légende ; bien vite, en outre, un oubli complet l'a
enseveli. | Et je parle ici d'hommes qui ont, peut-on dire, 2
brillé d'un éclat extraordinaire ; car pour les autres, à peine
ont-ils rendu leur dernier souffle que les voilà « invisibles,
ignorés »[1]. Qu'est-ce donc, au fond, une mémoire éternelle ?
Un vide total. | Qu'est-ce alors qui doit être l'objet de notre 3
zèle ? Uniquement ceci : une pensée conforme à la justice,
une activité orientée vers le bien commun, un langage tel
qu'il ne trompe jamais, une disposition à bien accueillir
tout événement comme nécessaire, comme familier,
comme découlant d'une si grande origine et d'une telle
source.

34. Abandonne-toi de bon gré à Clotho[2], en lui permettant de nouer le fil de ton existence à tout ce qu'elle veut.

35. Tout est éphémère, aussi bien ce qui se souvient que ce dont on se souvient.

36. Considère sans cesse que tout naît d'un changement,
et habitue-toi à penser que la nature de l'univers n'aime
rien tant que changer les êtres et en former de nouveaux,
semblables aux précédents. | Car tout être est d'une certaine 2
manière la semence de celui qui doit se former à partir de
lui ; | toi pourtant tu n'imagines pas d'autres semences que 3
celles qu'on jette en terre ou dans une matrice : c'est être
bien ignorant !

37. Bientôt tu seras mort et tu n'es toujours pas simple, sans trouble, ni débarrassé du soupçon qu'une chose extérieure puisse te nuire, ni bienveillant avec tous, ni

IIe siècle avant J.-C. Ces deux personnages sont célèbres pour leurs contributions durant les guerres puniques.

1. *Odyssée*, I, 242.

2. L'une des trois Parques. Son nom est dérivé du verbe κλώθω, qui signifie « filer ». Sa tâche consistait en effet à tisser le fil de la vie, qu'ensuite Lachésis tirait et Atropos coupait.

disposé à placer la sagesse uniquement dans la pratique de la justice.

38. Examine attentivement leurs principes directeurs, quel genre de choses ils évitent et quel genre de choses ils poursuivent.

39. Ton mal ne réside pas dans le principe directeur
d'autrui, ni assurément dans une modification ou une
2 altération de ce qui t'entoure. | Où donc est-il ? Là où, en
toi, réside ce qui se prononce sur les maux. Eh bien, qu'il
3 ne se prononce pas et tout va bien. | Même si ce qui est le
plus proche de toi, ton faible corps, vient à être mutilé,
brûlé, couvert de pus et gangrené, que néanmoins la
partie qui se prononce là-dessus reste calme, autrement
dit qu'elle juge que n'est ni mal ni bien ce qui peut arriver
4 indistinctement à un méchant et à un homme de bien. | Car
ce qui arrive indistinctement à celui qui vit contre la nature
et à celui qui vit en conformité avec elle n'est ni conforme
ni contraire à la nature.

40. Continuellement se représenter le monde comme un vivant unique, ayant une seule substance et une seule âme ; et aussi comment tout se rapporte à une seule faculté de sentir, la sienne ; comment il agit en tout par une impulsion unique ; comment tout concourt à la production de tout ce qui naît, et quelle intrication, quel écheveau en résultent.

41. « Tu n'es qu'une petite âme portant un cadavre », comme disait Épictète[1].

42. Il n'y a pas de mal pour les êtres qui se transforment, comme il n'y a pas de bien pour ceux qui naissent d'une transformation.

1. Épictète, fr. 26 Schenkl (Épictète, *Sentences et fragments*, trad. fr. O. D'Jeranian, Paris, Manucius, 2014, p. 99 ; Épictète, *Entretiens, Fragments et Sentences*, trad. fr. R. Muller, Paris, Vrin, 2015, p. 495).

43. Le temps est un fleuve d'événements et son courant est violent. À peine une chose est-elle apparue au jour qu'elle est emportée et qu'une autre est apportée, laquelle va être emportée à son tour.

44. Tout ce qui arrive est aussi ordinaire et connu d'avance que la rose au printemps et les fruits en été ; il en est ainsi pour la maladie, la mort, la calomnie, l'intrigue et tout ce qui réjouit ou afflige les insensés.

45. Ce qui suit a toujours une affinité particulière avec ce qui précède. Ce n'est pas comme une énumération d'unités séparées liées par la seule nécessité, mais une continuité rationnelle ; et de même que les êtres sont harmonieusement coordonnés, de même les événements ne manifestent pas une simple succession, mais une merveilleuse affinité.

46. Avoir toujours à l'esprit ces mots d'Héraclite : « La mort de la terre est la naissance de l'eau ; la mort de l'eau, la naissance de l'air ; celle de l'air, la naissance du feu ; et
en sens inverse. »[1] | Se souvenir aussi de « celui qui oublie 2
par où mène le chemin »[2]. | Et encore de ceci : « Ce avec 3
quoi les hommes sont constamment en relation, à savoir la raison qui ordonne l'univers, c'est avec quoi ils sont le plus en désaccord » ; « Les choses qu'ils rencontrent chaque jour leur paraissent étrangères » ; « Il ne faut ni
agir ni parler comme on le fait en dormant »[3] | (car même 4
en dormant nous croyons agir et parler) ; | « Il ne faut pas 5
agir comme enfants de nos parents », c'est-à-dire en se contentant « de suivre la tradition »[4].

1. Héraclite, fr. B 76 Diels-Kranz.
2. Héraclite, fr. B 71 Diels-Kranz.
3. Héraclite, fr. B 72-73 Diels-Kranz.
4. Héraclite, fr. B 74 Diels-Kranz.

47. Si un dieu te disait que tu mourras demain ou tout au plus après-demain, tu n'attacherais plus grande importance au fait que ce soit après-demain plutôt que demain (à moins d'être le dernier des lâches ; car quelle est la différence ?) ; de même ne crois pas que mourir dans un grand nombre d'années plutôt que demain ait beaucoup d'importance.

48. Considérer en permanence combien de médecins sont morts après avoir froncé les sourcils sur leurs malades ; combien d'astrologues aussi, après avoir prédit la mort d'autres hommes en faisant comme si cela avait une grande importance ; combien de philosophes, après d'interminables disputes sur la mort et l'immortalité ; combien de braves, après avoir fait mourir un grand nombre d'hommes ; combien de tyrans, après avoir usé de leur pouvoir sur la vie d'autrui avec une arrogance effrayante comme s'ils étaient immortels ; combien de villes ont pour ainsi dire
péri tout entières : Hélice, Pompéi, Herculanum et d'autres,
2 innombrables. | Ajoutes-y tous ceux que tu as connus, l'un
après l'autre : l'un, après avoir rendu les honneurs à un
autre, fut ensuite étendu sur le lit funèbre par un autre, qui
l'a été à son tour par un autre. Et tout cela en peu de temps.
3 | En somme, toujours envisager les choses humaines
comme éphémères, de peu de valeur : hier un peu de morve,
4 demain momie ou cendres. | Par conséquent, passer cet
infime moment du temps en se conformant à la nature, et
quitter la vie sereinement, comme l'olive mûre qui
tomberait en bénissant la terre qui l'a portée et remerciant
l'arbre qui l'a fait naître.

49. Être comme le promontoire contre lequel les flots viennent constamment se briser ; il reste immobile, et autour de lui le bouillonnement des eaux s'apaise.

| « Quelle malchance pour moi que cet événement me 2
soit arrivé ! » Certainement pas, au contraire : « Quelle
chance pour moi, car malgré ce qui m'est arrivé je suis
toujours exempt de chagrin, et ne suis ni brisé par le présent
ni effrayé par l'avenir. » | Pareille chose pouvait en effet 3
arriver à tout le monde, mais tout le monde ne serait pas
resté sans chagrin en cette circonstance. Et pourquoi cela
serait-il une malchance plutôt que ceci une chance ?
| Appelles-tu donc malchance pour un homme ce qui n'est 4
pas un échec pour la nature de l'homme ? Et crois-tu que
soit un échec pour la nature de l'homme ce qui n'est pas
contraire au dessein de cette nature ? | Eh quoi ! Tu as appris 5
ce qu'est ce dessein. Est-ce que cet événement t'empêche
d'être juste, magnanime, tempérant, sage, réfléchi,
véridique, réservé, libre, et d'exercer les autres vertus qui
ensemble font que la nature de l'homme recueille ce qui
lui est propre ? | En fin de compte, à l'occasion de tout ce 6
qui te fait éprouver du chagrin, souviens-toi de recourir à
ce principe : ce n'est pas là malchance, mais supporter
cela noblement est une chance.

50. Secours vulgaire mais néanmoins efficace pour
mépriser la mort : passer en revue ceux qui se sont acharnés
à rester en vie. | Qu'ont-ils gagné par rapport à ceux qui 2
sont morts prématurément ? | Quoi qu'il en soit, ils gisent 3
maintenant quelque part, les Cédicianus, Fabius, Julien,
Lépide[1] ou leurs pareils, qui ont accompagné beaucoup
de monde à la tombe avant d'y être conduits eux-mêmes ;

1. Le premier personnage semble être un légat de l'empereur en Dacie dans la première moitié du IIe siècle ; le deuxième, difficile à identifier, est peut-être le Fabius mentionné en XII, 27, 2 ; pour le troisième, on peut penser au juriste Salvus Julien ou à Claudius Julien, ami de Fronton ; le dernier est un célèbre homme politique du Ier siècle avant J.-C., membre du second triumvirat.

il est court, en somme, l'intervalle de temps parcouru, et combien d'épreuves dans cet intervalle ! Et en quelle
4 compagnie ! En quel faible corps ! | N'en fais donc pas une
5 affaire ! | Regarde le gouffre du temps derrière toi, et devant
6 toi un autre infini. | Dans cette immensité, quelle différence entre celui qui vit trois jours et celui qui vit trois fois l'âge du Gérénien[1] ?

51. Prends toujours le chemin le plus court, et le plus court est celui qui est conforme à la nature ; ainsi, toujours
2 parler et agir de la manière la plus sensée. | Car une telle ligne de conduite t'affranchit des fatigues, de la tergiversation, de tous les embarras administratifs et de toute recherche d'élégance.

1. C'est-à-dire : Nestor, un des héros des poèmes homériques. Roi de Pylos, originaire de Gérénia, une ancienne ville de Messénie, il était célèbre, entre autres choses, pour son grand âge.

LIVRE V

1. Au petit matin, quand il t'en coûte de te réveiller,
aie toute prête cette pensée : c'est pour faire œuvre
d'homme que je m'éveille. Serai-je donc encore de
méchante humeur si je m'en vais faire ce pour quoi je suis
né et en vue de quoi j'ai été mis dans le monde ? Ou bien
ai-je été formé pour rester au chaud, couché dans mes
couvertures ? | – Mais c'est plus agréable ! – Est-ce donc 2
pour le plaisir que tu es né ? Et plus généralement es-tu
fait pour la passivité ou pour l'action ? Ne vois-tu pas les
arbustes, les moineaux, les fourmis, les araignées, les
abeilles accomplir leur tâche propre et forger à leur manière
l'ordre du monde ? | Et toi, après cela, tu ne consens pas 3
à faire ce qui revient à l'homme ? Tu ne te précipites pas
vers ce qui est conforme à ta nature ?

| – Mais il faut aussi prendre du repos. – Oui, j'en 4
conviens ; la nature a cependant fixé des bornes au repos,
aussi bien qu'au manger et au boire, et cela ne t'empêche
pas d'aller au-delà de ce qui suffit. Quand il est question
d'agir, pourtant, ce n'est plus le cas, mais tu restes, dis-tu,
dans les limites du possible. | C'est que tu ne t'aimes pas, 5
sinon tu aimerais ta nature et son dessein. | D'autres, qui 6
aiment leur métier, s'épuisent aux travaux qu'il réclame
sans prendre de bain et sans manger ; pour toi, ta nature
a-t-elle moins de valeur que la gravure pour le graveur, la
danse pour le danseur, l'argent pour l'avare et la gloriole

7 pour le vaniteux ? | Ces gens-là, quand ils se passionnent,
ne consentent ni à manger ni à dormir plutôt que de renoncer
à faire avancer ce à quoi ils s'adonnent ; pour toi, les actions
utiles au bien commun te paraissent-elles avoir moins de
valeur et mériter moins de zèle ?

2. Comme il est facile d'écarter et d'effacer toute idée gênante ou inopportune, et de retrouver aussitôt une parfaite sérénité !

3. Estime-toi digne de toute parole et de toute action
conformes à la nature ; ne t'en laisse pas détourner par les
blâmes ou commentaires qui s'ensuivraient de la part de
certains, mais quand il est beau de faire ou de dire quelque
2 chose, ne t'en juge pas indigne. | Ces gens-là ont leur propre
principe directeur et obéissent à leur propre impulsion ; n'y
prête pas attention, mais va droit ton chemin jusqu'au bout
en suivant ta propre nature et la nature commune ; il n'y a
d'ailleurs qu'une route pour l'une et l'autre.

4. J'avance à travers les étapes fixées par la nature jusqu'à ce que je tombe et me repose, rendant mon souffle à cet élément que je respire chaque jour, tombant sur cette terre d'où mon père a tiré son peu de sperme, ma mère son peu de sang, ma nourrice son peu de lait ; d'où chaque jour, depuis tant d'années, me viennent nourriture et boisson ; qui me porte pendant que je marche et en use pour tant de besoins.

5. On ne saurait admirer ton acuité d'esprit, soit ! Mais
il y a bien d'autres qualités dont tu ne peux dire : je n'en
2 suis pas naturellement doué. | Fais donc voir celles qui
dépendent entièrement de toi : absence de fausseté, sérieux,
endurance, indifférence au plaisir, refus de te plaindre de
ton sort, austérité, bienveillance, liberté, rejet de l'excès
3 et du bavardage, grandeur d'âme. | Alors que tu peux dès
à présent faire voir nombre de ces qualités pour lesquelles

tu n'as pas l'excuse d'un manque de don ou d'habileté, ne
t'aperçois-tu pas que, de ton plein gré, tu restes néanmoins
en deçà ? | Murmurer, lésiner, flatter, incriminer ton faible 4
corps, chercher à plaire, te conduire en étourdi, livrer ton
âme à toutes ces agitations, est-ce que tu y es forcé par un
manque de dispositions naturelles ? | Non, par les dieux ! 5
Mais tu pouvais depuis longtemps te défaire de ces défauts,
et seulement – s'il y a lieu – être accusé de lenteur excessive
et d'une trop grande difficulté à comprendre ; mais sur ce
point encore il faut t'exercer et ne pas négliger cette
lourdeur d'esprit ni t'y complaire.

6. Un tel, quand il a rendu service à quelqu'un,
s'empresse de lui porter en compte ce bienfait. | Tel autre 2
n'en fait rien, mais il considère à part lui son obligé comme
son débiteur, et il sait bien ce qu'il a fait. | Un autre encore 3
ignore en un sens ce qu'il a fait : il ressemble à la vigne
qui a produit sa grappe et ne demande rien de plus une fois
qu'elle a produit son fruit à elle. | Ce type d'homme, après 4
avoir obligé quelqu'un, ne s'en vante pas bruyamment
mais passe à un autre bienfait, tout comme la vigne qui va
de nouveau produire sa grappe la saison venue – à l'instar
du cheval après la course, du chien qui vient de pister le
gibier, de l'abeille qui a produit son miel. | Dans ces cas-là, 5
il faut être de ceux qui agissent en quelque sorte sans en
avoir une claire conscience. | « Oui. Mais c'est précisément 6
de cela qu'il faut avoir clairement conscience ; car on dit
que le propre de l'être sociable est de se rendre compte
qu'il agit dans l'intérêt de la société et, par Zeus ! de vouloir
que le bénéficiaire s'en aperçoive aussi. » | C'est vrai ce 7
que tu dis, mais tu interprètes mal ce que je suis en train
de dire ; c'est pourquoi tu seras de ceux dont j'ai parlé plus
haut ; eux aussi se laissent égarer par une certaine
vraisemblance logique. | Si tu veux bien comprendre le 8

sens de ce que je viens de dire, tu n'as pas à craindre qu'en t'y conformant tu en viennes à négliger une œuvre utile à la société.

7. Prière des Athéniens : « Fais pleuvoir, fais pleuvoir, cher Zeus, sur la terre et les plaines des Athéniens. » Ou il ne faut pas prier, ou il faut prier ainsi, simplement et librement.

8. Soit la formule suivante : « Asclépios[1] a ordonné à
un tel la pratique du cheval, ou les bains froids ou la marche
pieds nus » ; eh bien, la phrase que voici lui ressemble
beaucoup : « La nature universelle a ordonné à un tel une
maladie, une infirmité, une perte ou autre chose de ce
2 genre. » | Dans le premier cas, « a ordonné » signifie
quelque chose comme « il lui a ordonné cela parce que
cela correspond à son état de santé » ; dans le second cas,
ce qui arrive à chacun lui a en quelque sorte été assigné
3 parce que cela correspond à sa destinée. | C'est en effet
dans ce sens que nous disons que les événements en
question *arrivent*, à la manière dont les maçons disent que
les pierres carrées *s'adaptent*[2] aux murs ou aux pyramides
quand elles s'harmonisent les unes avec les autres dans un
4 assemblage déterminé. | Car il n'y a en définitive qu'une
seule harmonie, et de la même manière que la totalité des
corps parachève ce corps si admirable qu'est le monde, de
même la totalité des causes parachève cette cause si
5 admirable qu'est le destin. | Ce que je dis là, même les
parfaits ignorants le comprennent ; car ils disent : « Cela
6 lui a été apporté ». | Ainsi « Cela lui a été réservé » revient
à « Cela lui a été ordonné ».

1. Figure divine ou héroïque de la mythologie gréco-romaine (connue à Rome sous le nom d'Esculape). Son domaine d'expertise était la médecine et on lui attribuait des pouvoirs de guérison.

2. Les verbes « arrivent » et « s'adaptent » traduisent le même verbe grec συμβαίνω. Marc-Aurèle joue sur deux usages possibles de ce terme.

| Acceptons donc ce qui nous arrive comme nous 7
acceptons les ordonnances d'Asclépios. | Il est vrai que 8
nombre d'entre elles sont pénibles, mais nous les accueillons
avec empressement parce que nous en espérons la guérison.
| Par conséquent regarde le parfait achèvement de ce qui 9
paraît bon à la nature commune comme tu regardes ta
propre santé. | Accueille ainsi avec empressement tout ce 10
qui arrive même si cela te semble trop cruel, car cela mène
là-bas, vers la santé du monde, l'heureux accomplissement
des desseins de Zeus. | Il n'aurait pas apporté à quelqu'un 11
cet événement s'il n'importait pas à l'univers ; aucune
nature, quelle qu'elle soit, n'apporte quelque chose qui ne
correspond pas à l'être qu'elle régit. | C'est donc pour deux 12
raisons qu'il faut aimer ce qui t'arrive : d'abord parce que
cet événement s'est produit pour toi, t'a été ordonné à toi
et t'était en quelque sorte attaché d'en haut, filé avec toi
à partir des causes les plus anciennes ; en second lieu parce
que l'événement en question est, pour celui qui régit
l'univers, cause de son heureux accomplissement, de sa
perfection et, par Zeus ! de sa persistance même. | Car ce 13
qui forme un tout se trouve mutilé si tu retranches quelque
chose, si peu que ce soit, dans la connexion et la continuité
des causes aussi bien que dans celles des parties ; or tu
retranches quelque chose, autant que cela dépend de toi,
lorsque tu es mécontent, et en un sens tu le détruis.

9. Ne te dégoûte pas, ne te laisse pas abattre, ne te décourage pas si dans tes différentes actions tu te conduis trop rarement d'après des principes corrects ; au contraire, si tu en as été détourné, reviens à la charge et réjouis-toi si dans la majorité des cas tu te conduis avec plus d'humanité ; aime ce à quoi tu reviens, et ne reviens pas à la philosophie comme à un pédagogue, mais comme ceux qui ont mal aux yeux retournent à leur onguent et à leur œuf, comme un autre retourne à son cataplasme ou à sa

2 lotion. | Tu montreras ainsi qu'obéir à la raison n'a rien de
3 pénible, tu y trouveras la paix au contraire. | Souviens-toi
que la philosophie veut seulement ce que veut ta nature,
tandis que toi tu voulais une autre chose, non conforme à
4 la nature. | Qu'y a-t-il en effet de plus attrayant ? Mais
n'est-ce pas pour son attrait que le plaisir nous trompe ?
Eh bien, vois si la grandeur d'âme, la liberté, la simplicité,
5 la bienveillance, la piété ne sont pas plus attrayantes. | Et
la sagesse elle-même, qu'y a-t-il de plus attrayant qu'elle,
si tu songes à l'infaillibilité et à l'efficacité que nous assure
en toutes circonstances la faculté de connaissance et de
compréhension ?

10. Les choses sont pour ainsi dire voilées à un tel point
que des philosophes, et non les moins nombreux ni les
premiers venus, ont cru qu'elles étaient absolument
insaisissables – mis à part les Stoïciens, qui les jugent du
2 moins difficiles à saisir. | Toujours notre assentiment est
sujet au changement (où trouver, en effet, l'homme qui ne
3 change pas ?). | Passe maintenant à ces objets même que
tu as sous la main : comme ils sont peu durables, de peu
de valeur, et susceptibles d'appartenir aussi bien à un
4 débauché, à une prostituée ou à un brigand ! | Viens-en
ensuite au caractère des hommes qui vivent avec toi : même
le plus aimable d'entre eux est difficile à supporter, pour
ne pas dire qu'il y en a qui se supportent difficilement
5 eux-mêmes. | Dans de telles ténèbres, une telle fange, un
tel flux de la substance et du temps, du mouvement et des
choses mues, qu'y a-t-il donc qui puisse avoir de la valeur
ou, plus généralement, qui puisse être pris au sérieux ? Je
6 ne le conçois même pas. | Il faut plutôt s'encourager à
attendre la dissolution naturelle et à ne pas s'irriter si elle
tarde ; trouver la paix, au contraire, dans les seules
considérations que voici : l'une, que rien ne m'arrivera

qui ne soit conforme à la nature universelle ; l'autre, qu'il est en mon pouvoir de ne rien faire contre mon dieu et mon démon ; | car personne ne me forcera à leur désobéir. 7

11. À quoi dois-je donc faire servir mon âme maintenant ? Me poser cette question en chaque occasion ; examiner ce que contient actuellement cette partie de l'âme qu'on appelle principe directeur, et me demander quelle âme réside en moi en ce moment : celle d'un enfant, d'un jeune homme, d'une faible femme, d'un tyran, d'un bœuf, d'un fauve ?

12. Quelles choses passent pour des biens aux yeux de la plupart des gens ? Tu peux déjà t'en apercevoir à partir des considérations suivantes. | Si quelqu'un concevait 2
comme biens véritables des choses comme la sagesse, la tempérance, la justice, le courage, il ne pourrait plus, après s'en être fait cette idée, entendre qu'on ajoute quelque chose au bien ; cela ne conviendrait absolument pas. Mais celui qui a adopté comme biens ce qui apparaît comme tel à la plupart, celui-là écoutera jusqu'au bout et acceptera aisément comme un ajout pertinent le vers du poète comique[1]. | C'est de cette façon aussi que la plupart des 3
gens eux-mêmes se représentent la différence. Sinon, en effet, il n'arriverait pas que, dans le premier cas, le vers nous choque et soit rejeté, et que dans le cas de la richesse et des bonheurs que procurent le luxe ou la célébrité, nous l'acceptions comme une formule bien trouvée et spirituelle.
| Continue donc et demande-toi s'il faut estimer et 4
considérer comme des biens ce genre de choses qui, si on commençait par les examiner convenablement, nous

1. Allusion au vers qui apparaît à la fin du texte, issu de l'*Apparition* de Ménandre, pièce dont il ne reste que quelques fragments. Ménandre est un auteur de comédies de la fin du IVe siècle avant J.-C.

amèneraient à affirmer que leur possesseur est tellement riche qu'il ne sait plus « où aller à la selle ».

13. Je suis composé d'un principe causal et d'un
principe matériel : aucun des deux ne se dissoudra dans le
2 néant, tout comme aucun n'est venu du néant. | Donc toute
partie de moi-même se verra, à la suite d'une transformation,
assigner une place pour devenir une autre partie du monde,
et celle-ci à son tour sera transformée en une autre partie
3 du monde, ainsi de suite à l'infini. | C'est par une telle
transformation que j'existe moi aussi, ainsi que mes
parents, pareillement à l'infini en remontant dans l'autre
4 sens. | Car rien n'empêche de s'exprimer de cette façon
même si le monde est régi selon des périodes finies.

14. La raison et l'art de raisonner sont des facultés qui
se suffisent à elles-mêmes et aux actes qui relèvent d'elles.
2 | C'est-à-dire qu'elles partent d'un point de départ qui leur
est propre et suivent leur chemin jusqu'au but fixé ; c'est
pourquoi de telles conduites sont dites « droites »[1], pour
signifier la rectitude du chemin suivi.

15. L'homme ne doit observer aucune des prescriptions
2 qui ne conviennent pas à l'homme en tant qu'homme. | Ce
ne sont pas des choses qu'on exige de l'homme, et la nature
de l'homme ne les annonce[2] pas, elles ne sont pas des
3 perfections de la nature humaine. | Ainsi ni la fin de
l'homme ni ce qui parachève la fin ne résident en elles.

1. Dans le stoïcisme, l'action droite (κατόρθωμα) désigne la forme achevée de l'action morale. Le terme plus rare κατόρθωσις ici employé par Marc-Aurèle, appartient au même registre, au sens plus large de la conduite bonne en général (*cf.* Cicéron, *Des fins des biens et des maux*, III, 14, 45).

2. Ce verbe (ἐπαγγέλλομαι) est utilisé par les Stoïciens pour dire ce qu'un nom promet, annonce, c'est-à-dire contient comme qualités ou dispositions d'après son sens naturel. Voir ci-après X, 8 ainsi qu'Épictète, *Entretiens*, II, 9 ; 10.

| De plus si l'une de ces choses convenait à l'homme, il 4
ne lui conviendrait pas de les dédaigner ni de se tenir en
garde contre elle ; il ne faudrait pas non plus louer celui
qui n'en a pas besoin, et celui qui limiterait l'usage d'une
d'entre elles ne serait pas pour cela un homme de bien, si
toutefois ces choses étaient des biens. | Mais en réalité, 5
plus on se détache de ces choses-là et d'autres du même
genre, ou mieux on supporte d'en être dépouillé, plus on
est homme de bien.

16. Ta pensée sera semblable à tes représentations
habituelles, car l'âme est imprégnée de ses représentations.
| Imprègne-la donc continuellement de représentations 2
telles que celles-ci : « Où il est possible de vivre, il est
possible aussi de bien vivre ; or il est possible de vivre à
la cour ; il est donc possible aussi de bien vivre à la cour. »
| Et celles-ci encore : « Chaque être se porte vers ce 3
pour quoi il a été constitué ; ce vers quoi il se porte, c'est
en cela qu'il trouve sa fin ; là où est sa fin se trouve aussi
pour chacun l'utile et le bien ; or le bien du vivant doué
de raison est la société. » | En effet, que nous soyons nés 4
pour la société, voilà qui a été démontré depuis longtemps.
| Ou alors n'est-il pas évident que les êtres inférieurs 5
existent pour les être supérieurs, et les êtres supérieurs les
uns pour les autres ? Or les êtres animés sont supérieurs
aux êtres inanimés, et les êtres doués de raison supérieurs
aux êtres animés.

17. Poursuivre l'impossible, c'est de la folie. Or il est impossible que les méchants ne commettent pas de telles méchancetés[1].

1. La formulation de la phrase (« de telles méchancetés ») peut laisser penser que Marc-Aurèle fait allusion à des événements fâcheux qui l'ont touché personnellement.

18. Rien n'arrive à personne qu'il ne soit par nature
2 capable de supporter. | Les mêmes accidents arrivent à un autre, et soit qu'il ignore qu'ils sont arrivés soit qu'il veuille faire montre de grandeur d'âme, il garde son calme et
3 demeure indemne. | Il est étrange que l'ignorance et la complaisance à soi-même soient plus fortes que la sagesse.

19. Les choses elles-mêmes ne touchent pas le moins du monde l'âme, elles n'ont pas accès à elle et ne peuvent ni la modifier ni la mouvoir. L'âme se modifie et se meut uniquement elle-même, et fait que les accidents qui surviennent soient évalués à l'aune des jugements qu'elle estime dignes d'elle.

20. Sous un certain rapport, l'homme est l'être qui nous est le plus proche dans la mesure où nous devons être bienfaisants envers les hommes et les supporter ; mais dans la mesure où certains m'empêchent d'accomplir les actions qui me regardent en propre, je range l'homme parmi les indifférents[1], non moins que le soleil, le vent ou une bête
2 sauvage. | Les hommes peuvent bien faire obstacle à telle ou telle de mes actions, ils ne deviennent pas pour autant des obstacles pour mon impulsion et ma disposition intérieure, parce que j'ai la possibilité de faire des réserves
3 et de renverser les obstacles. | Car pour atteindre son but premier, la pensée renverse et déplace tout ce qui empêche son activité ; ce qui arrête l'action devient une aide pour l'action, ce qui barre la route permet d'avancer sur la route.

21. Honore ce qu'il y a de plus fort dans le monde,
2 c'est-à-dire ce qui tire parti de tout et gouverne tout. | De même, honore aussi ce qu'il y a en toi de plus fort – les
3 deux sont de la même famille. | Car en toi c'est cela qui tire parti des autres choses et dirige ta vie.

1. Pour la notion stoïcienne d'« indifférent » cf. *supra*, p. 50, n. 1 *ad* III, 11, 5.

22. Ce qui n'est pas dommageable à la cité ne cause
pas non plus de dommage au citoyen. | Toutes les fois que 2
tu te représentes que tu as subi un dommage, applique cette
règle : si cela ne cause aucun dommage à la cité, je n'en
ai pas subi non plus. Si au contraire la cité subit un
dommage, il ne faut pas te mettre en colère contre l'auteur
dudit dommage, mais lui montrer où est son erreur.

23. Songe souvent à la rapidité avec laquelle les êtres
et les événements passent et disparaissent. | La substance 2
est comme un fleuve en continuel écoulement, les forces
changent sans cesse, les causes subissent des transformations
innombrables, presque rien n'est stable, pas même le
moment présent ni celui qui le suit ; songe aussi à l'infini
du passé et du futur, gouffre dans lequel tout disparaît.
| Dans ces conditions, comment ne serait-il pas insensé 3
celui qui s'enfle d'orgueil, se tourmente, se lamente comme
si ce qui vient de le perturber devait durer longtemps ?

24. Pense à la totalité de la substance, dont tu es une toute petite part ; à la totalité du temps, dont t'a été assigné un court intervalle, un moment insignifiant ; au destin, dont tu es une partie – infime, ô combien !

25. Quelqu'un commet-il une faute à mon endroit ?
C'est son affaire. Il a sa propre disposition intérieure, sa
propre activité. | En ce qui me concerne, j'ai en ce moment 2
ce que la nature commune veut que j'aie en ce moment,
et je fais ce que ma nature veut que je fasse en ce moment.

26. Que le principe directeur et souverain de ton âme
reste indifférent au mouvement doux ou violent qui se
produit dans la chair, qu'il ne se mélange pas à lui, mais
se circonscrive en lui-même et contienne ces affections
dans les limites des membres. | Cependant, lorsque ces 2
affections se propagent jusqu'à la pensée en vertu de cette

autre forme de sympathie[1] qui les relie comme dans le cas d'un corps où tout est unifié, alors il ne faut pas essayer de t'opposer à la sensation, qui est naturelle, mais le principe directeur ne doit pas de lui-même ajouter un jugement sur ce qu'il y aurait là de bien ou de mal.

27. Vivre avec les dieux. Vit avec les dieux celui qui
leur montre constamment une âme se satisfaisant du lot
qui lui est imparti, et faisant tout ce que veut le démon que
Zeus a donné à chacun comme chef et guide, et qui est un
2 fragment de lui-même. | Ce démon, c'est l'intelligence et
la raison de chacun.

28. Te mets-tu en colère contre l'homme qui sent le
bouc ? Contre celui qui a une haleine fétide ? Qu'est-ce
que cela te fait ? Sa bouche est ce qu'elle est, ses aisselles
sont ce qu'elles sont, il est inévitable que d'une telle bouche
2 et de telles aisselles émanent de telles odeurs. | – Mais,
objecte-t-on, l'homme possède la raison, et s'il y réfléchit
3 il est en mesure de comprendre ce qui ne va pas. | – Parfait !
Tu possèdes donc toi aussi la raison : stimule sa disposition
rationnelle par la tienne, explique-lui, avertis-le. S'il
t'écoute, tu le guériras, inutile de te mettre en colère.

Ni tragédien ni courtisane.

29. La vie que tu projettes de vivre une fois sorti d'ici,
tu peux la vivre ici même. Si on ne te le permet pas, alors
sors de la vie, mais en homme qui n'en souffre aucun mal.
2 | De la fumée ? Je m'en vais[2]. Pourquoi y voir quelque

1. « Autre » par rapport au sens ordinaire de « sympathie », qui désigne la solidarité intime et forte qui lie entre elles toutes les parties de l'univers ; voir par exemple IV, 27, 2 et IX, 9, 9.

2. Allusion manifeste à un passage des *Entretiens* d'Épictète : « Il y a de la fumée dans la maison ? S'il n'y en a pas beaucoup, je reste ; s'il y en a trop, je m'en vais. Car on doit se mettre dans l'esprit et retenir fermement que la porte est ouverte. » (I, 25, 18 ; *cf.* IV, 10, 27). C'est-à-dire : quand l'inconvénient est modéré, on supporte ; sinon, il existe une porte de sortie, la mort volontaire.

chose de grave ? Aussi longtemps que rien de tel ne me fait partir, je reste libre et personne ne m'empêchera de faire ce que je veux[1] ; or ma volonté est conforme à la nature du vivant doué de raison et soucieux du bien commun.

30. L'intelligence de l'univers est soucieuse du bien
commun, aussi a-t-elle créé les êtres inférieurs en vue des
supérieurs, et adapté les êtres supérieurs les uns aux autres.
| Tu vois comment elle a subordonné et coordonné, 2
comment elle a distribué à chacun selon sa valeur et
rassemblé les meilleurs en vue d'une concorde mutuelle.

31. Comment t'es-tu comporté jusqu'ici avec les dieux, tes parents, tes frères[2], ta femme, tes enfants ; avec tes maîtres, avec ceux qui t'ont élevé, avec tes amis, tes proches, tes serviteurs ? As-tu jusqu'ici observé envers tous le précepte qui dit[3] :

> Ne faire de mal à personne, n'en rien dire de mal ?[4]

| Rappelle-toi aussi quels événements tu as traversés, 2
quelles épreuves tu as été capable de supporter ; | que 3
l'histoire de ta vie est désormais accomplie, que ta mission
est achevée ; combien de belles actions tu as fait voir,
combien de plaisirs et de peines tu as méprisés, combien
d'honneurs tu as dédaignés, envers combien d'ingrats tu
t'es montré bienveillant.

1. Formule traditionnelle pour caractériser la liberté ; *cf.* Épictète, *Entretiens*, IV, 1,1.

2. Marc-Aurèle n'ayant eu qu'une sœur, plusieurs éditeurs corrigent le texte. En gardant « frères », on laisse entendre que l'auteur ne songe pas uniquement à son cas personnel.

3. Le texte grec présente une lacune à cet endroit.

4. Cf. *Odyssée*, IV, 690.

32. Comment se fait-il que des âmes inexpérimentées et ignorantes en viennent à confondre un homme expéri-
2 menté et savant ? | – Qu'est donc une âme expérimentée et savante ? Celle qui connaît le commencement et la fin, ainsi que la raison qui se répand à travers la totalité de la substance et gouverne l'univers durant l'éternité selon des périodes déterminées.

33. Bientôt tu seras cendre ou squelette, un nom sans doute, ou pas même un nom ; mais le nom n'est qu'un son,
2 un écho. | Ce dont on fait grand cas dans la vie n'est que vide, pourriture, mesquineries, petits chiens qui se mordillent, gamins chamailleurs qui rient et aussitôt se
3 mettent à pleurer. | Foi, Pudeur, Justice, Sincérité ont quitté

> pour l'Olympe la terre aux larges routes[1].

4 | Qu'est-ce donc qui te retient encore ici s'il est vrai que les choses sensibles sont changeantes et instables, les sens émoussés et sujets aux impressions trompeuses, si la petite âme elle-même est une exhalaison du sang, et vanité
5 la renommée acquise parmi des gens pareils ? | Que faire alors ? N'attendras-tu pas sereinement ou de t'éteindre ou
6 de changer de lieu ? | Jusqu'à ce que ce moment se présente, que faire qui soit suffisant ? Quoi d'autre qu'honorer et bénir les dieux, faire du bien aux hommes, les supporter et te tenir à distance ? Et pour ce qui excède les limites de ta faible chair et de ton faible souffle, te souvenir que cela ne t'appartient pas et ne dépend pas de toi.

34. Tu as toujours la possibilité de donner à ta vie un cours heureux puisque tu as toujours celle de suivre la
2 bonne voie, de juger et d'agir en suivant cette voie. | Deux caractères sont communs à l'âme du dieu et à celle de

1. Hésiode, *Les travaux et les jours*, 197.

l'homme et de tout vivant doué de raison, à savoir : ne pas être entravé par un autre ; mettre le bien dans la disposition et l'action conformes au bien commun, et borner là son désir.

35. S'il n'y a là ni méchanceté de ma part ni effet de ma méchanceté ni dommage causé à la société, pourquoi m'en inquiéter ? Et quel dommage y a-t-il pour la société ?

36. Ne pas te laisser entièrement emporter par leur représentation en la faisant tienne, mais leur porter secours dans la mesure du possible et suivant leur mérite, même s'ils n'ont été lésés que dans des choses indifférentes ; mais ne pas te représenter cela comme un dommage <réel> ;
c'est là une mauvaise habitude. | Fais comme le vieillard 2
qui en s'en allant réclamait la toupie de son élève tout en ayant à l'esprit que ce n'était qu'une toupie ; agis de même
dans ce cas avec les choses qui roulent[1]. | As-tu oublié, 3
homme, de quoi il s'agit ? – D'accord, mais pour ces gens ce sont des choses très importantes. – Est-ce une raison pour que tu sois fou toi aussi ?

37. Autrefois, on pouvait me surprendre à n'importe quel moment, j'étais un homme heureux. Être heureux, c'est s'être attribué un bon lot ; un bon lot, ce sont de bonnes orientations de l'âme, de bonnes impulsions, de bonnes actions.

1. Des choses qui roulent (comme une toupie), c'est-à-dire sans importance, des choses fuyantes. Mais ἔμβολος, au pluriel, peut désigner aussi la tribune, lieu où l'on prend la parole ; on pourrait donc entendre aussi : « Agis de même quand tu montes à la tribune ».

LIVRE VI

1. La substance de l'univers est docile et plastique. La
raison qui la gouverne n'a en elle-même aucun motif de
faire du mal, car elle n'a pas de méchanceté, ne fait rien
de mal, et rien ne subit de dommage de sa part. | Tout naît 2
et s'achève en conformité avec elle.

2. Quand tu fais ce qu'il convient de faire, qu'il te soit
indifférent d'avoir froid ou chaud, de somnoler ou d'avoir
ton compte de sommeil, d'entendre dire du mal ou du bien
de toi, d'être sur le point de mourir ou de faire autre chose.
| Car mourir est aussi un des actes de la vie ; il suffit donc, 2
même pour cet acte, de bien employer le présent.

3. Regarde au fond des choses ; que d'aucune d'elles ne t'échappent ni la qualité propre ni la valeur.

4. Tous les objets qui existent changent très vite : ou bien ils vont s'évaporer si la substance est unifiée, ou bien ils se disperseront.

5. La raison qui gouverne sait bien dans quelle disposition elle est, ce qu'elle fait et sur quelle matière elle agit.

6. La meilleure manière de se défendre est de ne pas leur ressembler.

7. Trouve ta joie et ta paix uniquement en ceci : passer d'une action utile au bien commun à une autre action utile au bien commun en te souvenant du dieu.

8. Le principe directeur est ce qui se tient éveillé soi-même, se modifie et se façonne tel qu'il veut être, et fait que tout événement lui apparaisse tel que lui-même le veut.

9. Chaque chose est menée à son terme selon la nature universelle ; car ce n'est pas selon une autre nature qui, ou bien la contiendrait de l'extérieur, ou serait contenue à l'intérieur, ou serait extérieure et séparée.

10. Ou bien mélange, enchevêtrement et dispersion,
2 ou bien union, ordre et providence. | Dans la première
hypothèse, pourquoi désirer prolonger mon séjour dans
un tel amas livré au hasard, dans une telle confusion ?
3 | Pourquoi m'inquiéter d'autre chose que de la manière de
4 continuer à vivre ? | Et pourquoi me troubler ? Car la
5 dispersion m'atteindra, quoi que je fasse. | Dans la seconde
hypothèse, je vénère avec fermeté et confiance celui qui
gouverne.

11. Lorsque tu es pour ainsi dire tout retourné par la contrainte des circonstances, reviens vite à toi-même, et ne t'écarte pas de la mesure au-delà de ce qui est inévitable ; car tu maîtriseras mieux l'harmonie si tu y reviens continuellement.

12. Si tu avais une marâtre en même temps qu'une
mère, tu rendrais tes devoirs à la première, mais pourtant
2 tu reviendrais sans cesse à ta mère. | Voilà ce que sont à
présent pour toi la cour et la philosophie : reviens souvent
à la seconde, repose-toi en elle, car c'est grâce à elle que
les affaires de la première te paraissent supportables, et
que toi-même tu passes pour supportable au milieu de ces
gens-là.

13. C'est se faire une représentation <correcte> de ce que sont les mets recherchés et aliments semblables que de se dire : « Ceci est un cadavre de poisson, cela un cadavre d'oiseau ou de porc ; » et encore : « Le Falerne

est un peu de jus de raisin, la robe prétexte des poils de
brebis mouillés du sang d'un coquillage[1] ; » et à propos
de l'accouplement : « Frottement de ventre et sécrétion
d'un liquide gluant accompagnée d'un spasme. » | Ce sont 2
là des représentations qui atteignent les choses mêmes et
les pénètrent pour faire voir ce qu'elles sont. | Voilà 3
comment il faut procéder la vie durant : quand on est
confronté à des représentations qui inspirent trop facilement
confiance, il faut les mettre à nu, se rendre compte de leur
peu de valeur, les dépouiller des considérations savantes
qui leur donnent de l'éclat. | Car l'orgueil est un redoutable 4
trompeur, et quand tu crois le plus t'occuper de choses
sérieuses, c'est alors qu'il t'ensorcelle le plus. | Vois donc 5
ce que Cratès dit d'un homme comme Xénocrate[2].

14. La plupart des choses qui suscitent l'admiration de la foule se réduisent aux plus générales, celles dont la cohésion est due à un *état* ou à une *nature*[3] : pierres, bois, figuiers, vignes, oliviers. Les gens un peu moins frustes

1. Le Falerne était un vin produit dans l'ancienne Campanie. La robe prétexte était une cape portée par-dessus la tunique, bordée de rouge et réservée aux magistrats les plus importants.

2. Cratès de Thèbes est un philosophe cynique des IVe-IIIe siècles, disciple de Diogène ; Xénocrate est un disciple de Platon, 3e scolarque de l'Académie. On ignore ce que le premier a dit du second. Mais selon Diogène Laërce (IV, 11), Xénocrate était précisément un homme dépourvu d'orgueil, défaut qui était une des cibles des Cyniques.

3. Le chapitre présente de manière rigoureuse la théorie stoïcienne des différents degrés de cohésion du souffle divin (πνεῦμα) qui imprègne le cosmos, du moins igné et tonique au plus élevé. Ce sont respectivement : l'ἕξις, qui permet à l'objet imprégné par le souffle de rester dans ses limites (comme c'est le cas des minéraux) ; la φύσις, c'est-à-dire le souffle capable de croître, correspondant aux plantes ; la ψυχή, l'âme, qui est le degré de tension du souffle permettant à l'être qui en est imprégné de se mouvoir et d'avoir un rapport perceptif avec le monde environnant ; et enfin la ψυχὴ λογική, l'âme rationnelle, qui caractérise, à des degrés divers, les êtres humains et les dieux.

se tournent vers les êtres maintenus par une *âme*, comme
le gros ou le menu bétail. Ceux qui ont encore meilleur
goût, vers les êtres régis par une âme *rationnelle* – non
cependant en tant que rationnelle tout court[1], mais en tant
qu'elle s'applique aux arts ou à quelque autre forme
d'habileté, ou simplement à la possession d'un grand
2 nombre d'esclaves. | Mais celui qui honore l'âme raison-
nable et politique ne prête plus attention à rien d'autre, il
veille avant tout à garder sa propre âme dans un état et une
activité conformes à la raison et au bien commun, et à cette
fin il collabore avec les êtres de même origine.

15. Les choses se hâtent, les unes de devenir, les autres
d'être devenues ; et de ce qui devient, quelque chose déjà
s'est éteint ; écoulements et transformations renouvellent
sans cesse le monde, et pareillement le mouvement
ininterrompu du temps maintient toujours nouvelle la durée
2 infinie. | Dans ce fleuve, auquel de ces êtres qui passent
en courant pourrait-on donner de la valeur ? Impossible
de le découvrir. C'est comme si on se mettait à aimer un
de ces moineaux qui volent près de nous et qui déjà est
3 hors de vue. | La vie même de chacun ressemble au sang
4 qui s'évapore et à l'air qu'on aspire. | À chaque instant en
effet nous aspirons l'air d'un coup pour le restituer ensuite ;
eh bien, voilà à quoi ressemble le fait de restituer entièrement
la faculté respiratoire que tu as acquise à la naissance, hier
ou avant-hier, pour la rendre à l'origine d'où tu l'as tirée
d'abord.

1. On trouve ici une distinction supplémentaire pour l'âme rationnelle : rationnelle en tant que technique, pratique, gestionnaire, et en tant que rationnelle tout court, rationnelle et politique. La mention des esclaves confirme qu'ils relèvent comme les autres techniques d'une gestion, d'une habileté pratique.

16. Ce qui a du prix, ce n'est pas de transpirer comme les plantes, ni de respirer comme le bétail et les bêtes sauvages, ni de recevoir des impressions représentatives, ni d'être tiraillé comme par des ficelles sous l'effet des impulsions, ni de vivre en groupes, ni de se nourrir – acte qui ne vaut pas plus que l'évacuation des superflus de la
nourriture. | Qu'est-ce donc qui a du prix ? Être applaudi ? 2
| Certes non, pas plus que d'être applaudi de paroles, car 3
les louanges de la foule sont des applaudissements de
paroles. | C'est pourquoi tu as renoncé aussi à la gloriole. 4

Que reste-t-il qui ait du prix ? Il me semble que c'est agir et se retenir d'agir en conformité avec sa constitution propre, but auquel tendent aussi les diverses occupations
et les arts. | Tout art en effet vise à ce que l'être qu'il produit 5
soit convenablement adapté à l'œuvre pour laquelle il a été produit ; c'est cela que recherchent aussi bien celui qui cultive la vigne que le dompteur de chevaux ou celui qui
prend soin des chiens. | Et les méthodes d'éducation et 6
d'enseignement, quel but visent-elles ? – Voilà donc ce qui
a du prix. | Et si tu réussis sur ce point, tu ne chercheras 7
pas à te procurer autre chose.

| Tu vas continuer à donner du prix à une foule d'autres 8
choses encore ? Alors tu ne seras ni libre ni capable de te
suffire ni sans passions. | Car, inévitablement, tu seras 9
envieux, jaloux, tu soupçonneras ceux qui peuvent t'enlever ces choses, tu tendras des pièges à ceux qui possèdent ce qui a du prix à tes yeux. Bref, il est inévitable que celui qui est privé d'une de ces choses <qu'il juge précieuses> soit troublé, et qu'en outre il s'en prenne souvent aux
dieux. | Au contraire, le respect et l'estime de ta propre 10
pensée te rendront content de toi, en harmonie avec les hommes et en accord avec les dieux, c'est-à-dire que tu approuveras le lot qu'ils t'attribuent et la place qu'ils t'ont assignée.

17. Vers le haut, vers le bas, en cercle : ainsi se déplacent
2 les éléments. | Mais le mouvement de la vertu n'est compris en aucun de ces déplacements, il est quelque chose de plus divin, et c'est en avançant sur un chemin difficile à concevoir qu'il chemine avec succès.

18. Quelle façon d'agir que la leur ! De ceux qui vivent à la même époque et dans leur entourage, ils ne consentent pas à dire du bien, mais ils attachent une grande importance à ce que disent du bien d'eux-mêmes ceux qui sont nés après eux, gens qu'ils n'ont jamais vus et ne verront jamais.
2 | C'est un peu comme si tu t'affligeais de ce que ceux qui sont nés avant toi n'aient pas parlé en bien de toi !

19. Si pour toi quelque chose est difficile à réaliser, ne va pas croire que cela est impossible à l'homme ; mais si une chose est possible et appropriée à l'homme, pense qu'elle est aussi à ta portée.

20. Dans les exercices du gymnase, il arrive que quelqu'un nous ait égratignés avec ses ongles ou meurtris d'un coup de tête. Malgré tout, nous ne manifestons pas de mécontentement, nous ne nous brouillons pas avec lui, et nous ne le soupçonnons pas par la suite de nous vouloir du mal ; néanmoins nous nous gardons de lui, non comme d'un ennemi ni avec suspicion : nous l'évitons poliment.
2 | Qu'il en aille de même dans les autres circonstances de la vie : passons sur bien des choses comme si elles venaient
3 de partenaires de gymnase. | Il est en effet possible, je l'ai dit, de les éviter sans les soupçonner ni les haïr.

21. Si l'on peut me convaincre, preuve à l'appui, que
2 je pense ou agis mal, c'est avec joie que je changerai. | Car je cherche la vérité, qui n'a jamais causé de dommage à personne ; subit un dommage, au contraire, celui qui persiste dans son erreur ou dans son ignorance.

22. Quant à moi, je fais mon devoir et ne me laisse pas distraire par le reste ; car cela concerne ou des êtres inanimés, ou des êtres privés de raison, ou des êtres égarés et ignorant le chemin.

23. Les vivants privés de raison ainsi que les choses et
objets en général, traite-les comme un être doué de raison
agissant avec des êtres qui en sont privés, généreusement
et librement ; mais les hommes, traite-les comme des êtres
qui possèdent la raison et conformément aux exigences de
la sociabilité. | En toutes occasions, invoque les dieux, et 2
ne t'inquiète pas de savoir combien de temps tu le feras :
même trois heures ainsi employées suffisent.

24. Alexandre de Macédoine et son muletier, une fois morts, se sont retrouvés dans le même état : ou bien ils ont été absorbés dans les mêmes raisons génératrices du monde, ou bien ils ont été pareillement dispersés en atomes.

25. Considère combien d'événements, dans le corps et dans l'âme, se produisent simultanément en chacun de nous dans le même instant infinitésimal. Ainsi tu ne t'étonneras pas que beaucoup plus d'événements, ou plutôt que tous les événements existent simultanément dans cette totalité une que nous appelons le monde.

26. Si l'on te demande comment s'écrit le nom
d'Antonin, ne feras-tu pas l'effort d'annoncer à haute voix
chacun des éléments de ce mot ? Ne poursuivras-tu pas
calmement l'énumération de chaque lettre ? | Eh quoi, si 2
l'on se fâche ? Te fâcheras-tu à ton tour ? | Souviens-toi 3
donc pareillement qu'ici bas tout devoir se compose d'un
certain nombre d'obligations. Il faut les observer et, sans
te troubler ni répondre à la colère par la colère, achever
méthodiquement l'action que tu t'es proposée.

27. Comme il est cruel de ne pas laisser les hommes
se porter vers ce qui leur paraît approprié et avantageux !
Pourtant, en un sens, tu ne leur permets pas d'agir ainsi
2 quand tu te fâches de ce qu'ils commettent des fautes. | Car
c'est toujours en les prenant pour des choses appropriées
à eux et avantageuses pour eux qu'ils se portent vers elles.
3 | – Mais il n'en est rien ! – Alors instruis-les et montre-le
sans te fâcher.

28. Mort : cessation de l'impression sensible ; de l'impulsion qui nous manœuvre comme avec des fils ; du mouvement de la pensée, et du service de la chair.

29. Il est honteux que dans cette vie où ton corps ne cède pas, ton âme cède la première.

30. Veille à ne pas devenir un César, à ne pas en prendre
2 la couleur ; car c'est ce qui est en train d'arriver. | Reste
simple, bon, pur, digne, sans recherche, ami de la justice,
pieux, bienveillant, affectueux, résolu à agir comme il
3 convient. | Lutte pour rester tel que la philosophie a voulu
4 te former. | Vénère les dieux, viens en aide aux hommes.
La vie est courte, et l'unique fruit de la vie terrestre, c'est
une disposition intérieure conforme à la piété, et des actions
utiles au bien commun.

5 | En tout conduis-toi en disciple d'Antonin[1]. Pense à
la fermeté qu'il montrait dans l'accomplissement des actes
conformes à la raison, à son égalité d'âme en toutes
circonstances, à sa piété, à la sérénité de son visage, à sa
douceur, à son mépris de la vaine gloire, à son vif désir de
6 bien comprendre les choses. | À ceci encore : comme il
n'abandonnait jamais totalement une question sans l'avoir
7 examinée à fond et clairement saisie ; | comme il supportait

1. À savoir son père adoptif, l'empereur Antonin le Pieux ; *cf.* I, 16.

les reproches injustes sans y répondre par d'autres
reproches ; comme il n'entreprenait rien avec précipitation
et n'admettait pas les calomnies ; | comme il scrutait avec 8
soin les caractères et les actions sans injurier personne,
sans rien craindre, sans nourrir de soupçons, sans faire de
phrases ; | comme il se contentait de peu, pour son habitation 9
par exemple, sa couche, ses vêtements, son alimentation,
le service domestique ; | comme il était travailleur et patient, 10
| capable, grâce à la simplicité de son régime, de demeurer 11
au même endroit[1] du matin au soir, sans avoir besoin
d'évacuer le surplus de nourriture en dehors de l'heure
habituelle ; | pense à la solidité et à la constance de ses 12
amitiés, | qu'il supportait ceux qui usaient de leur franc- 13
parler pour s'opposer à ses avis, et se réjouissait si on lui
montrait une meilleure solution ; | comme il était pieux 14
sans être superstitieux. Pense à tout cela pour avoir une
conscience aussi pure que la sienne quand viendra ta
dernière heure.

31. Recouvre tes sens, reprends-toi ; après être sorti de ton sommeil et t'être rendu compte que c'étaient des songes qui te troublaient, regarde ces choses-ci comme tu regardais les choses auparavant.

32. Je suis constitué d'un faible corps et d'une âme.
Pour le premier, tout est indifférent, car il ne peut juger
des différences. | Pour la pensée, est indifférent tout ce qui 2
n'appartient pas à son activité à elle ; et tout le domaine
de son activité propre dépend d'elle. | Et dans ce qui dépend 3
d'elle, elle se préoccupe uniquement du présent, car à ce
moment l'activité future et l'activité passée lui sont
indifférentes elles aussi.

1. Une lacune est indiquée par les éditeurs au début de cette phrase.

33. Pour la main ou pour le pied, il n'y a pas de labeur
contre nature aussi longtemps que le pied fait ce qui
appartient au pied, et la main ce qui appartient à la main.
2 | Pareillement donc, pour l'homme en tant qu'homme il
n'y a pas de labeur contre nature tant qu'il accomplit la
3 tâche qui revient à l'homme. | Et si ce n'est pas contre
nature pour lui, ce n'est pas non plus pour lui un mal.

34. Quels merveilleux plaisirs ont goûtés les brigands, les débauchés, les parricides, les tyrans !

35. Ne vois-tu pas que si beaucoup d'artisans s'adaptent
jusqu'à un certain point aux clients qui ne sont pas du
métier, ils n'en restent pas moins attachés aux règles de
2 leur art et ne supportent pas de s'en écarter ? | N'est-il donc
pas étrange que l'architecte et le médecin respectent mieux
les règles de leur art particulier que l'homme ne respecte
celles de son art propre, qui lui est commun avec les dieux ?

36. L'Asie, l'Europe : des coins du monde ; toute mer,
une goutte dans le monde ; l'Athos, une motte dans le
monde ; tout moment présent, un point dans l'éternité ; tout
2 est petit, instable, en train de s'évanouir. | Tout vient de
là-bas, soit issu directement de ce grand principe directeur
3 commun, soit dérivé par voie de conséquence. | Ainsi même
la gueule béante du lion, le poison, toute chose qui cause
des dommages comme l'épine ou la fange, surviennent
4 comme conséquences des réalités vénérables et belles. | Ne
te les représente donc pas comme étrangères à ce que tu
vénères, mais tiens compte de la source de toutes choses.

37. Qui voit le présent a tout vu : tout ce qui est passé de toute éternité et tout ce qui sera, à l'infini ; car tout est de même origine et de même aspect.

38. Songe souvent à la liaison de toutes choses dans
2 le monde et à leurs relations les unes avec les autres. | Car
elles sont en quelque sorte toutes entrelacées entre elles,

et par là elles sont toutes amies les unes avec les autres : elles tiennent ensemble en vertu de la force de tension <qui les relie>, du souffle commun <qui les anime> et de l'unité de la substance[1].

39. Accommode-toi au lot qui t'a été assigné ; quant aux hommes que le sort a désignés pour vivre avec toi, aime-les – mais aime-les vraiment.

40. Un instrument, un outil, un ustensile quelconque
est bon s'il fait ce pour quoi il a été fabriqué, même en
l'absence de celui qui l'a fabriqué. | Mais quand il s'agit 2
d'êtres assemblés par la nature, la puissance qui les a
fabriqués est immanente et elle le reste ; aussi faut-il la
vénérer davantage encore, et penser que, si tu te conformes
à sa volonté et persistes dans cette voie, alors, pour ce qui
te concerne, tout sera conforme à tes vœux. | Il en est ainsi 3
pour le tout : tout y est conforme à ses vœux.

41. Dès lors que parmi les choses soustraites à ton
choix tu en regardes une, quelle qu'elle soit, comme un
bien ou un mal pour toi, il est inévitable, au cas où un mal
de ce genre t'arriverait ou que tu sois privé d'un tel bien,
que tu accuses les dieux et haïsses les hommes, parce qu'ils
sont la cause – ou que tu les soupçonnes d'être la cause
– de cette privation ou de cet accident ; et nombreuses sont
les injustices que nous commettons en raison des différends
qui surgissent sur ces questions. | Si au contraire nous 2
décidons que seuls sont des biens ou des maux les choses
qui dépendent de nous, il ne subsiste plus aucun motif de

1. La tension dont il est question est celle du souffle divin qui unifie l'univers entier et qui possède effectivement différents degrés de tension (cf. *supra*, p. 87, n. 3 *ad* VI, 14,1). L'on retrouve la notion de « souffle » tout de suite après, dans le terme σύμπνοια, « souffle commun ». La substance, οὐσία, indique le corps divin unique qui correspond à l'ensemble de l'existant.

faire des reproches au dieu ni de nous maintenir en état de guerre contre les hommes.

42. Nous collaborons tous à l'accomplissement d'une
œuvre unique, les uns en le sachant et en pleine conscience,
les autres à leur insu ; c'est, je crois, ce que veut dire
Héraclite quand il affirme que même ceux qui dorment
travaillent et collaborent à ce qui se passe dans le monde.
2 | Chacun collabore à sa manière, y compris celui qui émet
des critiques et tente de s'opposer aux événements ou de
les faire disparaître ; car le monde avait aussi besoin de
3 gens de cette sorte. | Reste donc à savoir dans quelle caté-
gorie tu te ranges ; celui qui gouverne l'univers, de toute
manière, fera bon usage de toi et te placera parmi ses
4 collaborateurs. | Mais toi ne sois pas une partie semblable
à ce vers plat et ridicule dans la pièce que mentionne
Chrysippe[1].

43. Est-ce que par hasard le soleil estime que sa fonction est de faire l'œuvre de la pluie ? Et Asclépios, de faire celle de la Déesse des fruits[2] ? Et que dire de chacun des astres ? Ils sont différents, certes, mais ne collaborent-ils pas à la même œuvre ?

44. Si les dieux ont délibéré sur moi et sur ce qui doit
m'arriver, ils ont bien délibéré ; car un dieu qui ne délibère
pas, ce n'est même pas facile à concevoir ; et pour quel
2 motif se seraient-ils proposé de me faire du mal ? | Quel

1. Plutarque, dans son traité *Des notions communes, contre les Stoïciens* (14, 1065D), rapporte le propos suivant de Chrysippe : « De même que [...] les comédies comportent des épigrammes comiques qui, prises en elles-mêmes, ne valent pas cher, mais ajoutent à l'ensemble de l'œuvre quelque agrément, ainsi le mal, pris en lui-même, mérite d'être blâmé, mais, pour l'ensemble des choses, n'est pas sans utilité » (trad. fr. Babut).

2. Καρποφόρος, en l'occurrence Déméter. Pour Asclépios, voir ci-dessus V, 8, 1.

profit en auraient-ils retiré, pour eux-mêmes ou pour
l'ensemble du monde, qui est l'objet principal de leurs
préoccupations ? | S'ils n'ont pas délibéré sur moi en 3
particulier, ils ont du moins délibéré sur l'ensemble des
choses, et je dois aussi accueillir de bon cœur et aimer ce
qui en résulte par voie de conséquence.

| Si les dieux ne délibèrent sur rien – c'est une impiété 4
de le croire, ou alors ne faisons plus ni sacrifices ni prières
ni serments, ni aucune de ces pratiques que nous
accomplissons à chaque fois en nous adressant aux dieux
avec l'idée qu'ils sont présents et vivent avec nous – si,
dis-je, les dieux ne délibèrent sur rien de ce qui nous
concerne, il m'est bien permis de délibérer sur moi-même,
je puis bien examiner où est mon intérêt ; | or l'intérêt de 5
chacun, c'est ce qui est conforme à sa constitution et à sa
nature, et ma nature est rationnelle et politique.

| Ma cité et ma patrie en tant qu'Antonin, c'est Rome ; 6
en tant qu'homme, c'est le monde. Donc ce qui est utile à
ces cités est pour moi le seul bien.

45. Tout ce qui arrive à une chose en particulier est
utile à l'univers, et on peut en rester là. | Mais de plus, en 2
y prêtant attention, tu verras que dans la plupart des cas
cela vaut aussi pour tout ce qui arrive à un homme en
particulier ou aux autres hommes[1]. | On doit prendre ici 3
le mot utile dans son sens ordinaire, c'est-à-dire quand il
s'applique aux choses indifférentes.

1. Les éditeurs considèrent le texte comme problématique, et Dalfen juge qu'il est irrémédiablement corrompu entre ὅσα (« tout ce qui ») et ἀνθρώποις (« aux autres hommes »). Nous pensons que le texte transmis peut avoir un sens si l'on considère que le chapitre propose une progression du général (toutes les choses qui composent l'univers, § 1) à la sphère de l'humain (§ 2).

46. Tu es choqué par ce qui se passe dans l'amphithéâtre et autres lieux semblables, parce qu'on y voit toujours les mêmes choses se déroulant de façon monotone, ce qui rend le spectacle fastidieux : c'est exactement ce que tu éprouves pour la vie tout entière ; car, de haut en bas et de bas en haut, les choses sont toutes identiques et de même provenance. Jusqu'à quand ?

47. Pense continuellement aux hommes de toutes sortes – de toutes sortes de professions, de toutes sortes de nations – qui sont morts. Va jusqu'à Philistion, Phoibos,
2 Origanion[1]. | Passe à présent à d'autres générations
3 d'hommes. | Nous devons nous transporter là où se trouvent tant d'orateurs habiles, tant de vénérables philosophes – Héraclite, Pythagore, Socrate – tant de héros avant eux,
4 et tant de généraux et de tyrans après eux. | Ajoute Eudoxe, Hipparque, Archimède et d'autres natures pénétrantes, des gens généreux, travailleurs, industrieux ; des arrogants qui raillent cette vie humaine vouée à la mort et éphémère,
5 tels Ménippe[2] et tous ses pareils. | Pense que tous ces gens sont morts depuis longtemps. Eh bien, qu'y a-t-il là de terrible pour eux ? Et que dire de ceux dont le nom même
6 n'est plus du tout prononcé ? | La seule chose qui compte ici-bas, c'est de passer sa vie dans la sincérité et la justice, en se montrant indulgent envers les menteurs et les hommes injustes.

48. Lorsque tu veux éprouver de la joie, songe aux qualités des gens de ton entourage ; par exemple à l'activité de l'un, à la réserve d'un autre, à la générosité d'un
2 troisième, à telle autre qualité d'un autre encore. | Car rien ne nous réjouit autant que les images fidèles des vertus se

1. Auteurs supposés de mimes. Mais peut-être aussi allusion à des personnages de son entourage qui viennent de décéder.

2. Philosophe cynique du IIIe siècle avant J.-C.

manifestant dans les caractères de ceux qui vivent avec
nous quand, par chance, elles se rencontrent toutes
ensemble. | Aussi faut-il les avoir présentes à l'esprit. 3

49. Est-ce que tu supportes mal de peser tant de livres et non trois cents ? Même question si tu dois vivre tant d'années et non davantage. De même que tu te contentes de la part de substance qui t'a été départie, contente-toi pareillement du temps qui t'a été accordé.

50. Tente de les persuader, mais agis même contre leur
gré quand la règle de la justice t'y conduit. | Si néanmoins 2
on s'y oppose en usant de violence, change de méthode et
essaie la complaisance en restant calme ; sers-toi de cet
obstacle pour pratiquer une autre vertu ; et souviens-toi
que tu ne te portais à l'action que sous réserve et que tu
ne visais pas l'impossible. | Que visais-tu donc ? Te porter 3
à l'action <justement> à cette condition. Cet objectif, tu
l'as atteint. Ce que nous nous proposions de faire finit par
se réaliser.

51. Celui qui aime la gloire met son bien propre dans l'acte d'autrui ; celui qui aime le plaisir le met dans ce que lui-même ressent ; mais l'homme intelligent le met dans son action propre.

52. Sur ce point il est permis de ne pas avoir d'opinion
et d'éviter de troubler son âme. | Car les choses elles-mêmes 2
n'ont pas une nature capable de déterminer nos jugements.

53. Habitue-toi à prêter attention à ce qu'on te dit, et entre autant qu'il est possible dans l'âme de celui qui parle.

54. Ce qui n'est pas utile à l'essaim n'est pas non plus utile à l'abeille.

55. Si le pilote était critiqué par les matelots, ou le médecin par les malades, se préoccuperaient-ils pour autant d'autre chose que des moyens d'assurer le salut de l'équipage et la santé de ceux qu'il soigne ?

56. Combien de ceux avec qui je suis entré dans le monde en sont déjà partis !

57. À ceux qui ont la jaunisse le miel paraît amer, ceux
qui ont été mordus par un animal enragé craignent l'eau,
2 et les enfants trouvent leur balle jolie. | Pourquoi donc me
mettre en colère ? L'erreur te semble-t-elle avoir moins de
force que la bile sur le malade de la jaunisse, ou le venin
sur l'homme mordu par un animal enragé ?

58. Personne ne t'empêchera de vivre conformément à la raison de ta nature ; rien ne t'arrivera qui soit contraire à la raison de la nature commune.

59. Que sont ces gens à qui l'on veut plaire ? Pour
2 quel résultat ? Par quelles actions ? | Comme le temps aura
vite fait de tout recouvrir, combien de choses il a déjà
recouvertes !

LIVRE VII

1. Qu'est-ce que le vice ? Quelque chose que tu as vu
souvent. Et à propos de tout ce qui arrive, aie présent à
l'esprit que c'est là quelque chose que tu as vu souvent.
| D'une façon générale, tu peux regarder dans toutes les 2
directions, tu trouveras les mêmes choses remplissant les
histoires anciennes, récentes et celles qui sont entre les
deux, choses dont sont pleines aujourd'hui les cités et les
maisons. | Rien de neuf. Tout est banal et rien n'est durable. 3

2. Comment les principes pourraient-ils mourir sans
façon si les représentations qui leur correspondent ne
disparaissent pas, représentations qu'il dépend de toi de
ranimer continuellement ? | Sur ce point je puis me faire 2
l'opinion qu'il faut ; et si je le puis, pourquoi me troubler ?
Ce qui est extérieur à ma pensée n'est absolument rien
pour ma pensée. | Comprends-le, et te voilà droit. Il t'est 3
possible de revivre. Vois de nouveau les choses comme tu
les voyais[1] : c'est cela, revivre.

3. Vaine recherche du faste, drames sur la scène,
troupeaux de bétail petit et gros, coups de lance, os lancé
à de petits chiens, boulette jetée dans les viviers de
poissons, fatigues de fourmis lourdement chargées, courses
en tous sens de souris effrayées, pantins tiraillés par des
ficelles. | Devant tout cela il faut faire preuve d'indulgence 2

1. *Cf.* VI, 31.

et ne pas se cabrer, avoir conscience néanmoins que chacun vaut ce que valent les choses qu'il prend au sérieux.

4. Il faut prendre conscience, mot par mot, de ce qui est dit, et pour chaque décision d'agir, de ce qui en résulte. Dans ce dernier cas, voir immédiatement à quel but se rapporte l'action ; dans le premier cas, bien veiller au sens des mots.

2 **5.** Ma pensée suffit-elle pour cela, oui ou non ? | Si oui,
je m'en sers pour agir comme d'un instrument donné par
la nature universelle. Si elle ne suffit pas, ou bien j'abandonne l'action à celui qui peut mieux l'accomplir, ou bien,
si elle ne convient pas à un autre, j'agis de mon mieux en
m'adjoignant l'homme qui est en mesure, avec le concours
de mon principe directeur, de faire ce qui actuellement est
3 opportun et utile à la société. | Car quoi que je fasse, seul
ou avec l'aide d'autrui, l'unique but auquel il faut tendre,
c'est ce qui est utile au bien commun et en harmonie
avec lui.

6. Combien d'hommes très célèbres à une époque sont à présent tombés dans l'oubli ! Et combien de ceux qui les ont célébrés ont depuis longtemps disparu !

7. N'aie pas honte de te faire aider. La tâche qui t'échoit,
tu as à l'accomplir comme un soldat à l'assaut d'un mur.
2 | Que ferais-tu si tu étais boiteux et ne parvenais pas à
escalader seul le créneau, mais qu'avec l'aide d'autrui la
chose soit possible ?

8. Que l'avenir ne te trouble pas ; car tu y viendras, s'il doit arriver, avec la même raison que celle dont tu te sers actuellement pour le présent.

9. Toutes les choses sont entrelacées les unes avec les autres, leur lien est sacré, et aucune, pour ainsi dire, n'est étrangère à une autre ; car elles ont été ordonnées ensemble, et ensemble elles contribuent à l'ordre du même monde.

| En effet, composé de la totalité des choses, le monde est 2
un, un est le dieu répandu à travers toutes choses, une la substance, une la loi, raison commune à tous les vivants dotés d'intelligence, une la vérité puisqu'une est aussi la perfection pour tous les vivants du même genre et participant à la même raison.

10. Tout ce qui est matériel s'évanouit bien vite dans la substance universelle, tout ce qui est cause est bien vite repris dans la raison universelle, et bien vite le souvenir de toutes choses est enseveli dans la durée.

11. Pour le vivant doué de raison, l'action conforme à la nature et l'action conforme à la raison sont une seule et même chose.

12. Droit, non redressé.

13. La relation qui existe entre les membres du corps dans les organismes unifiés offre le modèle du rapport qu'ont entre eux les êtres doués de raison existant dans des corps distincts mais constitués pour agir de concert.
| Cette pensée te frappera davantage si tu te dis souvent à 2
toi-même : je suis un membre (μέλος) de l'ensemble formé
par les êtres doués de raison. | Mais si, en changeant une 3
lettre[1], tu dis que tu en es une partie (μέρος), tu n'aimes pas encore les hommes de tout ton cœur, tu n'éprouves pas encore parfaitement la joie de leur faire du bien : tu le fais simplement comme une chose bienséante, pas encore comme te faisant du bien à toi-même.

14. Qu'arrive de l'extérieur ce qu'on voudra aux êtres
qui peuvent être affectés par cet accident. | Ils s'en 2
plaindront s'ils veulent ; quant à moi, aussi longtemps que je ne juge pas que cet événement est un mal, je n'en ai encore subi aucun dommage. Or il m'est possible de ne pas en juger ainsi.

1. Littéralement : « avec la lettre rho ».

15. Quoi qu'on fasse ou qu'on dise, je dois être un homme de bien. C'est comme si l'or, l'émeraude ou la pourpre répétaient constamment : « Quoi qu'on fasse ou qu'on dise, je dois être émeraude et garder ma couleur. »

16. Le principe directeur ne se trouble pas lui-même ;
je veux dire : il ne s'effraie pas lui-même, ne s'afflige pas
2 lui-même, ne se détermine pas lui-même à désirer. | Si un
autre peut l'effrayer ou l'affliger, qu'il le fasse ; car par
son propre jugement il ne se déterminera pas lui-même à
3 de telles modifications. | Que le faible corps s'inquiète,
s'il en est capable, de ne pas souffrir, et qu'il le dise s'il
souffre. Quant à ta petite âme, lorsqu'elle éprouve peur et
affliction et se prononce sur de telles affections en général,
qu'elle n'en souffre en aucun cas : tu ne lui permettras pas
4 de porter ce genre de jugement[1]. | Pour autant que cela
dépend de lui, le principe directeur est sans besoin s'il ne
s'en crée pas lui-même ; pour la même raison, il est sans
trouble et sans entraves s'il ne se trouble et ne s'entrave
pas lui-même.

17. Le bonheur, c'est un bon démon[2], ou plutôt une
2 vie conforme au bon démon. | Que fais-tu donc ici,
imagination ? Va-t'en, au nom des dieux, comme tu es
3 venue, je n'ai pas besoin de toi. | Tu es venue selon ta
vieille habitude. Je ne suis pas fâché contre toi, seulement
éloigne-toi.

18. Craint-on le changement ? Mais qu'est-ce qui peut
se produire sans changement ? Qu'y a-t-il de plus cher et
2 de plus familier à la nature universelle ? | Toi-même,

1. Traduction conjecturale d'un texte problématique souvent modifié par les éditeurs et les traducteurs.

2. Εὐδαιμονία (« bonheur ») veut dire littéralement « un bon démon » (δαίμων ἀγαθός). La fin de la phrase présente très probablement une lacune, d'où les différentes propositions de reconstruction des éditeurs.

peux-tu prendre un bain si le bois <qui le chauffe> ne subit
pas de changement ? Peux-tu te nourrir si les aliments ne
changent pas ? Peut-on accomplir une autre chose utile
sans changement ? | Ne vois-tu pas que les changements 3
qui t'affectent sont précisément du même genre, et
pareillement nécessaires à la nature universelle ?

19. Tous les corps sont emportés à travers la substance
universelle comme à travers un torrent ; ils sont de même
nature que l'univers et collaborent avec lui, à l'instar des
parties de notre corps dans leurs rapports mutuels.
| Combien de Chrysippes, combien de Socrates, combien 2
d'Épictètes le temps a-t-il déjà engloutis ! | Fais la même 3
réflexion à propos de tout homme et de toute chose.

20. Une seule chose me préoccupe : la crainte de faire quelque chose que la constitution de l'homme ne veut pas, ou d'agir autrement qu'elle ne le veut, ou de faire ce qu'elle ne veut pas maintenant.

21. Proche est le moment où tu auras tout oublié ; et proche le moment où tous t'auront oublié.

22. Le propre de l'homme est d'aimer même ceux qui
commettent des fautes. | Cela se réalise si tu réfléchis au 2
fait qu'ils sont tes parents, qu'ils pèchent par ignorance et
contre leur gré ; que sous peu vous serez morts les uns et
les autres ; et avant tout qu'on ne t'a causé aucun dommage,
car ton principe directeur n'a pas été rendu pire qu'il n'était
auparavant.

23. La nature universelle, se servant de la substance de
l'univers comme de cire, a d'abord façonné un petit cheval,
puis elle l'a fait fondre et a employé sa matière pour former
un petit arbre, ensuite un petit homme, et après autre chose
encore. Chacun de ces êtres n'a subsisté que très peu de
temps. | Il n'y a pas de mal pour le petit coffre à être 2
démonté, pas plus qu'il n'y en a eu pour lui à être assemblé.

24. Un visage qui exprime l'hostilité est tout à fait
contre nature, et à force de laisser disparaître l'expression
de la bienveillance, celle-ci finit par s'éteindre au point de
2 ne plus pouvoir être ranimée. | Essaie de bien prendre
conscience que c'est une chose contraire à la raison ; si en
effet le sentiment de la faute se perd, quel motif reste-t-il
encore de vivre ?

25. Tous les êtres que tu vois sont transformés en un instant par la nature qui gouverne l'univers ; de leur substance elle fera d'autres êtres, et à nouveau d'autres êtres à partir de la substance de ces derniers afin que le monde soit toujours jeune.

26. Quand quelqu'un commet une faute envers toi,
considère aussitôt quel jugement sur le bien et le mal lui
a fait commettre cette faute, parce que, quand tu l'auras
saisi, tu auras pitié de lui et ne seras ni étonné ni en colère.
2 | En effet, ou bien toi aussi tu as encore la même idée du
bien que lui, la même ou une idée semblable, et dans ce
3 cas il faut lui pardonner. | Ou bien, si tu ne partages plus
cette idée du bien et du mal, il te sera plus facile de te
montrer indulgent envers un homme qui les distingue mal.

27. Ne pas penser aux choses absentes comme si elles
étaient déjà présentes ; mais prendre en considération les
plus favorables parmi celles qui sont présentes, et à propos
de ces dernières, songer à quel point tu les rechercherais
2 si elles faisaient défaut. | Toutefois prends garde en même
temps, si elles te font tant plaisir, à ne pas t'habituer à leur
donner une valeur telle que leur éventuelle absence te
bouleverserait.

28. Concentre-toi en toi-même. Par nature, le principe directeur se suffit à lui-même quand il agit conformément à la justice, et de ce fait trouve le calme.

29. Efface la représentation. | Arrête cette agitation 2
de marionnette. | Circonscris le moment présent. | Cherche 3 4
à reconnaître ce qui arrive, que ce soit à toi ou à un autre.
| Divise et analyse l'objet donné selon ce qui relève de la 5
cause et ce qui relève de la matière. | Pense à ta dernière 6
heure. | La faute commise par cet homme, laisse-la où 7
elle est.

30. Confronter la pensée avec ce qui est dit. Faire pénétrer l'intelligence dans les effets et leurs causes.

31. Fais-toi une parure de la simplicité, de la pudeur, de l'indifférence envers tout ce qui est intermédiaire entre
la vertu et le vice. | Aime le genre humain. | Suis le dieu. 2 3
| Ce célèbre philosophe affirme : « Tout est par 4
convention (νομιστί), à l'exception des éléments ; eux seuls existent réellement. » Mais il suffit de se rappeler que tout est selon la loi (νομιστί)...[1]

32. Ou bien dispersion, s'il y a des atomes ; ou bien, s'il y a un tout unifié, soit extinction soit changement de lieu.

1. En dehors du présent passage de Marc-Aurèle, on ne connaît qu'une autre occurrence de νομιστί : dans un témoignage de Galien sur cette thèse de Démocrite (*Les éléments, selon Hippocrate*, I, 2, 13 = Diels-Kranz fr. A 49 – on relève néanmoins, sur le même sujet, un νομιστεί chez Diogène d'Oenoanda, fr. 7 II 8 Smith). Dans les autres sources censées reproduire l'original de Démocrite, c'est νόμῳ qui exprime l'idée de convention (p. ex. fr. B 9, 117 et 125 Diels-Kranz). Dans les *Eléments*, Galien explique que ce νόμῳ correspond en fait à νομιστί, « par convention » et « par rapport à nous », et non selon la nature des choses. Marc-Aurèle reprend la formule de Démocrite en utilisant νομιστί à la place de νόμῳ, mais interprète νομιστί comme « conforme à loi », implicitement à la loi de l'univers, prenant ainsi le contre-pied de la thèse de Démocrite. – La fin de notre passage étant manifestement corrompue et intraduisible, elle a été diversement corrigée par les éditeurs ; son sens pourrait être : « ... et pas seulement les très petites choses concédées par Démocrite <à la nature> ».

33. Ce qui est insupportable fait mourir, ce qui dure
est supportable ; en s'isolant, la pensée préserve son calme,
2 et le principe directeur ne devient pas pire. | Quant aux
parties maltraitées par la douleur, qu'elles fassent connaître
leur avis sur elle, si elles le peuvent.

34. Vois bien ce que sont leurs pensées, ce qu'elles
2 fuient et ce qu'elles recherchent. | Vois aussi que, à la
manière des dunes qui en s'amoncelant les unes sur les
autres cachent les premières, ainsi dans la vie les événements
antérieurs sont bien vite cachés par ceux qui arrivent
ensuite.

35. « Crois-tu que l'homme dont la pensée s'élève à des hauteurs sublimes, à qui il est donné de contempler la totalité du temps et la totalité de l'essence, accorde une grande valeur à la vie humaine ? – Impossible, dit-il. – Donc un tel homme ne regardera pas non plus la mort comme une chose redoutable ? – Lui moins que quiconque ! » [1]

36. « C'est le lot d'un roi de faire le bien et d'entendre dire du mal de soi. » [2].

37. Il est honteux que le visage obéisse aux ordres de la pensée quand il s'agit de composer et d'arranger sa physionomie, mais que la pensée soit incapable de se composer et de s'arranger elle-même.

38. « Il ne faut pas s'irriter contre les difficultés, car elles ne s'en soucient pas. » [3].

39. Puisses-tu donner des sujets de joie aux dieux immortels comme à nous-mêmes.

1. Platon, *République*, VI, 486a.

2. Paroles d'Antisthène à Cyrus, d'après Épictète, *Entretiens*, IV, 6, 20. Antisthène aurait adressé ces mêmes mots à Platon après que ce dernier eut dit du mal de lui (Diogène Laërce, VI, 3).

3. Euripide, *Bellérophon*, fr. 14 Jouan-Van Looy.

40. « Moissonner la vie comme un épi mûr ;
L'un vit, l'autre non. »[1]

41. « Si j'ai été abandonnée par les dieux, moi avec mes deux enfants,
Cela même a sa raison. »[2]

42. « Le bien et la justice sont avec moi. »[3]

43. Ne pas se lamenter avec eux, ne pas s'agiter violemment.

44. « À cela je serais en droit de répliquer : tu as tort, mon cher, de croire qu'un homme qui a tant soit peu de valeur doive calculer ses chances de vivre ou de mourir au lieu de se demander uniquement, quand il agit, si ses actions sont justes ou injustes, si elles sont celles d'un homme de bien ou d'un méchant. »[4]

45. « La vérité, Athéniens, la voici : quel que soit le poste qu'on occupe, pour l'avoir choisi soi-même en pensant que c'est le meilleur ou qu'on y ait été placé par son chef, il faut selon moi y demeurer en assumant le risque, sans tenir compte de la mort ni de rien d'autre plutôt que de sacrifier l'honneur. »[5]

46. « Mais, mon bienheureux, prends garde que ce qui est noble et ce qui est bien ne consiste peut-être pas à sauver la vie des autres et la sienne. Cette question de la

1. Euripide, *Hypsipyle*, ca. 925. Chez Euripide, ces mots sont précédés de ἀναγκαίως δ' ἔχει, ce qui donne : « Il est inévitable qu'on moissonne la vie comme un épi mûr, que l'un vive et l'autre non. » Paroles de consolation à une mère pour la perte de son enfant.

2. Euripide, *Antiope*, fr. 37 Jouan-Van Looy. C'est Antiope qui parle, racontant sa vie à ses deux fils.

3. Euripide, fr. incert. 918 Nauck^2 = *Télèphe*, fr. 24 Jouan-Van Looy. Télèphe affirme que le bien et la justice combattront avec lui si on complote contre lui.

4. Platon, *Apologie*, 28b.

5. *Ibid.*

durée de la vie, un homme vraiment homme n'a pas à s'en soucier ; il ne doit pas tenir à la vie mais s'en remettre pour cela au dieu, et croire ce que disent les femmes, que nul n'échappe à son destin ; après cela, examiner comment employer au mieux le temps qui reste à vivre. »[1].

47. Contempler le cours des astres en te disant que tu
les accompagnes dans leurs révolutions, et penser
continuellement aux transformations des éléments les uns
2 dans les autres ; | car de telles représentations purifient des
souillures de la vie terrestre.

48. Oui, celui qui parle des hommes doit considérer aussi, comme d'un lieu élevé, ce qui se passe sur terre : rassemblements, armées en campagne, travaux des champs, mariages et divorces, naissances et décès, tumulte des tribunaux, contrées désertiques, diversité des peuples barbares, fêtes et deuils, marchés – tout ce mélange, et le bel ordre qui naît des contraires.

49. Considérer le passé et les changements si grands
que les choses ont subis ; on peut aussi prévoir les
2 événements futurs, | car ils seront entièrement semblables,
et il est impossible qu'ils s'écartent de la forme des
événements actuels. Par suite, il revient au même d'étudier
la vie humaine pendant quarante ans ou d'y ajouter encore
dix mille ans. Que verras-tu de plus ?

50. Et encore :

> Ce qui est né de la terre retourne à la terre,
> Les races issues d'un germe de l'éther
> De nouveau s'en vont vers le pôle de l'éther.[2]

1. Platon, *Gorgias*, 512d.
2. Euripide, *Chrysippe*, fr. 6 Jouan-Van Looy, 9-11. Les deux lignes suivantes sont exclues par Dalfen : « Ou bien ceci : destruction des entrelacements entre les atomes, et du même coup dispersion des éléments impassibles. »

51. Et aussi :

> Par des aliments, des breuvages et des incantations,
> Cherchant à détourner le courant de la vie pour éviter la mort.[1]

> Le vent que font souffler les dieux,
> Il faut le supporter sans se lamenter de ses souffrances.[2]

52. Meilleur lutteur, mais non pas plus soucieux du bien commun, ni plus réservé, ni plus discipliné face aux événements, ni plus indulgent aux bévues du prochain.

53. Quand une tâche peut être accomplie conformément à la raison commune aux dieux et aux hommes, il n'y a rien à craindre ; car s'il est possible d'obtenir un résultat utile grâce à une activité bien menée et progressant en conformité avec notre constitution, alors il n'y a aucun dommage à redouter.

54. En tout lieu et constamment, il dépend de toi de faire bon accueil, avec piété, à l'événement du moment, de te comporter selon la justice avec les hommes présents, et de mettre tout ton art à bien appréhender la représentation du moment, pour éviter que ne s'y glisse rien que tu n'aies bien saisi.

55. Ne tourne pas les yeux vers le principe directeur d'autrui, mais regarde droit vers le point où te conduit la nature, à la fois la nature universelle par les événements qui t'arrivent et ta propre nature par les choses que tu as
à faire. | Chaque être doit faire ce qui suit de sa constitution ; 2
les autres êtres sont constitués en vue des êtres doués de raison (comme partout, les inférieurs sont en vue des

1. Euripide, *Suppliantes*, 1110-1111.
2. Citation d'un auteur inconnu.

supérieurs), et les êtres doués de raison le sont les uns pour
les autres.
3 | Dans la constitution de l'homme, le caractère qui vient
en premier est donc la sociabilité. Le deuxième est la
capacité à ne pas s'abandonner aux émotions corporelles ;
4 | c'est en effet le propre du mouvement de la raison et de
l'intelligence que de se tenir dans ses limites et de ne jamais
se laisser vaincre par le mouvement des sens ni par celui
de l'impulsion : chacun de ces derniers appartient en effet
aux vivants en général, alors que le mouvement de l'intelligence veut occuper le premier rang et ne consent pas à
subir la domination des précédents. À juste titre, car par
5 nature il sait se servir de tous les autres. | Troisième
caractère : la constitution de l'être doué de raison contient
le pouvoir de ne pas se précipiter dans ses jugements et
6 de ne pas être trompée. | En conséquence, que le principe
directeur s'attache fermement à ces caractères et poursuive
droit son chemin : il possède alors ce qui est à lui.

56. C'est comme si on était déjà mort, ou comme si on n'avait eu à vivre que jusqu'à l'instant présent qu'il faut, conformément à la nature, vivre le reste du surplus de vie.

57. Aimer seulement ce qui nous arrive et qui est filé avec notre existence. Que pourrait-il y avoir de mieux adapté ?

58. Chaque fois qu'il arrive quelque chose, avoir devant
les yeux ceux à qui la même chose est arrivée et qui ensuite
s'en affligeaient, s'en étonnaient, s'en plaignaient. Où
2 sont-ils à présent ? Nulle part. | Eh quoi ? Tu veux les imiter
à ton tour ? Pourquoi ne pas laisser les troubles des autres
à ceux qui les produisent et les subissent, et de ton côté
3 t'employer à tirer parti de ces événements ? | Car tu en
feras bon usage, et ils seront pour toi matière <à t'exercer> ;
applique seulement ton attention et ta volonté à être à tes

propres yeux homme de bien en tout ce que tu fais. Et souviens-toi de cette double maxime : … ce qui importe c'est la fin de l'action[1].

59. Creuse à l'intérieur. C'est en toi qu'est la source du bien, une source qui a la capacité de jaillir sans arrêt si tu n'arrêtes pas de creuser.

60. Il faut que le corps se tienne ferme lui aussi, qu'il
ne se laisse pas aller en tous sens ni quand il se meut ni au
repos. | Ce que la pensée fait au visage en lui donnant et 2
lui conservant une expression intelligente et pleine de
noblesse, on doit l'exiger aussi pour l'ensemble du corps.
| Mais il faut veiller à tout cela avec simplicité. 3

61. L'art de vivre ressemble plus à la lutte qu'à la danse, en ce qu'il s'agit d'être prêt à affronter les coups sans trébucher, y compris les coups imprévus.

62. Considérer sans cesse qui sont les gens dont tu
veux qu'ils te rendent témoignage, et quel principe
directeur ils possèdent. | Ainsi tu ne leur feras pas de 2
reproches quand ils se trompent malgré eux, et tu n'auras
pas non plus besoin de leur témoignage si tu jettes les yeux
sur la source de leurs opinions et de leurs impulsions.

63. « C'est toujours malgré elle, dit-il, que l'âme est
privée de vérité. »[2] On peut dire la même chose de la
justice, de la tempérance, de la bienveillance et des autres
vertus de cette sorte. | Il est absolument indispensable de 2
garder cela continuellement à l'esprit ; tu en montreras
plus de douceur envers tout le monde.

1. Le texte est lacunaire. Il est possible que la lacune contenait un premier membre de phrase indiquant que ce n'est pas l'action elle-même qui compte (l'original serait donc ἀδιάφορον τὸ πρᾶγμα), mais d'autres propositions ont été faites pour reconstruire cette section du passage.

2. Platon, cité par Épictète, *Entretiens*, I, 28, 4 ; *cf.* Platon, *Sophiste*, 228c ; *République*, III, 412e *sq.*

64. Pour chaque douleur que tu ressens, tiens prête
cette réflexion : elle n'est pas quelque chose de honteux,
et elle ne cause aucun dommage à la pensée qui te dirige ;
car cette dernière n'en est détériorée ni dans son caractère
2 rationnel ni dans son caractère sociable. | Cela dit, dans la
plupart des douleurs, aide-toi en outre de cette réflexion
d'Épicure selon laquelle la douleur n'est ni insupportable
ni éternelle si on se souvient de ses limites et si on n'ajoute
3 pas de jugement sur elle. | Mais souviens-toi aussi de ceci :
il existe beaucoup d'états identiques à la douleur dont le
caractère pénible nous échappe, par exemple la somnolence,
4 la fièvre, le manque d'appétit. | Quand tu es incommodé
par un de ces états, dis-toi que tu cèdes à la douleur.

65. Prends garde à ne jamais éprouver à l'égard des misanthropes ce que les hommes éprouvent à l'égard des hommes[1].

66. D'où savons-nous que Télaugès[2] n'était pas
supérieur à Socrate du point de vue de ses dispositions
2 morales ? | Il ne suffit pas en effet que Socrate ait connu
une mort plus glorieuse, qu'il ait montré plus d'habileté
dans ses discussions avec les sophistes, fait preuve d'une
extrême endurance en passant une nuit entière sous le gel
ou, quand il reçut l'ordre d'arrêter l'homme de Salamine[3],
qu'il ait trouvé plus noble de refuser, ou encore qu'il se
soit pavané dans les rues[4] – chose dont on peut fortement
3 douter qu'elle soit vraie. | Mais ce qu'il faut examiner,

1. La plupart des spécialistes, à partir de Casaubon, corrigent le texte en : « … ce que les misanthropes éprouvent à l'égard des hommes ».

2. *Cf.* Diogène Laërce, VIII, 43 et 53 au sujet de ce personnage, fils présumé de Pythagore. Le socratique Eschine de Sphettos lui avait consacré un dialogue.

3. *Cf.* Platon, *Banquet*, 220a-d et *Apologie*, 32c.

4. *Cf.* Platon, *Banquet*, 221b et Aristophane, *Nuées*, 362.

c'est ceci : quelle âme avait Socrate, s'il pouvait être satisfait d'être juste envers les hommes et pieux envers les dieux, sans s'irriter contre le vice des premiers, sans s'asservir à l'ignorance d'un individu, sans accueillir comme chose étrangère la part qui lui était attribuée par l'univers ni la subir comme intolérable, sans permettre à son intelligence de pâtir des passions de la faible chair.

67. La nature ne t'a pas mélangé au composé au point
qu'il ne te soit pas permis de tracer tes limites ni de
soumettre à ton pouvoir ce qui est à toi. Car il est parfaitement possible de devenir un homme divin sans que
personne ne le sache. | Souviens-toi toujours de cela ; et 2
de ceci encore : la vie heureuse dépend de très peu de
choses[1]. | Et parce que tu as perdu l'espoir de devenir 3
dialecticien et physicien, ne renonce pas pour autant à être
libre, réservé, sociable et docile au dieu.

68. Traverser la vie sans violence et dans la plus parfaite
joie de l'âme, même si tous t'accablent à leur gré d'injures,
même si les bêtes sauvages déchirent les pauvres membres
de cette pâte qui s'est condensée autour de toi. | Qu'est-ce 2
qui, dans ces épreuves, empêche ta pensée de préserver
son calme, de maintenir un jugement vrai sur les événements
qui t'entourent, et d'être prêt à faire bon usage des choses
que tu rencontres ? | De telle manière que le jugement dise 3
à l'objet qui se présente : « Voilà ce que tu es dans ton
essence, même si selon l'opinion tu parais être autre
chose ; » de manière aussi que la faculté d'user des
circonstances dise à l'événement qui surgit : « C'est toi
que je cherchais ; car toujours le présent est pour moi

1. Plus tard, Julien l'Empereur racontera que Marc-Aurèle, à qui l'on demandait comment l'homme peut imiter les dieux, répondit : « en ayant besoin du moins de choses possible » (*Les Césars*, 334A).

matière à exercer la vertu rationnelle et politique, en un mot à pratiquer l'art de l'homme soumis aux mêmes lois
4 que dieu. » | Tout ce qui arrive de la part des dieux ou des hommes m'est familier, il n'y a rien de nouveau ou de difficile à manier, au contraire tout est bien connu et facile à travailler.

69. La manière parfaite de vivre consiste à passer chaque journée comme si c'était la dernière, sans s'agiter, sans succomber à la torpeur, sans faire semblant.

70. Les dieux, qui sont immortels, ne se fâchent pas de devoir supporter, sans relâche aucune sur une durée aussi longue, de pareils méchants en si grand nombre;
2 mieux, ils prennent soin d'eux de mille façons. | Et toi qui dois bientôt cesser de vivre, tu t'y refuses, et cela quand tu es un de ces méchants?

71. Il est ridicule de ne pas chercher à éviter son propre vice, ce qui est chose possible, mais de chercher à éviter le vice d'autrui, chose impossible.

72. Ce que la faculté rationnelle et politique découvre comme dénué d'intelligence et de sociabilité, c'est avec raison qu'elle le juge inférieur à elle-même.

73. Quand tu as fait du bien et obligé quelqu'un, pourquoi cherches-tu encore, comme les insensés, une troisième chose : passer pour un bienfaiteur, ou être payé de retour?

74. Personne ne se lasse de recevoir un service. Rendre service est une action conforme à la nature; par conséquent ne te lasse pas de recevoir un service dans le moment où tu en rends.

75. La nature de l'univers a donné l'impulsion de la création du monde. Dès lors, ou bien tout ce qui arrive en découle par voie de conséquence, ou bien même les fins

les plus importantes vers lesquelles la partie directrice du monde dirige une impulsion particulière sont dépourvues de raison[1]. | Si tu y songes, cette pensée te rendra plus 2
serein en maintes circonstances.

1. Hypothèse évidemment inacceptable aux yeux de Marc-Aurèle. Contrairement à Dalfen, nous gardons l'expression ἢ ἀλόγιστα (« ou bien sont ... dépourvues de raison ») de la tradition manuscrite, que cet éditeur corrige en ἢ ὀλίγιστα (« ou très peu nombreuses sont les choses *etc.* »).

LIVRE VIII

1. Voici encore une chose qui t'amène à renoncer à la
vaine gloire : tu ne peux plus faire que ta vie entière, ou
du moins la partie qui s'est écoulée depuis ta jeunesse, ait
été celle d'un philosophe ; au contraire, il est clair pour toi
comme pour beaucoup d'autres que tu en es resté bien
éloigné. | Te voilà donc confondu, de sorte qu'il n'est plus 2
facile pour toi d'acquérir la réputation de philosophe ; ce
qui constitue la base de ton existence s'y oppose. | Si donc 3
tu as véritablement compris où est le nœud de l'affaire,
renonce à te demander ce qu'on pensera de toi ; qu'il te
suffise de vivre le reste de ta vie, quelle qu'en soit la durée,
comme le veut la nature. | Réfléchis donc à ce qu'elle veut, 4
et que rien d'autre ne te distraie ; car tu as appris – après
combien d'erreurs ! – que tu n'as trouvé le bonheur nulle
part : | ni dans les raisonnements de la logique[1], ni dans la 5
richesse, ni dans la gloire, ni dans la jouissance, nulle part.
| Où donc est-il ? Dans les actions que réclame la nature 6
de l'homme. À quelle condition les accompliras-tu ? Si tu
possèdes les principes qui président aux impulsions et aux
actions. Quels principes ? Ceux qui concernent les biens
et les maux, à savoir : rien n'est un bien pour l'homme s'il
ne le rend juste, tempérant, courageux, libre, et rien n'est
mal s'il ne produit le contraire des vertus que je viens de
citer.

1. Cf. *supra*, I, 17, 22.

2. À chaque action demande-toi : que représente-t-elle
pour moi ? Ne vais-je pas m'en repentir ? Encore un peu
2 et je serai mort, et tout aura disparu. | Que chercher de plus
si l'œuvre présente est celle d'un vivant intelligent,
sociable, soumis aux mêmes lois que le dieu ?

3. Alexandre, César, Pompée, que sont-ils en face de
2 Diogène, Héraclite, Socrate ? | Ces derniers ont connu les
choses, leurs causes et leur matière, leurs principes
directeurs étaient autonomes ; les premiers, de quels
privilèges jouissaient-ils, de combien de choses étaient-ils
esclaves !

4. Sache qu'ils n'en feront pas moins les mêmes choses, dusses-tu exploser de colère.

5. Avant tout ne te trouble pas ; car tout est conforme
à la nature de l'univers, et sous peu tu ne seras plus
personne, nulle part, comme Hadrien, comme Auguste.
2 | Ensuite, les yeux fixés sur ce que tu as à faire, en gardant
à l'esprit que tu dois être homme de bien et en te rappelant
ce qu'exige la nature de l'homme, fais-le sans te détourner
et selon la manière qui t'apparaîtra la plus juste, pourvu
que ce soit avec bienveillance, modestie et sans
faux-semblant.

6. L'activité de la nature universelle consiste à déplacer
là-bas les êtres que tu as sous les yeux, à les transformer,
2 et à les enlever de là pour les porter ailleurs. | Tout change,
sans que pour autant on ait à redouter du nouveau ; tout
est habituel.

7. Toute nature est satisfaite d'elle-même quand elle suit sa voie avec aisance. La nature rationnelle suit avec aisance sa voie dans les représentations quand elle refuse son assentiment à ce qui est faux comme à ce qui est obscur ; quand elle oriente ses impulsions uniquement vers

les actions utiles au bien commun ; quand elle ne ressent de désir ou d'aversion que pour ce qui dépend de nous et accueille avec empressement tout ce qui nous est départi par la commune nature. | Car elle est une partie de cette 2
dernière, comme la nature de la feuille est une partie de celle de la plante ; avec cette différence que, dans ce cas, la nature de la feuille est partie d'une nature privée de sensibilité et de raison et susceptible d'être entravée, alors que la nature de l'homme est partie d'une nature qui ne connaît pas d'entraves, intelligente et juste, puisqu'elle assigne à chacun, équitablement et selon sa valeur, les portions de temps, de substance, de causalité, d'activité et d'accidents ; mais les lots distribués sont égaux. | Prends 3
garde toutefois : ce n'est pas en comparant les portions une à une que tu les trouveras égales, mais en rapportant globalement tout ce que l'un a reçu à l'ensemble de la part de l'autre.

8. Tu ne peux pas lire ! Mais tu peux refréner les excès ; tu peux dominer les plaisirs et les peines ; tu peux t'élever au-dessus de la vaine gloire ; tu peux éviter de te fâcher contre les gens grossiers et les ingrats – mieux, tu peux prendre soin d'eux.

9. Que personne ne t'entende plus blâmer la vie qu'on mène à la cour, et que tu ne t'entendes plus toi-même le faire.

10. Le repentir est une sorte de réprimande qu'on s'adresse à soi-même pour avoir laissé passer quelque chose d'utile ; or l'utile est nécessairement un bien, et l'honnête homme doit s'en soucier. Aucun honnête homme pourtant ne saurait se repentir d'avoir laissé passer un plaisir. Donc le plaisir n'est ni chose utile ni un bien.

11. Cette chose, qu'est-elle en elle-même ? dans sa constitution propre ? Qu'y a-t-il de substantiel ? de matériel ? Qu'en est-il de son caractère causal ? Que fait-elle dans le monde ? Combien de temps subsiste-t-elle ?

12. Lorsque tu as du mal à t'arracher au sommeil, rappelle-toi qu'il est conforme à ta constitution et à la nature humaine d'accomplir des actions utiles au bien commun, alors que dormir est une chose que toi et les êtres vivants privés de raison avez en commun. Or ce qui est conforme à la nature de chacun est ce qui lui est le plus approprié, le plus adapté, et donc aussi le plus salutaire.

13. Constamment, et si possible pour toute représentation, recourir à la science de la nature, à celle des passions et à la dialectique[1].

14. Qui que tu rencontres, commence aussitôt par te dire : quels principes cet homme a-t-il en ce qui concerne
2 les biens et les maux ? | Si sur le plaisir, la douleur et ce qui les produit l'un et l'autre, sur la gloire et l'obscurité, la vie et la mort il s'avère qu'il a tels et tels principes, je ne trouverai pas étonnant ou étrange qu'il fasse ceci ou cela, et je me rappellerai qu'il est contraint d'agir ainsi.

15. Songe que, de même qu'il est honteux d'être surpris que le figuier porte des figues, de même il est honteux de s'étonner que le monde produise ce qu'il produit ; pour un médecin aussi, ou pour un pilote, il est honteux d'être surpris que tel malade ait été pris de fièvre, ou qu'il se soit levé un vent contraire.

16. Songe que changer d'opinion, suivre l'avis de qui te remet sur la bonne voie, c'est dans les deux cas un acte
2 de liberté. | Car c'est ton acte à toi, il s'accomplit confor-

1. Allusion manifeste à la tripartition stoïcienne de la philosophie en logique, physique et éthique ; *cf.* par exemple Diogène Laërce, VII, 39.

mément à ton impulsion et à ton jugement, et naturellement aussi à ta propre intelligence.

17. Si cela dépend de toi, pourquoi le fais-tu ? Si cela dépend d'un autre, à qui s'adressent tes reproches ? Aux
atomes, ou aux dieux ? Folie dans les deux cas. | Il ne faut 2
adresser de reproches à personne. Si tu le peux, corrige-les ; si tu ne le peux pas, corrige au moins son acte ; si tu ne le peux pas non plus, à quoi servent encore les reproches ? Il ne faut rien faire en vain.

18. Ce qui est mort ne tombe pas hors du monde. | S'il 2
y reste, c'est qu'il s'y transforme et se dissout dans les éléments du monde, lesquels se transforment eux aussi, sans murmurer.

19. Chaque chose – le cheval, la vigne – est née pour une fin. De quoi t'étonnes-tu ? Le soleil dira lui aussi : « Je suis né pour accomplir une œuvre », et de même les autres
dieux. | Et toi, pour quelle fin es-tu né ? Pour avoir du 2
plaisir ? Vois si cette pensée est supportable.

20. La nature n'a pas moins visé la cessation de chaque être que son commencement et le cours de son existence,
comme celui qui lance la balle. | Quel bien est-ce pour la 2
balle d'être lancée en l'air, quel mal de descendre ou d'être tombée par terre ? Quel bien pour la bulle d'eau d'être formée, quel mal d'éclater ? Même chose pour une lampe[1].

21. Tourne et retourne-le, et considère ce qu'il est, ce qu'il devient quand il vieillit, quand il est malade, fatigué.
| Brève est la vie de celui qui loue et de celui qui est 2
loué, de celui qui se souvient et de celui dont on se souvient.
| En outre, tout cela arrive dans un coin de cette région-ci 3
du monde, et dans ce coin tous ne s'accordent pas entre

1. Au paragraphe 5 de la *Lettre* 54 à Lucilius, Sénèque observe qu'il serait insensé de penser qu'il est pire pour une lampe d'avoir été éteinte que de ne pas avoir encore été allumée.

eux, personne même ne s'accorde avec soi ; et la terre tout entière est un point.

22. Sois attentif à l'objet, à l'acte, au principe, à ce qui est signifié.

2 | Il est juste que tu pâtisses de cela ; car tu préfères attendre demain pour devenir homme de bien plutôt que de l'être aujourd'hui.

23. Suis-je en train de faire quelque chose ? Je le fais en le rapportant au bien des hommes. M'arrive-t-il quelque chose ? Je l'accueille en le rapportant aux dieux et à la source de toutes choses, d'où dérivent tous les événements, intimement liés les uns aux autres.

24. Tel que t'apparaît le bain – huile, sueur, crasse, eau visqueuse, toutes ces choses répugnantes – telle t'apparaît chaque portion de la vie, et tel chaque objet.

25. Lucilla vit mourir Vérus[1], puis Lucilla mourut ; Secunda vit mourir Maximus[2], et Secunda mourut ; Epitynchanus vit mourir Diotime[3], ensuite Epitynchanus mourut ; Antonin vit mourir Faustine[4] et à son tour il mourut. La même chose toujours. Celer vit mourir
2 Adrianos[5], puis Celer mourut. | Et ces gens pénétrants, capables de prédire l'avenir ou se vantant de le faire,

1. Ce sont les parents de Marc-Aurèle, Domitia Lucilla et Marcus Annius Verus.

2. Pour Maximus, voir ci-dessus I, 15 ; Secunda était probablement sa femme.

3. Diotime est associé à Hadrien en VIII, 37. Nous ne possédons aucune information au sujet d'Epitynchanus. Il appartenait peut-être lui aussi au cercle d'Hadrien.

4. La femme d'Antonin le Pieux était Anna Galeria Faustina.

5. Caninius Celer, l'un des maîtres de rhétorique grecque de Marc-Aurèle et de Lucius Verus. Claudius Adrianos, rhéteur du IIe siècle de notre ère, fut l'un des élèves d'Hérode Atticus.

comme Charax, Démétrios le Platonicien, Eudémon[1] et
leurs pareils ? | Tout est éphémère, mort depuis longtemps ; 3
de plusieurs d'entre eux on n'a pas gardé le moindre
souvenir, d'autres sont entrés dans la légende, mais certains
en sont déjà sortis. | En conséquence, se rappeler ceci : ou 4
le composé qui te constitue devra être dispersé, ou ton
faible souffle devra s'éteindre, ou migrer et trouver place
ailleurs.

26. Joie de l'homme : accomplir ce qui est le propre
de l'homme. | Propre de l'homme : bienveillance envers 2
le semblable, dédain des mouvements des sens, discer-
nement des représentations dignes de foi, contemplation
de la nature universelle et des événements qui arrivent en
conformité avec elle.

27. Trois relations : l'une avec le vase qui m'enveloppe, l'autre avec la cause divine de laquelle dérivent pour tout le monde tous les événements, la troisième avec ceux qui vivent avec nous.

28. Ou la douleur est un mal pour le corps (qu'il le
fasse savoir, dans ce cas), ou elle l'est pour l'âme ; mais à
elle il est possible de préserver la sérénité et le calme qui
relèvent d'elle, et de ne pas juger que la douleur soit un
mal. | Car tout jugement, toute impulsion, tout désir comme 2
tout rejet sont à l'intérieur, et aucun mal n'y pénètre.

29. Efface les représentations <trompeuses> en te répétant constamment : « Il dépend de moi à présent qu'en cette âme il n'y ait aucune méchanceté, aucun désir et plus largement aucun trouble. Au contraire, en voyant toutes

1. Respectivement un philosophe (et historien) de Pergame, un philosophe cynique interdit par Vespasien (le fait qu'il fut Cynique a poussé A.S.L. Farquharson à supprimer ὁ Πλατωνικὸς du texte) et un personnage de la cour d'Hadrien.

choses telles qu'elles sont, j'use de chacune en fonction de sa valeur. » Souviens-toi de ce pouvoir qui est le tien.

30. Tant au Sénat qu'en t'adressant à un individu quelconque, parler avec naturel, avec décence et sans claironner. Se servir d'un langage sain.

31. La cour d'Auguste, sa femme, sa fille, ses
descendants, ses ascendants, sa sœur, Agrippa, ses parents,
ses proches, ses amis, Arius, Mécène[1], ses médecins, ses
2 sacrificateurs – la cour entière : morte ! | Passe ensuite aux
autres cours et à leur mort, ensuite à la mort de villes
entières et non plus seulement à celle d'individus pris
3 isolément comme celle des Pompéiens. | Penser aussi à
cette inscription sur les tombeaux : « Le dernier de sa
lignée » ; que de tourments chez leurs ascendants pour
laisser un héritier ! Et puis il faut bien qu'il y ait un dernier ;
c'est ainsi qu'à nouveau meurt toute une lignée.

32. Il faut ordonner sa vie action par action, et si
chacune atteint son but, autant que la chose est possible,
s'en montrer satisfait ; absolument personne ne peut
2 t'empêcher de lui faire atteindre ce but. | « Mais un obstacle
extérieur va surgir. » Il n'existe aucun obstacle empêchant
3 d'agir justement, sagement, raisonnablement ; | une autre
activité, peut-être, sera empêchée, mais si tu fais bon
accueil à cet obstacle même et te tournes avec bienveillance
vers ce qu'il t'est accordé de faire, aussitôt prend place
une autre action qui s'accorde avec le plan en question.

33. Recevoir sans orgueil, abandonner sans difficulté.

1. La femme d'Auguste était Livia Drusilla ; sa fille Julia l'Aînée ; sa sœur Octavia, femme de Marc-Antoine ; Agrippa fut un général et collaborateur d'Auguste, dont il épousa la fille ; Arius Didyme, philosophe influencé par le stoïcisme, fut le professeur d'Auguste ; Mécène, célèbre protecteur des poètes, fut un homme politique très proche d'Auguste.

34. As-tu jamais vu une main ou un pied coupés, une
tête tranchée gisant loin du reste du corps ? Voilà ce que
se fait à lui-même, autant que cela dépend de lui, celui qui
ne consent pas à ce qui arrive et se met à l'écart, ou qui
agit à l'encontre du bien commun. | Tu t'es en quelque 2
sorte arraché à l'union naturelle ; car tu as crû comme
partie d'un tout, mais à présent tu t'en es coupé toi-même.
| – Mais voici qui est admirable : il t'est possible de te 3
réunir de nouveau au tout. | À aucune autre partie le dieu 4
n'a accordé de pouvoir à nouveau rejoindre l'unité après
en avoir été séparée et retranchée. | Mais vois bien la bonté 5
dont il a honoré l'homme : il a fait qu'il dépende de lui,
d'abord, de ne pas se détacher du tout, et ensuite, s'il s'en
est détaché, d'y revenir, de faire corps avec lui et de
reprendre sa place de partie.

35. À l'instar des autres pouvoirs que la nature a
donnés[1] à chaque être doué de raison, nous avons encore
reçu d'elle le suivant. | De même en effet que la nature 2
convertit et ramène au destin toute opposition et toute
résistance et en fait une partie de ce même destin, de même
le vivant doué de raison a le pouvoir de faire de tout obstacle
une matière pour lui et de s'en servir pour le but visé, quel
qu'il ait été.

36. Ne te laisse pas troubler par la représentation de ta
vie entière. N'embrasse pas en pensée la variété et le
nombre des choses pénibles qui t'auront vraisembla-
blement atteint ; au contraire, à chacune de celles que tu
affrontes dans le présent, demande-toi ce que l'affaire a
d'insupportable, d'intolérable. Tu auras honte de l'admettre.
| Souviens-toi ensuite que ce n'est ni le futur ni le passé 2

1. Le texte est corrompu à cet endroit ; le verbe de la traduction est un ajout de notre part.

3 qui pèsent sur toi, mais toujours le présent. | Et le présent se réduit à peu de chose si tu le circonscris et si tu convaincs d'erreur la pensée qui prétendrait ne pas pouvoir affronter cette affaire isolée.

37. Panthée ou Pergame sont-ils toujours assis auprès des cendres de Vérus[1] ? Quoi ? Gabrius ou Diotime auprès de celles d'Hadrien ? Question dérisoire. Pourquoi ? S'ils y étaient assis, Vérus ou Hadrien s'en apercevraient-ils ? Et alors ? S'ils s'en apercevaient, s'en réjouiraient-ils ? Eh bien ? S'ils s'en réjouissaient, leurs familiers seraient-ils
2 immortels pour autant ? | Leur destin n'était-il pas de devenir des vieilles et des vieux dans un premier temps, puis de mourir ? Et ces derniers une fois morts, qu'auraient dû faire ensuite Vérus et Hadrien ?

38. Tout cela est puanteur et sang pourri dans un sac. Si tu as une vue perçante, regarde.

39. « Quand j'en juge de la façon la plus sage », comme dit <le poète>[2], je ne vois pas, dans la constitution du vivant doué de raison, de vertu se rebellant contre la justice ; contre le plaisir j'en vois une, la maîtrise de soi.

40. Si tu supprimes ton opinion sur ce qui, crois-tu, t'afflige, te voilà aussitôt dans la position la plus sûre.
2 | « Qui ça, toi ? » La raison. « Mais je ne m'identifie pas
3 à la raison. » | Soit. Qu'alors la raison ne s'afflige pas elle-même ; et si une autre chose en toi se trouve mal, qu'elle s'en fasse elle-même une opinion.

41. Un obstacle à la sensation est un mal pour la nature animale ; un obstacle à l'impulsion est également un mal
2 pour la nature animale. | Dans le même sens, il existe autre

1. Panthée de Smyrne était l'amante de Lucius Verus, Pergame probablement l'un de ses affranchis ; Gabrius et Diotime étaient sans doute eux aussi des affranchis d'Hadrien.

2. Il semble s'agir de la citation d'une partie d'un vers.

chose qui constitue un obstacle et un mal pour la constitution
végétale ; pareillement donc, un obstacle à l'intelligence
est un mal pour la nature intelligente. | Transpose à présent 3
tout cela à toi-même. Tu sens une douleur, un plaisir ?
C'est l'affaire de la sensation. | L'impulsion a-t-elle 4
rencontré un empêchement ? Si tu suis l'impulsion sans
réserve, c'est déjà un mal pour toi en tant qu'être doué de
raison ; mais si tu anticipes l'obstacle, tu n'as pas encore
subi de dommage ni rencontré d'obstacle. | En fait, en 5
dehors de cas exceptionnels, nul autre que toi ne fait
obstacle à ce qui relève en propre de l'intelligence ; car ni
le feu ni le fer ni le tyran ni la calomnie ni quoi que ce soit
ne l'atteint. Devenue « sphère bien arrondie »[1], elle le
reste.

42. Je ne mérite pas de m'affliger moi-même, car jamais je n'ai de plein gré affligé quelqu'un d'autre.

43. Chacun a des joies différentes. La mienne est de conserver un principe directeur sain, qui ne se détourne d'aucun homme ni de ce qui arrive aux hommes, mais regarde et accepte tout avec des yeux bienveillants, usant de chaque chose selon sa valeur.

44. Allons ! Fais-toi la grâce du temps présent. | Ceux 2
qui préfèrent rechercher la renommée posthume ne
réfléchissent pas au fait que les hommes d'alors seront
semblables à ceux qui leur pèsent aujourd'hui ; et qu'ils
sont mortels eux aussi. | Que t'importe en définitive que 3
ces gens fassent retentir tels bruits sur ton compte ou aient
de toi telle opinion ?

45. Prends-moi et jette-moi où tu veux. Car là aussi je conserverai mon démon dans la bonne humeur, c'est-à-dire

1. Expression d'Empédocle, fr. B 27, 4 ; 28, 2 Diels-Kranz. *Cf.* Marc-Aurèle, XII, 3, 4.

satisfait, si son état et son action sont conformes à ce
qu'implique sa constitution propre.
2 | Est-ce qu'il vaut la peine que, pour cela, mon âme
aille mal et devienne pire en s'abaissant, en se lamentant,
en perdant pied, en s'effrayant ? Que trouveras-tu qui en
vaille la peine ?

46. Il ne peut rien arriver à un homme qui ne soit un
événement humain, pas plus qu'à un bœuf rien qui ne soit
propre au bœuf, à une vigne rien qui ne soit propre à la
2 vigne, à une pierre rien qui ne soit propre à la pierre. | Si
donc arrive à chaque être ce qui lui est habituel et naturel,
pourquoi te fâcherais-tu ? La nature commune ne t'a rien
apporté d'insupportable.

47. Si tu t'affliges à cause d'une chose extérieure, ce
n'est pas cette chose qui te trouble mais ton jugement sur
2 elle. | Or il dépend de toi d'effacer ce jugement à l'instant.
3 | Si ce qui t'afflige est inhérent à ta disposition intérieure,
qui t'empêche de redresser ton opinion ? De même si tu
t'affliges de ne pas réaliser une chose qui te paraît sensée,
4 pourquoi ne pas la faire plutôt que de t'affliger ? | « Mais
un obstacle plus fort m'en empêche. » Ne t'en afflige pas
dans ce cas ; la cause de ton impuissance ne réside pas en
5 toi. | « Mais il ne vaut pas la peine de vivre si je ne réalise
pas cette chose. » Alors quitte la vie avec bienveillance, à
la manière dont meurt celui qui réalise son dessein ; en
même temps, n'en veux pas aux obstacles.

48. Rappelle-toi que ton principe directeur devient
inexpugnable lorsqu'il est ramassé sur lui-même et se
contente de ne pas faire ce qu'il ne veut pas, même si cette
2 résistance est sans raison. | Que sera-ce alors lorsqu'il se
3 prononce avec circonspection ? | Voilà pourquoi la pensée
libre de passions est une citadelle ; car l'homme n'a rien
de plus solide où se réfugier et rester ensuite imprenable.

| Celui qui n'a pas compris cela est ignorant; celui qui l'a 4
compris et ne se retire pas dans ce refuge est malheureux.

49. N'ajoute rien à ce que te rapportent les représenta-
tions initiales. | On t'a fait savoir qu'un tel dit du mal de 2
toi. Voilà ce qu'on t'a fait savoir; mais non que tu as subi
un dommage. | Je vois que mon enfant est malade; je le 3
vois, mais qu'il soit en danger, je ne le vois pas. | Ainsi 4
donc tiens t'en toujours aux premières représentations,
n'ajoute rien qui vienne de toi et il ne t'arrivera rien. Ou
plutôt ajoute ce qu'ajoute celui qui connaît chacun des
événements qui arrivent dans le monde.

50. Ce concombre est amer : jette-le. Il y a des ronces
sur la route : évite-les. C'est suffisant, n'ajoute pas :
pourquoi y a-t-il ces choses dans le monde? Car tu feras
rire de toi l'homme qui étudie la nature, tout comme riraient
de toi le menuisier et le cordonnier si tu leur reprochais
les rognures et les copeaux tombés des objets qu'ils
fabriquent. | Ils ont toutefois, eux, des endroits où les jeter, 2
alors que la nature universelle n'a rien en dehors d'elle.
Mais il y a quelque chose d'admirable dans l'art de la
nature : c'est que, après s'être circonscrite en soi, elle
transforme en elle-même tout ce qui en elle semble se
corrompre, vieillir et ne servir à rien; et qu'ensuite elle
produit encore une fois à partir de cela des choses nouvelles
différentes, de sorte qu'elle ne se sert pas de substance
étrangère et n'a pas besoin d'endroit où jeter les détritus.
| Elle se contente ainsi de la place et de la matière qui sont 3
les siennes, ainsi que de son art propre.

51. Ne pas traîner dans l'action, ne pas parler de façon brouillonne dans les entretiens, ne pas vagabonder dans les représentations; en un mot, ne pas replier l'âme sur elle-même ni la laisser s'élancer brusquement au-dehors, ne pas passer sa vie surchargé d'affaires.

2 | Ils tuent, dépècent, profèrent des imprécations : en
quoi tout cela concerne-t-il l'exigence de garder ta pensée
pure, sensée, tempérante, juste ? C'est comme si, arrêté
devant une source limpide et douce, on se mettait à
l'injurier : elle ne cesserait pas pour autant de jaillir et de
répandre une eau bonne à boire ; même si on y jette de la
boue, même si on y jette du fumier, elle les dispersera bien
vite, s'en nettoiera et n'en restera en aucune façon souillée.
3 | Comment alors feras-tu pour avoir une source qui ne tarit
pas ? En veillant à toute heure à rester libre, tout en étant
bienveillant, simple et modeste.

52. Celui qui ne sait pas ce qu'est le monde ne sait pas
où il est. Celui qui ne sait pas à quelle fin il est né ne sait
2 pas qui il est. | Celui qui néglige une de ces questions ne
saurait dire ni ce qu'est le monde ni à quelle fin lui-même
3 est né. | Que penses-tu alors de celui qui recherche le bruit
des applaudissements venant de gens qui ignorent à la fois
où ils sont et qui ils sont ?

53. Tu veux être loué par un homme qui se maudit trois fois par heure ? Tu veux plaire à un homme qui ne se plaît pas à lui-même ? Se plaît-il à lui-même celui qui se repent de presque tout ce qu'il fait ?

54. Ne plus seulement respirer avec l'air qui t'environne,
mais aussi penser désormais avec le principe intellectuel
2 qui environne toutes choses. | Car la puissance intellectuelle
n'est pas moins répandue partout et ne pénètre pas moins
l'être capable de l'attirer que ne le fait la puissance aérienne
en celui qui peut l'aspirer.

55. Le vice en général ne nuit en rien au monde ; pris en particulier, il ne nuit nullement à autrui, il n'est nuisible qu'à celui à qui il a aussi été accordé de s'en débarrasser dès qu'il le voudra.

56. La faculté de choix de mon voisin est aussi
indifférente à ma faculté de choix que son faible souffle
et sa faible chair le sont aux miens. | En effet, même si 2
nous sommes nés le plus possible les uns pour les autres,
nos principes directeurs ont chacun leur propre souveraineté ; sinon le vice de mon voisin devrait être un mal
pour moi, mais le dieu n'a pas jugé bon qu'il en fût ainsi,
pour éviter que mon malheur ne dépende d'autrui.

57. Le soleil semble se diffuser du haut du ciel, et de
fait il se diffuse partout, mais sans s'épuiser ; car sa
diffusion est une tension. | Ses rayons, par suite, sont 2
appelés ἀκτῖνες, d'après le mot ἐκτείνεσθαι[1]. | Ce qu'est 3
un rayon, on peut se le représenter si on observe la lumière
venue du soleil pénétrant dans une pièce obscure par une
étroite ouverture ; elle s'étend en ligne droite, et semble
s'appuyer sur le corps solide qu'elle vient à rencontrer et
qui la sépare de l'air situé au-delà ; elle s'y arrête et ne
glisse ni ne tombe. | C'est de la même façon que la pensée 4
doit se diffuser et se répandre sans s'épuiser, mais se tendre
et, en présence des obstacles qu'elle rencontre, ne pas
exercer de pression violente ou brutale, ni certes se laisser
abattre, mais elle doit rester ferme et éclairer l'objet qui
la reçoit ; car l'objet qui ne la reflète pas se prive lui-même
de lumière.

58. Celui qui a peur de la mort craint ou de ne rien
sentir ou de sentir autrement. | Mais s'il n'y a plus de 2
sensibilité, on ne sentira plus aucun mal ; si l'on acquiert
une sensibilité différente, on sera un vivant différent, et
on ne cessera pas de vivre.

59. Les hommes sont nés les uns pour les autres ; par conséquent instruis-les ou supporte-les.

1. « Tendre », « déployer ».

60. La flèche se meut autrement que l'intelligence ; néanmoins lorsqu'elle est sur ses gardes et procède à son examen avec soin, l'intelligence n'en va pas moins, elle aussi, droit vers son but.

61. Entrer dans le principe directeur de chacun ; permettre aussi à chacun de pénétrer dans ton principe directeur.

LIVRE IX

1. L'homme injuste est impie. Étant donné, en effet,
que la nature universelle a fait les êtres vivants doués de
raison les uns pour les autres, de manière à ce qu'ils se
rendent mutuellement service selon leur condition
respective et ne se nuisent en aucune manière, celui qui
transgresse cette volonté de la nature commet manifestement
une impiété envers la plus vénérable des divinités. | Celui 2
qui dit ce qui n'est pas commet lui aussi une impiété envers
la même déesse ; car la nature de toutes choses est nature
des choses qui sont <réellement> et ces dernières sont
étroitement apparentées à ce qui arrive.[1] | De plus cette 3
déesse est encore appelée vérité, et elle est la première
cause de tout ce qui est vrai. | Donc celui qui, de son plein 4
gré, dit ce qui n'est pas est impie dans la mesure où il
commet une injustice en trompant autrui ; celui qui le fait
sans le vouloir l'est aussi en tant qu'il détonne dans la
nature universelle et trouble l'ordre en étant en conflit avec
la nature du monde ; | il est en conflit, en effet, celui qui 5
se laisse porter en dépit de lui-même à ce qui est contraire
à la vérité ; car il a reçu de la nature des principes sur
lesquels s'appuyer, et parce qu'il les a négligés il est à
présent incapable de distinguer le faux du vrai.

1. Le menteur (« celui qui dit ce qui n'est pas ») est impie envers la nature parce qu'il la contredit, la désavoue.

6 | Celui qui recherche les plaisirs comme s'ils étaient
des biens et fuit les douleurs comme si elles étaient des
maux est impie lui aussi. Car il est inévitable qu'un tel
homme reproche souvent à la nature commune de distribuer
les lots aux méchants et aux bons en dépit du mérite : les
méchants vivent souvent dans les plaisirs et possèdent ce
qui les procure, tandis que les bons rencontrent la douleur
7 et les situations qui la déclenchent. | En outre celui qui
craint les douleurs en viendra aussi un jour ou l'autre à
craindre tel ou tel des événements qui doivent arriver dans
8 le monde, et cela est une impiété. | Et celui qui recherche
les plaisirs ne s'abstiendra pas de commettre des injustices,
ce qui est évidemment une impiété.

9 | Pour les choses entre lesquelles la commune nature
ne manifeste aucune préférence (car <de deux choses
opposées> elle ne produirait pas l'une et l'autre si elle
avait une préférence pour l'une ou l'autre), il faut, si l'on
veut suivre la nature et être d'accord avec elle, ne pas non
plus avoir de préférence ; si par conséquent on marque une
préférence entre la douleur et le plaisir, la mort et la vie,
la gloire et l'obscurité – toutes choses entre lesquelles la
nature universelle n'en marque aucune – il est clair qu'on
10 commet une impiété. | En disant que la nature commune
s'accommode de ces choses sans manifester de préférence,
je veux dire : ces choses arrivent, sans préférence, comme
suite des faits et de leurs conséquences, en vertu d'une
antique impulsion de la providence selon laquelle, à partir
d'un principe originel, elle a pris l'initiative de produire
l'ordre actuel du monde, ayant conçu certaines raisons des
choses futures, et ayant déterminé des forces à même
d'engendrer les réalités ainsi que leurs transformations et
leurs successions telles que nous les voyons.

2. Ce serait plus digne d'un homme bien élevé de prendre congé des hommes sans avoir goûté au mensonge,
à toute espèce de fausseté, de mollesse et d'orgueil. | Une 2
« seconde navigation »[1] serait d'être au moins dégoûté de
ces vices au moment de rendre l'âme. | Ou bien aurais-tu 3
préféré vivre dans le voisinage du vice ? Ton expérience
ne te persuade-t-elle pas de fuir cette peste ? | Car c'est 4
une peste que la corruption de la pensée, et bien plus qu'une
quelconque infection ou altération de l'air ambiant. | Cette 5
dernière en effet s'attaque aux êtres vivants en tant qu'êtres vivants ; l'autre est une peste pour les hommes en tant qu'hommes.

3. Ne méprise pas la mort, mais sois content d'elle en tant qu'elle est, elle aussi, une des choses que veut la nature,
| comme la jeunesse et la vieillesse, la croissance et la 2
maturité, l'apparition des dents, de la barbe et des cheveux blancs, la fécondation, la grossesse, l'enfantement et les autres événements naturels que comportent les saisons de la vie : ainsi en est-il également de la dissolution elle-
même. | Il appartient donc à l'homme réfléchi de ne pas 3
adopter à l'égard de la mort une attitude superficielle ni non plus une position violente ou dédaigneuse, mais de
l'attendre comme l'une des œuvres de la nature. | C'est de 4
la même façon que tu attends maintenant le moment où sortira du ventre de ta femme l'enfant qu'elle porte que tu dois accueillir l'heure où ta petite âme se détachera de son enveloppe.

1. Expression proverbiale célèbre dans l'antiquité et utilisée par Platon (*Phédon*, 99c-100a, *Philèbe*, 19c et *Politique*, 300c), indiquant le recours à une solution de repli. Elle fait référence à la navigation à la rame que l'on adoptait lorsque l'absence de vent empêchait un bateau d'avancer.

5 | Voici en outre, si tu veux, un précepte trivial à même
de toucher ton cœur : ce qui surtout te fera envisager la
mort avec bonne humeur, c'est de fixer ton attention sur
les choses dont tu dois te séparer et avec lesquelles ton
6 âme ne sera plus mêlée. | Il est vrai qu'il ne faut en aucun
cas se montrer mécontent d'elles, qu'il faut au contraire
en prendre soin et les supporter avec douceur ; tu dois
néanmoins songer que les hommes dont tu te sépareras
7 n'ont pas les mêmes principes que toi. | Car la seule chose,
s'il y en a une, qui pourrait te retenir et te maintenir en
vie, c'est qu'il te fût permis de vivre en compagnie de gens
8 qui ont adopté les mêmes principes que toi. | Mais tu vois
bien, en réalité, combien tu es las du désaccord qui règne
dans la vie commune, au point de te faire dire : « Viens
vite, ô mort, de peur que je n'en vienne à m'oublier
moi-même ! »

4. Celui qui commet une faute la commet contre lui-même ; celui qui se rend coupable d'injustice se fait du mal à lui-même, car il se rend lui-même méchant.

5. On commet souvent une injustice en s'abstenant d'agir, et non seulement en agissant.

6. Il suffit d'avoir actuellement un jugement qui saisit correctement la réalité[1], d'accomplir actuellement une action utile au bien commun, d'être actuellement disposé à bien accueillir tout événement produit par la cause extérieure.

7. Effacer la représentation <trompeuse>. Retenir l'impulsion. Éteindre le désir. Tenir le principe directeur en son pouvoir.

1. « Qui saisit correctement la réalité » traduit l'adjectif technique καταληπτική ; cf. *supra*, IV, 22 et p. 59, n. 1 *ad loc.*

8. Une âme unique est distribuée entre les vivants
dépourvus de raison, une âme intelligente unique est
partagée entre les vivants doués de raison. | Il y a de même 2
une terre unique pour tous les êtres terrestres, c'est grâce
à une lumière unique que nous voyons et c'est grâce à un
air unique que nous respirons, nous et tous les êtres en état
de voir et de respirer.

9. Tous les êtres qui participent d'une réalité commune
recherchent ce qui est semblable à eux. | Tout ce qui est 2
fait de terre penche vers la terre, tous les liquides tendent
à confluer (et pareillement ce qui est aérien), de sorte qu'il
faut se servir de barrages et leur faire violence <pour les
contenir>. | Le feu s'élève en vertu du feu élémentaire, et 3
il est prompt à flamber avec tout feu d'ici-bas, au point
que toute matière un peu sèche est facilement inflammable
parce qu'elle est moins mélangée à ce qui empêche la
combustion.

| Ainsi tout être qui participe de la nature intelligente 4
recherche pareillement, sinon davantage, l'être qui lui est
apparenté. | Car plus un être est supérieur aux autres, plus 5
il est prêt à se mêler à celui qui est de la même famille et
à se confondre avec lui. | Ce qui est sûr, c'est qu'on a trouvé 6
déjà chez les êtres privés de raison des essaims, des
troupeaux, des nichées et comme des amours ; car il y a
déjà là des âmes, et chez les êtres supérieurs on a découvert
que la force de cohésion est intense, à un degré qui n'existe
pas dans les plantes, les pierres ou les pièces de bois[1].
| Mais chez les êtres vivants doués de raison, il y a des 7
gouvernements, des amitiés, des familles, des réunions et,
en cas de guerre, des traités et des trêves. | Et chez les êtres 8
encore supérieurs et distants les uns des autres, il s'est

1. Voir la note 3, p. 87.

formé une sorte d'union, comme celle qui existe entre les
9 astres. | Ainsi la progression vers la supériorité est capable
de produire de la sympathie même entre des êtres séparés.
10 | Eh bien, vois ce qui se passe sous tes yeux : seuls les
êtres intelligents ont oublié cet empressement des uns vers
les autres et cette tendance à s'unir, et c'est là seulement
11 qu'on n'observe pas cette confluence. | Cependant, bien
qu'ils se fuient, ils restent enfermés ensemble, car la nature
l'emporte. Tu verras ce que je dis si tu y prêtes toute ton
12 attention. | On trouverait plus aisément un être fait de terre
sans contact avec un autre être fait de terre qu'un homme
qui n'a plus de lien avec un autre homme.

10. L'homme, le dieu et le monde portent un fruit, et
2 chacun le porte dans sa saison à lui. | Si l'usage a fait qu'au
sens propre ce terme s'applique à la vigne et aux réalités
3 semblables, c'est sans importance. | La raison quant à elle
a un fruit tout à la fois collectif et individuel, fruit qui en
produit d'autres qui ressemblent à la raison elle-même.

11. Si tu en es capable, instruis-le pour le corriger ;
sinon, souviens-toi que la bienveillance t'a été donnée
2 pour ce genre de situation. | Même les dieux montrent de
la bienveillance pour des gens pareils ; dans certains cas,
ils vont jusqu'à contribuer à leur santé, à leur richesse, à
leur gloire, si grande est leur bonté. Tu le peux toi aussi,
ou alors dis-moi qui t'en empêche.

12. Ne travaille pas comme un misérable, ni comme un homme qui cherche à éveiller la pitié ou à susciter l'admiration. Cherche une seule chose : agir et te retenir d'agir conformément à ce qu'exige la raison de la cité.

13. Aujourd'hui je suis sorti de toutes les difficultés, ou plutôt j'ai chassé hors de moi toutes les difficultés ; car elles n'étaient pas à l'extérieur mais à l'intérieur, dans mes jugements.

14. Toutes ces choses sont habituelles du point de vue
de l'expérience, peu durables quant au temps, viles quant
à la matière. | Tout est aujourd'hui comme au temps de 2
ceux que nous avons enterrés.

15. Les choses se tiennent à l'extérieur, hors des portes, existant en elles-mêmes, ne sachant rien d'elles-mêmes, ne se prononçant pas sur elles-mêmes. Qu'est-ce qui se prononce sur elles ? Le principe directeur.

16. Ce n'est pas dans la passivité mais dans l'activité que réside le bien du vivant doué de raison et fait pour vivre en cité, de même que sa vertu et son vice ne sont pas dans la passivité mais dans l'activité.

17. Pour la pierre jetée en l'air, ce n'est pas un mal de retomber, et ce n'était pas non plus un bien d'être lancée en l'air.

18. Pénètre dans leur principe directeur, et tu verras quels juges tu crains, quels juges aussi ils sont pour eux-mêmes.

19. Tout est en train de changer. Tu es toi aussi en altération continue, et d'un certain point de vue en cours de dissolution ; et il en est de même du monde entier.

20. La faute d'autrui, il faut la laisser là où elle est.

21. Cessation d'une activité, arrêt et pour ainsi dire
mort de l'impulsion, du jugement : rien de mal dans tout
cela. | Passe à présent aux âges de la vie : l'enfance, l'ado- 2
lescence, la jeunesse, la vieillesse ; là aussi chaque change-
ment est une mort : est-ce terrible ? | Passe maintenant à 3
la vie que tu menais auprès de ton grand-père, puis auprès
de ta mère, ensuite auprès de ton père ; tu trouveras là
encore bien d'autres destructions, changements et
cessations ; demande-toi alors : « Est-ce terrible ? » Ainsi
la cessation, l'arrêt et le changement de ta vie entière n'ont
rien de terrible non plus.

22. Cours vers ton principe directeur, vers celui de l'univers et vers celui de cet homme : vers le tien pour le rendre juste ; vers celui de l'univers pour te remettre en mémoire de quoi tu fais partie ; vers celui de cet homme pour savoir s'il y a en lui ignorance ou réflexion, et penser en même temps que son principe directeur est parent du tien.

23. De même que tu es une partie constitutive de l'organisme de la cité, que chacune de tes actions soit de
2 même une partie constitutive de la vie de la cité. | L'action qui ne se rapporterait pas de près ou de loin à la fin de la communauté déchire la vie et ne lui permet pas de garder son unité, elle a le caractère d'une sédition, elle ressemble à l'attitude de l'homme qui, dans une assemblée populaire, s'écarte pour sa part de l'accord réalisé.

24. Colères d'enfants, jeux d'enfants, faibles souffles portant des cadavres : voilà qui rendra plus clair l'Evocation des morts[1].

25. Fixe ton attention sur la qualité de la cause, et considère-la abstraction faite de la matière ; puis détermine le temps maximum que doit naturellement subsister cette qualité individuelle[2].

26. Tu as supporté mille maux parce qu'il ne t'a pas suffi de laisser ton principe directeur faire ce pour quoi il a été constitué. En voilà assez !

27. Quand on te blâme ou te hait, ou que des gens expriment à ton endroit des sentiments de ce genre, tourne-

1. Allusion au chant XI de l'*Odyssée*, dans lequel Ulysse évoque les morts. À propos des cadavres, une formule semblable attribuée à Épictète est évoquée ci-dessus IV, 41.

2. Les êtres du monde sont des individus parfaitement déterminés. Dans la physique stoïcienne, cette individualité s'exprime dans leur qualité propre (ἰδίως ποιόν). Voir *infra*, X, 7, 9 p. 154 et XII, 30, 2 p. 189.

toi vers leur petite âme, pénètre à l'intérieur et vois quelle
sorte de gens ils sont. | Tu verras qu'il ne faut pas te 2
tourmenter pour leur faire adopter à ton sujet telle ou telle
opinion. Il faut néanmoins te montrer bienveillant envers
eux, car par nature ce sont des amis. | Même les dieux leur 3
viennent en aide, et de toutes sortes de façons, par des
rêves, des oracles, pour qu'ils obtiennent malgré tout les
choses qu'ils poursuivent.

28. Tels sont les cycles du monde, vers le haut et vers
le bas, d'une période à l'autre. | Ou bien la pensée de 2
l'univers exerce son impulsion sur chaque chose en
particulier (si c'est le cas, accepte ce que produit cette
impulsion) ; ou bien elle a donné l'impulsion une fois pour
toutes, et le reste en suit par voie de conséquence. Pourquoi
t'en inquiéter ? | De deux choses l'une : ou les atomes, ou 3
la providence. Bref : s'il y a un dieu, tout est bien ; si c'est
le hasard, ne va pas au hasard toi aussi.

| Bientôt la terre nous recouvrira tous, puis elle-même 4
changera, les choses actuelles changeront à l'infini, et ce
qui en naîtra changera de nouveau à l'infini. | Si l'on songe 5
aux vagues successives des changements et des transformations ainsi qu'à leur rapidité, on méprisera tout ce
qui est mortel.

29. La cause universelle est un torrent, elle emporte
tout. | Comme ils sont vulgaires ces petits hommes qui 2
font de la politique et croient agir en philosophes ! Les
morveux ! | Homme, que faire alors ? Fais ce que la nature 3
réclame maintenant. | Mets-toi à l'œuvre si cela t'est 4
accordé, et ne regarde pas autour de toi pour savoir si on
le saura. | N'attends pas la constitution de Platon[1], 5

1. Renvoi évident à la *République* même si Marc-Aurèle semble penser plus largement à l'État idéal selon Platon.

contente-toi du plus petit progrès, et crois bien que ce qui
6 en résultera, pour petit que ce soit, n'est pas rien. | Car
changer un des principes de vie de ces hommes, qui le
fera ? Et si les principes ne changent pas, que reste-t-il
d'autre que la servitude de gens qui gémissent et font
7 semblant d'être convaincus ? | Eh bien cite-moi à présent
Alexandre, Philippe, Démétrios de Phalère[1]. Je verrai s'ils
ont su ce que veut la nature et s'ils se sont instruits eux-
mêmes ; mais s'ils ont joué la tragédie, personne ne t'a
8 condamné à les imiter. | L'œuvre de la philosophie est
simple et pleine de réserve ; ne me pousse pas à afficher
un pompeux orgueil.

30. Contempler d'en haut ces milliers de troupeaux,
ces milliers de cérémonies, ces traversées de toute sorte
dans les tempêtes et dans le calme, toute cette diversité
d'êtres qui naissent, vivent ensemble et disparaissent.
2 | Songe encore à la vie que d'autres ont vécue il y a
longtemps, à celle qu'on vivra après toi, à celle qu'on vit
actuellement dans les nations barbares ; et aussi à tous ceux
qui ne connaissent pas même ton nom, à ceux qui
t'oublieront très vite et à tous ceux qui peut-être te louent
aujourd'hui et te blâmeront bientôt ; songe enfin à quel
point le souvenir qu'on laisse, la gloire ou toute autre chose
de ce genre comptent peu.

31. Absence de trouble à l'égard des événements dûs
à la cause extérieure, justice dans les actes dont tu es
2 toi-même la cause ; | ce qui veut dire : impulsion et action
qui ne visent pas au-delà de l'intérêt commun, car c'est là
ce qui pour toi est conforme à la nature.

1. Il s'agit manifestement des deux souverains connus de Macédoine, et du rhéteur et homme politique qui gouverna Athènes à la fin du IVe siècle avant J.-C. sous l'égide du roi de Macédoine.

32. Tu peux t'enlever bien des sujets de trouble
superflus, tous ceux qui reposent entièrement sur l'idée
que tu t'en fais, et aussitôt tu t'ouvriras un champ très
vaste. | Embrasser alors par la pensée la totalité du monde, 2
passer en revue l'infini du temps, considérer dans le détail
la rapide transformation des choses, voyant comme est
brève la vie entre la naissance et la dissolution, mais
immense celle qui précède la naissance et pareillement
infinie celle qui suit la dissolution.

33. Tout ce que tu as sous les yeux va très vite être
détruit, et ceux qui assistent à cette destruction périront
très vite eux aussi. | Et celui qui meurt dans son extrême 2
vieillesse en sera au même point que celui qui meurt avant
l'heure.

34. Que sont leurs principes directeurs, quelles choses
recherchent-ils activement, quels sont les objets de leur
amour et de leur estime ? Imagine que tu vois à nu leurs
petites âmes. | Quand ils croient te nuire en te blâmant ou 2
te rendre service en te louant, quelle présomption !

35. La perte n'est rien d'autre qu'un changement. C'est
une chose à laquelle se plaît la nature universelle selon
laquelle tout arrive, est de toute éternité arrivé de la même
façon, et selon laquelle à l'infini d'autres choses semblables
arriveront. | Mais quoi ? tu dis que toutes choses se sont 2
toujours produites de travers, et que parmi tant de dieux
il ne s'est jamais trouvé une puissance capable de corriger
cela, mais que le monde a été condamné à subir des maux
incessants ?

36. Lorsque la matière qui constitue le substrat de chaque être est décomposée, on a de l'eau, de la poussière, de petits os, de la puanteur ; inversement, le marbre, ce sont des concrétions de terre ; l'or et l'argent, des sédiments ; le vêtement, des poils ; la pourpre, du sang, et ainsi de tout

2 le reste. | Et le souffle <vital>[1] est aussi une chose de ce
genre, passant dans ses changements d'un état à l'autre.

37. Assez de cette vie de misères, de ces murmures, de
2 ces singeries ! | Pourquoi es-tu troublé ? Qu'y a-t-il là de
neuf ? Qu'est-ce qui te met hors de toi ? La cause ?
Regarde-la. La matière alors ? Regarde-la. En dehors
3 d'elles, il n'y a rien. | Mais tourne-toi vers les dieux et
deviens une bonne fois plus simple et meilleur.

4 | Il revient au même d'avoir observé ces choses pendant
cent ans ou trois ans.

38. S'il a commis une faute, c'est là qu'est le mal. Mais il n'a peut-être pas commis de faute.

39. Ou bien toutes choses proviennent, comme en un
corps unique, d'une unique source intelligente et il ne faut
pas que la partie se plaigne de ce qui arrive dans l'intérêt
du tout ; ou bien il y a des atomes, et rien d'autre que
2 confusion et dispersion. | Pourquoi alors es-tu troublé ?
<C'est à tort que> tu dis à ton principe directeur : « Tu es
mort, tu as été détruit, tu es devenu une bête sauvage, tu
joues la comédie, tu rejoins le troupeau, tu broutes. »[2]

40. Ou les dieux n'ont aucun pouvoir, ou ils en ont un.
2 | S'ils n'ont aucun pouvoir, pourquoi pries-tu ? S'ils en
ont, pourquoi ne les pries-tu pas plutôt qu'ils t'accordent
de ne craindre aucune de ces choses, de n'en convoiter
aucune, de ne t'affliger d'aucune, au lieu de leur demander
3 que telle d'entre elles n'arrive pas ou arrive ? | Sans aucun
doute, en effet, si les dieux peuvent venir en aide aux
hommes, ils peuvent le faire aussi dans ces cas-là.

1. Nous retenons ici la leçon des manuscrits (πνευματικὸν) ; Dalfen imprime en revanche la conjecture πνευμάτιον (« faible souffle ») de Causaubon.

2. La reconstruction de tout ce § 2 est controversée.

| Mais tu diras peut-être : « Les dieux ont fait que ces 4
choses dépendent de moi. » | Ne vaut-il pas mieux alors 5
user avec liberté de ces choses qui dépendent de toi que
de te porter en esclave, bassement, vers ce qui ne dépend
pas de toi ? Qui t'a dit que les dieux ne nous aident pas
aussi pour ce qui dépend de nous ? | Commence donc par 6
les en prier et tu verras.

| Cet homme dit dans sa prière : « Comment coucher 7
avec cette femme ? » Toi, dis : « Comment ne pas désirer
coucher avec cette femme ? » | Un autre : « Comment être 8
débarrassé de cet homme-là ? » Toi : « Comment ne pas
avoir besoin d'en être débarrassé ? » | Un autre : « Comment 9
faire pour ne pas perdre mon enfant ? » Et toi : « Comment
faire pour ne pas avoir peur de le perdre ? » | Bref, tourne 10
ainsi tes prières et vois ce qui arrive.

41. Épicure dit : « Durant ma maladie, mes entretiens
ne portaient pas sur mes souffrances corporelles et, ajoute-
t-il, je ne parlais pas de ces sujets à ceux qui venaient me
voir. Mais je continuais à aborder les questions principales
de la science de la nature, et je traitais en particulier du
point suivant : comment la pensée, tout en participant aux
mouvements qui agitent la faible chair, reste-t-elle exempte
de trouble et conserve-t-elle son bien propre ? Je ne donnais
pas, poursuit-il, aux médecins l'occasion de s'enorgueillir
de leur prétendue efficacité, mais ma vie s'écoulait
heureuse et honnête. »[1] | Fais comme lui, dans la maladie 2
et dans toute autre circonstance. Car ne pas abandonner la
philosophie quels que soient les accidents qui surviennent,
et ne pas se mêler aux bavardages du profane qui ignore

1. Épicure, fr. 191 Usener. Ce passage n'est pas attesté ailleurs. On peut le rapprocher de Cicéron, *Des fins*, II, 30, 96 et Diogène Laërce, X, 22.

la science de la nature, est un précepte commun à toutes les écoles.

3 | S'attacher uniquement à l'action présente et à
l'instrument de cette action.

42. Quand tu te heurtes à l'impudence de quelqu'un,
demande-toi aussitôt : est-il réellement possible qu'il n'y
2 ait pas d'impudents dans le monde ? Impossible. | Par
conséquent ne réclame pas l'impossible ; cet homme devant
toi est justement l'un de ces impudents qui existent
3 nécessairement dans le monde. | Tiens prête la même
question si tu rencontres un fourbe, un perfide, et tout
4 individu coupable d'une faute quelconque. | Car en te
rappelant qu'il est impossible que ce genre d'homme
n'existe pas, tu montreras plus de bienveillance envers
chacun d'eux.

5 | Il est utile aussi de penser immédiatement à la vertu
que la nature a donnée à l'homme contre la faute en
question. Comme antidote à l'ingratitude elle a donné la
douceur, et une autre vertu comme remède à une autre
6 faute. | D'une manière générale, il t'est possible d'instruire
et de corriger celui qui s'égare ; de fait tout homme
coupable d'une faute manque son but et s'égare.

7 | Et d'ailleurs, quel dommage t'a-t-il causé ? Tu
découvriras en effet qu'aucun de ceux contre qui tu t'irrites
n'a rien fait de tel que ta pensée doive en devenir pire ; et
c'est là seulement qu'existe ce qui pour toi est le mal et le
8 dommage. | Qu'y a-t-il de mal ou d'étrange si l'homme
inculte agit en inculte ? Demande-toi si tu ne dois pas plutôt
te reprocher à toi-même de ne pas avoir prévu la faute de
9 cet homme. | Car la raison te fournissait les ressources
nécessaires pour penser que, selon toute vraisemblance,
cet homme commettrait cette faute ; mais tu l'as oublié et
10 t'étonnes qu'il l'ait commise. | C'est surtout quand tu

reproches à quelqu'un sa perfidie et son ingratitude que tu
dois faire retour à toi-même. | C'est évidemment ta faute, 11
soit que tu aies cru qu'un homme qui est dans une telle
disposition garderait sa foi, soit que tu ne lui aies pas rendu
service simplement, sans chercher plus loin, et ne te sois
pas contenté de recueillir tout le fruit de ton action de
l'action elle-même. | Que veux-tu de plus quand tu as fait 12
du bien à un homme ? N'est-ce pas suffisant que tu aies
agi conformément à ta nature ? Cherches-tu encore à en
recevoir un salaire ? C'est comme si l'œil réclamait une
récompense parce qu'il voit, ou les pieds parce qu'ils
marchent. | De même que ces organes ont été faits pour 13
telle et telle fin et qu'ils remplissent leur fonction propre
quand ils agissent conformément à leur constitution propre,
de même l'homme, par nature bienfaisant, quand il
accomplit une bonne action, a fait ce pour quoi il est
constitué et atteint sa fin propre.

LIVRE X

1. Ô mon âme, seras-tu donc un jour bonne, simple,
une, nue, plus visible que le corps qui t'entoure ?
Savoureras-tu donc un jour ta disposition à aimer, à chérir ?
| Seras-tu donc un jour comblée, sans besoin, sans regret 2
ni désir de quoi que ce soit, être animé ou non animé, qui
serve à la jouissance de ton plaisir ; sans désirer du temps
pour jouir plus longtemps, un lieu, une contrée, un climat
favorable, un heureux accord entre les hommes ? | Seras-tu 3
au contraire satisfaite de ta condition présente, te réjouiras-tu
de tout ce qui arrive présentement ? Te persuaderas-tu que
tout ce qui est à ta disposition vient des dieux, que pour
toi va et ira bien tout ce qui leur agrée, ainsi que tout ce
qu'ils doivent te donner à l'avenir pour le salut du vivant
parfait, bon, juste et beau, qui engendre toutes choses, les
maintient, les enveloppe et les embrasse en lui quand elles
se dissolvent pour devenir d'autres choses semblables ?
| Seras-tu donc un jour en état de vivre dans la cité 4
commune des dieux et des hommes sans leur adresser
aucun reproche ni encourir de leur part aucun blâme ?

2. Observe ce que réclame ta nature en tant que tu es simplement gouverné par la nature[1] ; puis fais-le et

1. Voir en VI, 14 les quatre niveaux de la réalité distingués par les Stoïciens. Ici il est question des trois derniers. « Ta nature » désigne de façon globale celui que tu es, l'être que tu es ; « la nature » renvoie au deuxième niveau, celui de la force végétale ; « ta nature en tant que vivant » au niveau supérieur de la vie animale, et « ta nature en tant que vivant doué de raison » au niveau le plus élevé.

accepte-le, à moins que ta nature en tant que vivant ne
2 doive en pâtir. | Il faut ensuite observer ce que réclame ta
nature en tant que vivant ; et il faut l'accueillir en totalité
de bon gré, à moins que ta nature en tant que vivant doué
3 de raison ne doive en pâtir. | Mais l'être doué de raison est
immédiatement aussi un être politique. Sers-toi de ces
règles, et ne fais pas de recherches superflues.

3. Tout ce qui arrive, arrive ou bien de telle manière
que tu es naturellement fait pour le supporter, ou bien que
2 tu n'es pas naturellement fait pour le supporter. | Dans le
premier cas, ne te fâche pas, mais supporte l'événement
comme tu es naturellement fait pour le supporter ; si par
nature tu n'es pas fait pour le supporter, ne te fâche pas,
3 car il prendra les devants et te détruira. | Souviens-toi
cependant que tu es naturellement fait pour supporter tout
ce dont le caractère supportable et tolérable dépend de ton
jugement, si tu te représentes qu'il est de ton intérêt ou de
ton devoir de le faire.

4. S'il se trompe, l'instruire avec bienveillance et lui
2 montrer ce qui lui échappe. | Si tu en es incapable, t'accuser
toi-même – ou ne pas même t'accuser toi.

5. Quoi qu'il t'arrive, cela t'était préparé d'avance de toute éternité ; et l'entrelacement des causes avait depuis toujours filé ensemble ton existence et ce qui t'arrive.

6. Atomes ou nature, posons d'abord que je suis une
partie du tout, lequel est gouverné par une nature ; ensuite
que j'ai en quelque façon un rapport de parenté avec les
2 parties de même origine. | En songeant à cela, en effet, en
tant que je suis une partie je ne serai mécontent de rien de
ce qui m'est attribué par le tout ; car rien de ce qui est utile
au tout ne cause de dommage à la partie, et le tout ne
3 contient rien qui ne lui soit utile. | C'est là un caractère
commun à toutes les natures, mais la nature du monde a

en plus ce privilège de ne pas être contrainte par une cause
extérieure à engendrer quelque chose qui lui serait nuisible.
D'une part, donc, en songeant que je suis une partie d'un
tel tout, je serai content de tout ce qui arrive ; | d'autre part, 4
en tant que j'ai une sorte de parenté avec les parties de
même origine, je ne ferai rien qui soit contraire au bien
commun, j'aurai plutôt en vue les êtres de même origine
et j'orienterai toutes mes impulsions vers l'utilité commune
en me détournant de ce qui lui est contraire. | Lorsque ces 5
conditions sont pleinement réalisées, on mène nécessairement une vie heureuse, tout comme on jugerait heureuse
la vie du citoyen qui se consacre assidûment à des activités
utiles à ses concitoyens et se trouve content de la part que
lui attribue la cité.

7. Les parties du tout, je veux dire toutes celles qui
sont contenues dans le monde, périssent nécessairement
(qu'on entende ici « périr » au sens de « s'altérer »). | Si, 2
dis-je, cela est pour elles à la fois un mal et une nécessité,
le tout ne serait pas bien gouverné puisque ses parties
tendraient à s'altérer et seraient faites pour périr. | En effet 3
la nature aurait-elle entrepris de faire elle-même du mal à
ses parties, de les créer exposées au mal et nécessairement
plongées dans le mal, ou bien lui a-t-il échappé que de
telles choses se produiraient ? L'une et l'autre hypothèse
est invraisemblable.

| Même si, laissant de côté la nature, on donnait comme 4
explication que les choses sont naturellement constituées
ainsi[1], dans ce cas aussi il serait ridicule de dire à la fois
que les parties du tout sont naturellement constituées pour

1. « Naturellement constituées ainsi » à prendre au sens faible de « c'est ainsi, c'est naturel », sans faire intervenir une nature organisatrice du monde comme dans le § 3.

se transformer, et de s'étonner en même temps de quelque
chose qui paraît arriver contre nature ou de s'en fâcher,
surtout si la dissolution produit les éléments dont chaque
5 être est constitué. | Ou bien, en effet, il y a dispersion des
éléments dont l'être a été composé, ou bien transformation
de ce qui est solide en élément terrestre, de ce qui est
souffle en élément aérien, de sorte que ces éléments sont
eux aussi repris dans la raison du tout, que ce dernier soit
périodiquement détruit par le feu ou qu'il se renouvelle à
6 travers des alternances perpétuelles. | Pour ce qui est de
l'élément solide ou de celui du souffle, ne t'imagine pas
7 qu'il s'agit de ceux qui existent depuis ta naissance. | Tout
cela n'a afflué en toi que hier et avant hier, à partir des
8 aliments et de l'air que tu as respiré. | C'est donc ce qui a
été ajouté qui se transforme, et non ce que ta mère t'a
9 donné en te mettant au monde. | Admets seulement que
cet ajout te lie étroitement à ta qualité individuelle[1],
laquelle, je pense, ne concerne pas ce qui vient d'être dit.

8. Une fois que tu te seras donné les noms[2] d'homme
de bien, réservé, véridique, prudent, bienveillant,
magnanime, veille à ne jamais en changer et à ne jamais
2 les perdre ; si c'est le cas, reviens vite à eux. | Souviens-toi
que *prudent* signifiait pour toi attention minutieuse à
chaque détail, sans te laisser distraire ; *bienveillant*,
acceptation de bon gré de ce qui t'est attribué par la
commune nature ; *magnanime*, la prééminence de la partie
pensante sur le mouvement doux ou violent de la chair,
sur la vaine gloire, sur la mort et toute chose semblable.
3 | Si donc tu persistes à te donner ces noms sans vouloir à
tout prix que les autres te les décernent, tu seras un autre

1. Voir p. 142, la note à IX, 25.
2. Voir ci-dessus V, 15, 2.

homme et tu entreras dans une autre vie. | Car rester tel 4
que tu as été jusqu'ici, te déchirer et te salir dans la vie
que tu mènes, c'est le fait d'un homme par trop grossier
et trop attaché à la vie, semblable à ces belluaires à demi
dévorés, couverts de blessures, qui réclament néanmoins
d'être gardés jusqu'au lendemain pour être exposés, dans
l'état où ils sont, aux mêmes griffes et aux mêmes morsures.
| Embarque-toi donc sur ces quelques noms. Si tu es 5
capable de demeurer sur eux, restes-y comme si tu devais
être transporté dans quelque île des Bienheureux ; si au
contraire tu sens que tu échoues et n'en viens pas à bout,
aie le courage de te retirer dans un coin où tu reprendras
le dessus ; ou alors sors définitivement de la vie, sans colère,
mais simplement, librement, avec réserve, ayant au moins
une fois dans ta vie accompli quelque chose : sortir de la
vie de cette façon. | Pour te souvenir des noms en question, 6
il te sera d'une grande aide de songer aux dieux et de te
rappeler que ce qu'ils veulent, ce n'est pas qu'on les flatte,
mais que tous les êtres doués de raison leur ressemblent
totalement[1] – que le figuier remplisse la fonction du figuier,
le chien celle du chien, l'abeille celle de l'abeille et
l'homme celle de l'homme.

9. Mime, guerre, effroi, torpeur, esclavage effaceront
en toi, jour après jour, tous ces principes sacrés que, sans
les appuyer sur l'étude de la nature, tu imagines et
abandonnes ensuite[2]. | Il faut tout voir et tout faire de 2

1. Un autre propos que Julien l'Empereur attribue à Marc-Aurèle dans le passage des *Césars* cité *supra*, p. 115, la note à VII, 67, 2.

2. La phrase peut se référer à des activités de la vie quotidienne susceptibles de distraire le philosophe. Mais l'énumération initiale peut aussi être interprétée de manière métaphorique. Le mot « mime » serait alors à entendre dans le sens de théâtre de la vie (*cf.* Sénèque, *Lettres à Lucilius* 80, 7) – Pour « guerre », *cf.* II, 17, 2.

manière à mener à terme ce que demandent les circonstances, mais en même temps à donner toute sa force à la spéculation et à sauvegarder avec assurance ce qui est issu de la science
3 de chaque chose, discrètement mais sans le cacher. | Quand enfin prendras-tu plaisir à la simplicité ? à la gravité ? à la connaissance de chaque chose en particulier, à ce qu'elle est dans son essence, à la place qu'elle occupe dans le monde, à la durée que la nature accorde à son existence, aux éléments dont elle est composée, aux hommes à qui elle est susceptible d'appartenir, à ceux qui peuvent la donner et l'enlever ?

10. Une petite araignée est fière d'avoir attrapé une mouche, d'autres le sont d'avoir pris un levraut, une sardine avec leur filet, ou des marcassins, des ours, des Sarmates.
2 | Ces êtres-là ne sont-ils pas des brigands si on examine bien leurs principes ?

11. Acquiers une méthode pour étudier comment les choses se transforment toutes l'une dans l'autre, applique-toi assidûment à cette étude, exerce-toi en ce domaine ; car rien n'est autant à même de produire l'élévation de la
2 pensée. | On s'est alors dépouillé de son corps et, considérant qu'il faudra bientôt abandonner tout cela quand on quittera les hommes, on s'en remet entièrement à la justice pour ce qui est de ses propres actions et à la nature universelle
3 pour les autres événements. | Ce qu'un autre dira ou pensera de soi, ce qu'il fera contre soi ne vient même pas à l'esprit, car on se contente de ces deux choses : accomplir avec justice les actions présentes, aimer le lot qui nous est actuellement imparti, laissant de côté tous les embarras,
4 tous les soucis ; | on ne veut rien d'autre que marcher toujours sur le droit chemin selon la loi, et suivre dieu qui toujours marche sur le droit chemin.

12. Pourquoi te perdre en conjectures quand tu as la
possibilité de réfléchir à ce qu'il faut faire ? Si tu le vois,
ne peux-tu pas avancer dans cette direction sans regarder
en arrière ? et si tu ne le vois pas, suspendre ton jugement
et recourir aux meilleurs conseillers ? et si d'autres obstacles
surgissent, n'as-tu pas la possibilité d'avancer en t'appuyant
sur les ressources du moment et en t'attachant de manière
réfléchie à ce qui te paraît juste ? Atteindre ce but est une
excellente solution, puisque l'échec, dans ce cas, concerne-
rait la justice. | On est à la fois calme et prêt à agir, joyeux 2
et maître de soi quand on suit la raison en tout.

13. Aussitôt réveillé, te demander : vas-tu attacher de
l'importance au fait que les autres blâment les actions
justes et bonnes ? Non, aucune importance. | Aurais-tu 2
oublié comment ces gens qui ont l'arrogance de louer et
de blâmer les autres se comportent au lit, comment ils se
comportent à table, quelles actions ils commettent, quelles
choses ils fuient ou poursuivent, ce qu'ils volent ou
ravissent – non avec leurs mains ou avec leurs pieds, mais
avec la plus précieuse partie d'eux-mêmes, celle d'où
naissent, lorsqu'on le veut, la bonne foi, la pudeur, la vérité,
la loi, un bon démon ?

14. À la nature qui donne tout et reprend tout, l'homme
instruit et réservé dit : « Donne ce que tu veux, reprends
ce que tu veux. » | Il ne dit pas cela par défi, mais uniquement 2
par obéissance et obligeance à son égard.

15. C'est peu de chose, le temps qui te reste. | Vis 2
comme sur une montagne ; car il n'importe nullement
qu'on vive ici ou là si on vit partout dans le monde comme
dans une cité. | Que les hommes fassent connaissance, 3
après enquête, avec un homme véritable qui vit conformé-
ment à la nature. | S'ils ne le supportent pas, qu'ils le tuent ; 4
cela vaut mieux que de vivre comme eux.

16. Ne plus du tout discuter de ce qu'est l'homme de bien, mais être cet homme.

17. Représente-toi constamment la totalité de la durée et la totalité de la substance ; et songe que tous les êtres particuliers sont, relativement à la substance, comme une graine de figue, et relativement au temps comme un tour de tarière.

18. En t'arrêtant à chacune des choses qui existent, penser qu'elle est déjà en train de se dissoudre, de se transformer, qu'elle est en quelque sorte vouée à la pourriture et à la dispersion, ou encore qu'il en va comme si pour chacune la vie est une manière de mort.

19. Comment ils sont quand ils mangent, se couchent,
2 font l'amour, vont à la selle, etc. ! | Et quand ensuite ils
prennent des allures viriles et font les fiers, quand ils se
fâchent et vous réprimandent du haut de leur supériorité !
3 | Peu auparavant, de combien de maîtres ils étaient esclaves,
et pour quels motifs ! Et dans peu de temps ils seront
plongés dans d'autres situations de ce genre.

20. À chacun est utile ce que la nature universelle lui apporte en particulier ; et cela lui est utile au moment où elle l'apporte.

21. La terre aime la pluie, le vénérable éther aime[1]…
2 Le monde aime produire ce qui doit advenir. | Je dis donc
au monde : je l'aime avec toi. Ne dit-on pas aussi : « Cette
chose aime advenir » ?

22. Ou bien tu vis ici, et t'y voilà désormais habitué ; ou bien tu te retires ailleurs et c'est cela que tu voulais ; ou bien tu meurs, ta mission achevée. En dehors de cela, il n'y a rien. Bon courage, par conséquent.

1. Allusion à Euripide, fr. de drame non identifié 898 Nauck^2 = 9-10 Jouan-Van Looy : « Le vénérable ciel désire, quand il est chargé de pluie, s'abattre sur la terre par le fait d'Aphrodite. »

23. Qu'il soit toujours bien clair pour toi que là-bas la
campagne est pareille à celle d'ici ; et que tout ce qui est
ici est identique, ô combien, à ce qu'on trouve au sommet
de la montagne ou au bord de la mer, où tu voudras. | Te 2
viendra alors directement à l'esprit ce mot de Platon :
« Entouré d'un enclos sur la montagne, dit-il, et trayant
son troupeau bêlant. »[1].

24. Qu'est pour moi mon principe directeur, dans quel état le mets-je en ce moment, à quelle fin en fais-je usage en ce moment ? N'est-il pas vide d'intelligence, affranchi et arraché de la communauté, n'est-il pas fondu et mêlé avec la chair au point d'en être bouleversé en même temps qu'elle ?

25. Qui fuit son maître est un esclave fugitif ; or le
maître, c'est la loi, et celui qui agit contre la loi est ainsi
un esclave fugitif. | Pareillement celui qui s'afflige, se met 2
en colère ou a peur, celui-là ne veut pas qu'arrive un des
événements passés, présents ou futurs qui sont dans l'ordre
établi par ce qui gouverne toutes choses, c'est-à-dire la loi
qui attribue à chacun tout ce qui lui échoit. | Donc celui 3
qui a peur, celui qui s'afflige ou celui qui se met en colère
est un esclave fugitif.

26. Après avoir émis son sperme dans la matrice, le
mâle s'est retiré ; une autre cause intervient alors et œuvre
pour faire arriver l'embryon à terme, semblable à l'être
dont il provient. | Puis on lui fait descendre de la nourriture 2
par le gosier, et c'est encore une autre cause qui intervient
et produit la sensation, l'impulsion, en un mot la vie, la

1. D'après Platon, *Théétète*, 174d-e, qui dit exactement : « Enfermé qu'il est dans son rempart, un enclos dans la montagne » (trad. Narcy) ; le verbe « traire » (βδάλλω) figure deux fois un peu plus haut, mais l'idée de *bêler* (βληχάομαι) est absente. Chez Platon, ce passage figure dans un développement consacré au portrait du philosophe opposé aux rois et aux tyrans.

3 vigueur et toutes les autres choses de ce genre. | Eh bien,
ces phénomènes qui se produisent si mystérieusement, les
contempler, et regarder cette force comme nous regardons
la pesanteur et la force ascensionnelle, non pas avec les
yeux, mais avec non moins d'évidence.

27. Songer continuellement à quel point tout ce qui se
produit maintenant s'est déjà produit auparavant de la
2 même manière, et penser que cela se reproduira. | Se mettre
devant les yeux tous les drames et scènes semblables que
tu as connus par expérience personnelle ou par les histoires
plus anciennes ; par exemple toute la cour d'Hadrien, toute
la cour d'Antonin, toute la cour de Philippe, d'Alexandre,
de Crésus. Car tous ces spectacles se ressemblaient,
seulement c'était avec d'autres acteurs.

28. Représente-toi que tout homme qui s'afflige de
quoi que ce soit, ou s'en montre mécontent, ressemble au
2 petit cochon qui regimbe et crie quand on le sacrifie. | Il
ressemble encore à celui qui se lamente dans son petit lit,
seul et en silence, sur les chaînes qui nous entravent. Songe
aussi que le vivant doué de raison est le seul à qui il a été
donné de se conformer de bon gré aux événements, et que
s'y conformer tout court est une nécessité pour tous.

29. En examinant un par un chacun de tes actes,
demande-toi si la mort est une chose redoutable parce
qu'elle nous priverait de l'accomplir.

30. Quand tu es choqué par une faute commise par
autrui, fais aussitôt retour sur toi-même et vois si tu ne
commets pas une faute analogue, par exemple en estimant
que le plaisir, la vaine gloire ou d'autres choses de cette
2 espèce sont des biens. | En y réfléchissant, tu oublieras vite
ta colère dès que te vient l'idée que cet homme subit une
3 contrainte ; que peut-il y faire, en effet ? | Si tu en es capable,
délivre-le de cette contrainte.

31. En voyant Satyron, représente-toi un Socratique
ou Eutychès ou Hymen ; en voyant Euphrate, représente-toi
Eutychion ou Silvanus ; en voyant Alciphron, représente-
toi Tropéophoros ; en voyant Xénophon, représente-toi
Criton ou Severus[1] ; puis tournant ton regard vers toi-même,
représente-toi un des Césars ; et pareillement pour chaque
individu. | Que te vienne ensuite cette pensée : où donc 2
sont-ils ? Nulle part, ou n'importe où. | De cette façon tu 3
verras constamment que les choses humaines sont fumée
et néant, surtout si tu songes en même temps que ce qui
s'est une fois transformé ne sera jamais plus, dans l'infini
du temps. | Pourquoi alors te raidir ? Pourquoi ne te suffit-il 4
pas de traverser décemment ce court intervalle ? | Quelle 5
matière, quel thème d'exercice es-tu en train de fuir ?
Qu'est-ce en effet que tout cela, sinon des exercices d'une
raison qui a observé, de façon précise et conforme à la
science de la nature, les choses de la vie ? | Persiste donc, 6
jusqu'à ce que tu te sois assimilé ces pensées aussi, comme
l'estomac robuste assimile tous les aliments, comme le
feu ardent transforme en flamme et en lumière tout ce
qu'on y jette.

32. Que personne ne puisse parler vrai quand il dit de
toi que tu n'es pas simple ou que tu n'es pas homme de
bien, mais fais mentir quiconque aurait une telle opinion
de toi. | Tout ici dépend de toi : qui t'empêchera d'être bon 2
et simple ? Décide seulement de ne plus vivre si tu ne dois

1. Personnages difficiles à identifier, mis à part les probables élèves de Socrate Xénophon et Criton. Selon Farquharson, Satyron, Eutychès et Hymen seraient trois membres de l'Académie à l'époque de Marc-Aurèle ; Eutychion et Silvanus deux Stoïciens, que l'empereur compare à Euphrate, ami de Pline le Jeune ; Alciphron et Tropéophoros, deux auteurs d'épîtres littéraires, tandis que Severus serait le personnage auquel Marc-Aurèle consacre l'hommage de I, 14 ci-dessus.

pas être un tel homme, car la raison n'exige pas non plus que tu vives si tu n'es pas un tel homme.

33. En cette matière, que peut-on faire ou dire qui soit
parfaitement sensé ? Quoi que ce soit, il est possible de le
faire ou de le dire, ne prétexte pas que tu en es empêché.
2 | Tu ne cesseras pas de te lamenter tant que tu n'auras
pas senti que ce qu'est la vie sensuelle pour les amateurs
de plaisir, cela correspond pour toi, en toute matière qu'on
te propose ou que tu rencontres, à agir conformément à la
constitution de l'homme ; car tu dois regarder comme
jouissance tout ce qu'il t'est possible d'accomplir en
conformité avec ta nature propre, chose qui est possible
3 en toutes circonstances. | Il n'est pas donné au cylindre de
se mouvoir partout selon son mouvement propre, pas plus
qu'à l'eau, au feu ni à toutes les autres choses gouvernées
par une nature végétale ou par une âme sans raison ; car
4 les barrages et les obstacles sont nombreux. | Mais l'intel-
ligence et la raison peuvent avancer à travers tout ce qui
leur résiste, en conformité avec leur nature et comme elles
5 le veulent. | Mets-toi devant les yeux cette aisance de la
raison à traverser tous les obstacles aussi facilement que
le feu s'élève, que la pierre tombe, que le cylindre roule
6 le long du plan incliné, et ne cherche rien de plus. | Les
autres obstacles concernent tous le faible corps, ce cadavre,
ou alors (sauf quand intervient le jugement, ou que
d'elle-même la raison se relâche) ils ne blessent pas et ne
font pas le moindre mal, sinon celui qui le subit deviendrait
7 aussitôt mauvais lui-même. | Ce qui est sûr, c'est que pour
tous les autres êtres organisés le mal qui leur arrive rend
pire celui qui le subit ; mais dans notre cas, il faut bien le
dire, l'homme devient meilleur, plus digne de louange, s'il
fait bon usage de ce qui lui arrive.

| En un mot, souviens-toi que ce qui ne nuit pas à la 8
cité ne nuit pas au citoyen par nature, et que ce qui ne nuit pas à la loi ne nuit pas à la cité. Or aucune de ces choses que les gens appellent des coups du sort ne nuit à la loi. Donc ce qui ne nuit pas à la loi ne nuit ni à la cité ni au citoyen.

34. À celui qui a senti la morsure des vrais principes, il suffit de la formule la plus concise ou d'un mot banal
pour lui rappeler d'être sans chagrin et sans peur. | Par 2
exemple,

> Les feuilles, c'est le vent qui les épand sur le sol…
> Ainsi les générations des hommes[1].

| Petites feuilles aussi tes enfants, petites feuilles ces 3
gens qui t'acclament sincèrement et te glorifient ou, à l'inverse, te maudissent ou te blâment et te raillent en secret ; petites feuilles encore ceux qui transmettront ta
renommée posthume. | Tout cela 4

> Renaît à la saison du printemps,

puis le vent les fait tomber ; après quoi les arbres font
pousser d'autres feuilles à leur place. | Toutes les choses 5
ont en commun de durer peu de temps ; mais toi tu les évites et les poursuis toutes comme si elles devaient durer
éternellement. | Encore un peu de temps et tes yeux se 6
fermeront ; et celui qui t'aura porté en terre, un autre déjà le pleurera.

1. Ici et phrase 4 : formules citées d'après l'*Iliade*, VI, 147-149 :
Les feuilles, tour à tour, c'est le vent qui les épand sur le sol, et la forêt
Verdoyante qui les fait naître, quand se lèvent les jours du printemps.
Ainsi des hommes : une génération naît à l'instant même où une autre s'efface. (trad. Mazon)

35. L'œil sain doit voir tout ce qui est visible, et ne pas dire : « Je veux voir du vert », car c'est là le fait de celui
2 qui souffre d'une maladie des yeux. | L'ouïe saine, l'odorat sain doivent être prêts à percevoir tout ce qui peut être
3 entendu et senti. | L'estomac sain doit se comporter de la même façon envers tous les aliments, comme la meule être prête à moudre tout ce pour quoi elle a été construite.
4 | Ainsi la pensée saine doit être prête à accueillir tous les événements ; mais celle qui dit : « Puissent mes enfants avoir la vie sauve ! » et « Quoi que je me dispose à faire, puisse tout le monde le louer ! » est un œil qui désire le vert ou des dents qui désirent des aliments tendres.

36. Personne n'est à ce point favorisé par le sort qu'au moment de mourir il n'ait pas à ses côtés des gens qui se
2 réjouissent de l'événement. | Il était vertueux et sage ; au dernier moment il y aura quelqu'un pour se dire en lui-même : « Nous allons enfin pouvoir respirer, délivrés que nous sommes de ce donneur de leçons. Il n'était désagréable pour aucun d'entre nous, mais je sentais bien
3 qu'il nous condamnait en secret. » | Voilà ce qu'on dira de l'homme vertueux ; mais quand il s'agit de nous, combien d'autres raisons pour que beaucoup souhaitent être débarrassés de nous !

4 | C'est donc à cela que tu penseras au moment de mourir, et tu t'en iras plus aisément si tu te fais les réflexions suivantes : « Je quitte une vie au cours de laquelle mes compagnons eux-mêmes – pour qui j'ai tant lutté, tant formé de vœux, nourri tant d'inquiétude – ceux-là mêmes, dis-je, veulent que je m'en aille, dans l'espoir d'en retirer
5 éventuellement un bénéfice. » | Pourquoi donc tiendrait-on à séjourner plus longtemps ici-bas ?

6 | Ce n'est pas une raison, toutefois, pour être moins bien disposé envers eux quand tu t'en iras ; au contraire

conserve ton caractère habituel, reste amical, bienveillant,
aimable ; et pas non plus comme si on t'arrachait à eux
violemment, il faut au contraire que tu te sépares d'eux
aussi aisément que, dans la bonne mort, la petite âme se
détache du corps ; car c'est à eux que la nature t'a lié et
mêlé intimement. | Mais à présent elle t'en détache. Je 7
m'en détache comme on se sépare de parents, sans résister,
mais aussi sans contrainte ; car cela aussi fait partie des
choses conformes à la nature.

37. Chaque fois que quelqu'un fait quelque chose, prends l'habitude, autant que possible, de te demander à part toi : « À quelle fin cet homme rapporte-t-il son action ? » Commence par toi-même, et examine-toi en premier.

38. Souviens-toi que ce qui tire les fils, c'est cette réalité
cachée en nous ; c'est ... [1], c'est la vie et, s'il faut le dire,
c'est l'homme. | Ne te représente pas en même temps 2
qu'elle le vase qui l'enveloppe et les faibles organes
façonnés autour d'elle. | Ces derniers sont comme une 3
hache, avec cette seule différence qu'ils sont naturellement
unis à toi. | D'ailleurs ces parties de notre être, si elles sont 4
séparées de la cause qui les met en mouvement et les arrête,
ne nous servent pas plus que la navette à la tisseuse, la
plume à l'écrivain et le fouet au cocher.

1. Les témoignages manuscrits présentent ici un mot (« rhétorique ») qui n'a pas de sens dans ce contexte. Renonçant aux diverses corrections proposées, Dalfen considère le lieu comme irrémédiablement corrompu.

LIVRE XI

1. Les caractères propres de l'âme douée de raison :
elle se voit elle-même, s'analyse, se façonne à sa volonté,
récolte elle-même le fruit qu'elle porte (car les fruits des
plantes et ce qui leur correspond chez les animaux sont
récoltés par d'autres), elle atteint sa fin propre quel que
soit le moment où sa vie doit atteindre son terme. | À la 2
différence de ce qui se passe pour la danse, pour le jeu des
acteurs et pour les arts semblables où l'action n'est pas
totalement achevée si un obstacle vient l'interrompre,
l'âme, elle, dans toute partie de sa vie et à quelque moment
qu'on la saisisse, mène à son achèvement et à sa pleine
suffisance ce qu'elle s'est proposé; si bien qu'elle peut
dire : « Je recueille le fruit de ce qui m'appartient. » | En 3
outre, elle parcourt le monde entier, le vide qui l'entoure
ainsi que sa forme, elle s'étend à l'infini de la durée, elle
embrasse et comprend la renaissance périodique de
l'univers ; elle saisit le fait que la postérité ne verra rien
de nouveau et que nos prédécesseurs n'ont rien vu de plus ;
qu'en quelque sorte l'homme de quarante ans, s'il a de
l'intelligence, a vu tout le passé et tout le futur en vertu
du fait que tout est semblable. | Ce qui est encore propre 4
à l'âme douée de raison : l'amour du prochain, la vérité,
la pudeur, et la conviction que rien n'a plus de valeur
qu'elle – ce qui est aussi le propre de la loi. | De cette façon 5
donc, aucune différence entre la raison droite et la raison
de la justice.

2. Tu mépriseras un chant ravissant, une danse, un
combat de pancrace si, pour la voix mélodieuse par
exemple, tu la divises en chacun des sons qui la composent,
et te demandes pour chacun des sons pris un à un si tu es
subjugué par lui (tu aurais honte de l'avouer !) ; pareillement
pour la danse, si par un moyen analogue tu t'attaches à
chacun de ses mouvements ou à chacune de ses figures ;
2 même chose encore pour le pancrace. | En un mot, mis à
part la vertu et ses effets, souviens-toi d'aller rapidement
vers les parties qui composent les choses et, grâce à cette
division, d'en venir à les mépriser ; transpose ce procédé
à l'ensemble de la vie.

3. Quelle belle âme que celle qui se tient prête, dans
le cas où il lui faut à l'instant se séparer du corps et ensuite
2 s'éteindre ou être dispersée ou survivre ! | Mais que cet
état de préparation vienne de notre propre jugement et non,
comme chez les Chrétiens[1], d'une simple obstination ;
qu'il soit réfléchi et digne, et pour être cru par autrui, qu'il
ne soit pas théâtral.

4. J'ai fait quelque chose dans l'intérêt commun : j'en ai donc tiré profit. Que cette idée soit toujours présente à ton esprit, ne cesse jamais d'y penser.

5. Quel est ton métier ? Être homme de bien. Mais comment y arriver, si ce n'est grâce aux principes théoriques relatifs les uns à la nature universelle, et les autres à la constitution propre de l'homme ?

6. On commença par produire sur le théâtre les tragédies, qui rappelaient les événements de la vie ; elles montraient qu'il est naturel qu'ils se produisent ainsi et, puisqu'ils nous charment quand ils sont représentés sur la

1. Dalfen, en suivant d'autres éditeurs, considère que cette référence aux Chrétiens n'est pas de Marc-Aurèle mais est une glose marginale intégrée au texte.

scène, que vous ne devez pas en être accablés quand ils arrivent sur une scène plus vaste. | Vous voyez en effet que 2
c'est ainsi qu'ils doivent s'accomplir, et que les supportent même ceux qui s'écrient : « Ah ! Cithéron »[1] | Et les auteurs 3
dramatiques disent parfois des choses utiles ; ainsi avant tout ces vers fameux :

> Si j'ai été abandonné par les dieux, moi avec mes deux enfants,
> Cela même a sa raison.[2]

Et encore :

> Il ne faut pas s'irriter contre les difficultés.

Et :

> Moissonner la vie comme un épi mûr.

Et tous ceux du même genre.

| Après la tragédie, apparut sur scène l'ancienne 4
comédie, qui possédait une liberté de parole pleine d'enseignements et qui, précisément par sa franchise, rappelait utilement à la modestie ; c'est dans un but semblable que Diogène[3] lui emprunta ce moyen.

| Après elle, on a accueilli – mais dans quel but ? – la 5
comédie moyenne, et finalement la comédie nouvelle, laquelle dégénéra peu à peu en ingénieuse technique d'imitation. | Que ces auteurs aient eux aussi dit des choses 6
utiles, on le sait ; mais prise dans son ensemble, l'entreprise

1. Parole d'Œdipe dans l'*Œdipe roi* de Sophocle, v. 1391. Le Cithéron est une chaîne de montagne au nord de l'Attique. Œdipe y avait été abandonné par son père et regrette à présent d'avoir eu la vie sauve.

2. Ces vers et les suivants ont été cités déjà ci-dessus, VII, 41 ; 38 ; 40.

3. La notion de « franchise, franc-parler » est traditionnellement rattachée à la posture cynique ; *cf.* Diogène Laërce VI, 69, où Diogène le Cynique affirme qu'elle est « ce qu'il y a de plus beau au monde » (trad. Goulet-Cazé).

consistant à produire ce genre de poésie et de composition dramatique, quel but pouvait-elle bien servir ?

7. Comme il est évident à tes yeux qu'il n'existe pas de système de vie aussi favorable à la pratique de la philosophie que celui qui est actuellement le tien !

8. Un rameau coupé du rameau auquel il tient ne peut
pas ne pas être coupé en même temps de l'arbre entier.
2 | De la même manière, un homme séparé d'un seul homme
se trouve lui aussi détaché de l'ensemble de la société.
3 | Mais le rameau, c'est un autre qui le coupe, alors que
l'homme s'isole lui-même de son prochain quand il le hait
et se détourne de lui ; il ignore qu'en même temps il s'est
retranché de la cité entière.

4 | Il y a une différence néanmoins, et c'est le beau cadeau
que nous a fait celui qui a constitué la société, Zeus : à
nous il est possible de nous attacher de nouveau à notre
voisin et de devenir de nouveau partie intégrante du tout.
5 | Cependant, si une telle séparation se répète souvent, le
membre qui s'est éloigné a du mal à refaire l'union et à la
6 reconstituer. | De toute façon, le rameau qui depuis le début
a poussé avec l'arbre et reste animé de la même vie n'est
pas comparable à celui qui est de nouveau attaché par une
greffe après avoir été coupé, quoi qu'en disent les jardiniers.

7 | Croître avec le tronc, mais sans avoir les mêmes
principes.

9. Les gens qui te barrent le chemin quand tu avances
selon la droite raison ne pourront pas te détourner de bien
agir ; que de même ils ne te dissuadent pas d'être bienveillant
envers eux. Fais preuve de la même vigilance dans les
deux cas : non seulement pour rester ferme dans ton
jugement et ton action, mais aussi pour te comporter avec
2 douceur envers ceux qui tentent de te faire obstacle. | Ce
serait en effet faiblesse que de se fâcher contre eux, tout

autant que de renoncer à ton action et de céder à la crainte ; ils sont l'un et l'autre également déserteurs, celui qui tremble et celui qui s'est rendu étranger à l'être qui par nature est son parent et son ami.

10. Aucune nature n'est inférieure à l'art ; car les arts
imitent les natures. | S'il en est ainsi, la nature qui de toutes 2
est la plus parfaite et la plus englobante ne saurait être
dépassée en habileté technique. | Or tous les arts produisent 3
les œuvres inférieures en vue des supérieures[1] ; il en va de
même par conséquent pour la nature commune. | De là 4
naît la justice, et d'elle procèdent toutes les autres vertus. La justice ne sera pas sauve si nous ne sommes pas indifférents aux choses intermédiaires, ou si nous sommes facilement trompés, précipités ou versatiles.

11. Elles ne viennent pas vers toi, les choses qui te troublent quand tu les poursuis ou les fuis, mais c'est toi qui en quelque manière viens vers elles ; juge-les donc avec calme et elles resteront immobiles, et on ne te verra ni les poursuivre ni les fuir.

12. La sphère de l'âme resplendit quand elle ne s'étend pas vers un objet, ne se replie pas sur elle-même, ne s'exalte ni ne s'affaisse, mais est éclairée d'une lumière par laquelle elle voit la vérité, celle de toutes choses et la vérité en elle.

13. Un tel me méprisera ? Ce sera son affaire ; mon
affaire à moi est qu'on ne me trouve pas en train de faire
ou de dire quelque chose de méprisable. | Il me haïra ? Ce 2
sera son affaire ; moi je serai bienveillant et bien disposé envers tout le monde, envers lui en particulier, prêt à lui montrer qu'il se trompe ; et cela sans l'injurier ni me vanter de le supporter, mais sincèrement et avec bonté – à l'instar

1. *Cf.* V, 16, 5 ; V, 30 ; VII, 55, 2.

du célèbre Phocion[1], si du moins son attitude n'était pas
3 feinte. | Voilà ce que doivent être nos dispositions intérieures, et il faut montrer aux dieux un homme que
4 rien n'irrite et qui ne se plaint pas. | Quel mal y aurait-il pour toi, en effet, si de ton côté tu fais en ce moment ce qui est approprié à ta nature et si tu acceptes ce qui en ce moment est opportun pour la nature universelle, posté que tu es à cette place pour qu'advienne par un moyen ou un autre ce qui est dans l'intérêt commun ?

14. Ils se méprisent les uns les autres, et ils cherchent mutuellement à se plaire ; ils veulent être supérieurs les uns aux autres, et ils se cèdent mutuellement le pas.

15. Comme il est vicieux et hypocrite de dire : « J'ai
2 préféré me comporter franchement avec toi. » | Homme,
3 que fais-tu ? C'est ce qu'il ne faut pas annoncer. | La chose paraîtra d'elle-même ; cela doit être écrit sur ton front, le son de la voix le révèle immédiatement, cela se montre immédiatement dans les yeux, comme l'aimé comprend
4 tout immédiatement dans le regard de ses amants. | En somme, l'homme sincère et bon doit ressembler à celui qui sent le bouc, de sorte que le passant, qu'il le veuille ou non, sente ce qu'il en est dès qu'il s'approche. Mais la
5 sincérité affectée est une épée <cachée>. | Rien de plus honteux qu'une amitié de loup, évite-la plus que tout.
6 | L'homme bon, sincère et bienveillant porte ces qualités dans ses yeux et elles n'échappent à personne.

16. Passer sa vie de la plus belle façon : c'est un pouvoir que l'âme possède en elle, pour peu qu'on reste indifférent
2 aux choses indifférentes. | Et l'on sera indifférent si l'on

1. Homme politique et général athénien (vers 402-318 avant J.-C.). Voir Plutarque, *Vie de Phocion*, 36, où l'auteur décrit la dignité dont Phocion fit preuve, même face aux insultes, à l'approche de sa mort (accusé à tort de trahison, il fut exécuté par les Athéniens).

considère chacune d'elles en l'analysant à la fois dans ses parties et dans son tout ; si l'on se souvient qu'aucune d'elles ne détermine en nous d'opinion sur elle ni ne vient nous trouver ; qu'au contraire les choses restent immobiles, que c'est nous qui engendrons les jugements sur elles, qui pour ainsi dire les inscrivons en nous alors qu'il est possible de ne pas le faire et, même si elles s'inscrivent à notre insu, de les effacer aussitôt.

| Si ces choses sont conformes à la nature, accueille-les 3
avec joie et elles seront faciles pour toi ; si elles sont contraires à la nature, demande-toi ce qui pour toi est conforme à ta nature et recherche-le avec zèle, même si c'est un objectif sans éclat ; car on se montre toujours indulgent pour celui qui cherche son bien.

17. Examiner l'origine de chaque chose, de quels éléments chacune est constituée, en quoi elle se transforme, ce qu'elle sera une fois transformée et considérer qu'elle n'en subira aucun mal.

18. Considère premièrement quel est le rapport entre eux et moi, que nous sommes nés les uns pour les autres, que d'un autre point de vue je suis né pour être à leur tête, comme l'est le bélier à la tête de son troupeau et le taureau
à la tête du sien. | Mais remonte plus haut, à partir de ce 2
principe : s'il n'y a pas d'atomes, c'est une nature qui gouverne l'univers ; s'il en est ainsi, les êtres inférieurs sont faits en vue des êtres supérieurs, et ces derniers les uns pour les autres.

| Considère deuxièmement comment ils se comportent 3
à table, au lit, etc. ; mais surtout quelles contraintes découlent de leurs principes, et avec quel orgueil ils accomplissent précisément ces actions.

4 Troisièmement, que s'ils font tout cela correctement,
il ne faut pas se fâcher, et s'ils n'agissent pas correctement,
que c'est de toute évidence contre leur gré et par ignorance.
5 De la même manière que c'est toujours malgré elle que
l'âme est privée de vérité, c'est de même malgré elle qu'elle
est privée de la capacité de traiter chacun selon son mérite.
6 De fait, ils supportent mal d'entendre qu'on les dise
injustes, ingrats, avides, en un mot sujets à commettre des
fautes envers le prochain.

7 Quatrièmement, prends en considération que toi aussi
tu commets beaucoup de fautes et que tu es comme eux ;
et que si tu t'abstiens de certaines fautes, tu es malgré tout
enclin à les commettre, même si ta lâcheté, le souci de ta
réputation ou un vice de ce genre font que tu t'abstiens de
pareilles fautes.

8 Cinquièmement, prends en compte que tu n'es pas
même certain qu'ils commettent des fautes, car de
nombreuses actions sont accomplies dans un souci de
9 bonne gestion.[1] Et d'une manière générale, qu'il faut au
préalable savoir beaucoup de choses pour se prononcer en
connaissance de cause sur une action d'autrui.

10 Sixièmement, lorsque tu t'indignes ou t'affliges outre
mesure, songe que la vie humaine ne dure qu'un instant
et qu'à brève échéance nous serons tous étendus sous terre.

11 Septièmement, que ce ne sont pas leurs actions qui
nous troublent (elles ont leur siège dans leur principe
12 directeur à eux), ce sont nos propres opinions. Supprime
par conséquent le jugement qui te les fait redouter, rejette-le
13 résolument, et voilà ta colère envolée. Comment le

1. Pour notre traduction d'οἰκονομία par « bonne gestion », voir la traduction de C. Dalimier et sa note p. 278. Marc-Aurèle paraît vouloir dire qu'il faut éviter de juger trop vite, parce que les hommes qui semblent faire des fautes obéissent peut-être à un plan réfléchi.

supprimer ? En réfléchissant au fait qu'il n'y a en cela rien de honteux pour ce qui te concerne ; car s'il n'est pas vrai que seul ce qui est honteux soit mal, tu commets nécessairement toi aussi bien des fautes, tu es un brigand, un homme capable de tout.

| Huitièmement, songe à quel point la colère et 14
l'affliction que nous éprouvons en ces circonstances sont
plus pénibles que les actes mêmes qui excitent en nous
colère et affliction.

| Neuvièmement, que la bienveillance est invincible si 15
elle est sincère, sans grimaces ni comédie. | Que te fera 16
l'homme le plus violent si tu persistes à te montrer
bienveillant envers lui et si, quand l'occasion se présente,
tu l'avertis avec douceur, si tu l'instruis tranquillement
pour le corriger dans le moment même où il essaie de te
faire du mal ? « Non, mon enfant ; c'est pour autre chose
que nous sommes nés. Pour moi, aucun risque que tu me
fasses du mal, c'est à toi que tu en fais, mon enfant. »
| Montre-lui, clairement et d'un point de vue général, qu'il 17
en est bien ainsi, que les abeilles n'agissent pas non plus
ainsi ni aucun des animaux qui par nature vivent en troupes.
| Il faut faire cela sans ironie, sans injure, mais affectueuse- 18
ment et sans aigreur au fond de toi, non comme si on était
à l'école, et pas non plus pour être admiré de l'assistance,
mais en t'adressant à lui seul même si d'autres personnes
sont présentes.

| Souviens-toi de ces neuf points capitaux comme si 19
les Muses t'en avaient fait cadeau, et commence enfin à
être un homme tant que tu es en vie. | Non moins que de 20
la colère, il faut te garder de la flatterie envers eux ; l'une
et l'autre sont contraires à la sociabilité et nocives. | Dans 21
tes colères, aie présent à l'esprit que l'indignation n'est
pas virile, mais que la douceur et la politesse sont plus

humaines et par là plus viriles ; que force, vigueur et virilité appartiennent à celui qui possède ces qualités de douceur et de politesse, et non à celui qui s'indigne et se fâche.
22 | Plus on s'approche de l'impassibilité, en effet, plus on
23 s'approche de la force. | Tout comme l'affliction, la colère appartient au faible ; l'une et l'autre blessent et provoquent un relâchement.

24 | Si tu veux bien, reçois encore du Musagète[1] un dixième présent : attendre des méchants qu'ils ne commettent pas de fautes, c'est folie car c'est désirer
25 l'impossible. | Et permettre aux gens d'être tels mais attendre d'eux qu'ils ne commettent pas de fautes contre toi, c'est ignorance et tyrannie.

19. Il y a avant tout quatre altérations du principe directeur dont tu dois constamment te garder ; dès que tu les auras prises sur le fait, il faut les effacer en te disant pour chacune : « Cette image n'est pas nécessaire ; cette autre entraîne un relâchement des liens sociaux ; cette parole que tu t'apprêtes à dire ne vient pas de toi » (car dire quelque chose qui ne vient pas de toi, compte cela
2 parmi les choses les plus absurdes). | La quatrième altération que tu te reprocheras, c'est celle qui constitue une défaite et une soumission de la partie la plus divine de toi-même à la partie la moins estimable et mortelle, à savoir au corps et à ses grossières manières d'être.

20. Tout l'élément aérien et tout l'élément igné qui entrent dans le mélange qui te constitue ont beau tendre naturellement vers le haut, ils obéissent néanmoins à l'ordre de l'univers et restent contenus ici-bas dans le composé.
2 | Tout l'élément terrestre et tout l'élément humide qui sont en toi ont beau tendre vers le bas, ils s'élèvent néanmoins

1. « Conducteur des Muses », épithète d'Apollon.

et gardent une place qui n'est pas la leur. | Ainsi même les 3
éléments obéissent à l'univers une fois qu'ils ont été rangés
à une certaine place, et ils y restent sans discontinuer
jusqu'à ce que leur soit donné d'en haut le signal de la
dissolution.

| N'est-il pas étrange, par suite, que seule la partie 4
intellectuelle de toi-même désobéisse et s'indigne de la
place qui lui est assignée ? Pourtant on ne lui fait sentir
aucune violence, tout ce qu'on lui impose est conforme à
sa nature. Mais elle ne le supporte pas et tend à faire le
contraire. | Car le mouvement qui la porte aux actes 5
injustes, intempérants, à ceux dictés par la colère, le chagrin
ou la peur n'est rien d'autre que le mouvement de celui
qui s'éloigne de la nature. | Et quand le principe directeur 6
se fâche contre un événement, là encore il abandonne son
poste. Car il a été constitué pour la piété et le culte des
dieux non moins que pour la justice. | Ces vertus 7
appartiennent elles aussi au domaine de la sociabilité, ou
plutôt elles sont encore plus augustes que la pratique de
la justice.

21. Celui qui ne fixe pas à sa vie un but unique et
toujours le même ne peut pas être un et le même sa vie
entière. | Pourtant ce que je viens de dire ne suffit pas si 2
on n'ajoute pas ce que doit être ce but. | En effet, si les 3
hommes ne s'accordent pas sur tout ce que la plupart,
d'une manière ou d'une autre, regardent comme des biens,
ils sont néanmoins d'accord sur certains de ces biens, à
savoir ceux qui regardent l'intérêt commun ; d'après ce
constat, c'est ce but, celui qui a trait à la société et à la vie
de la cité qu'il faut se fixer. | Celui qui oriente vers ce but 4
toutes les initiatives qui lui sont propres fera que toutes
ses actions se ressembleront, et ainsi il sera toujours le
même.

22. Le rat des montagnes et le rat de maison ; la frayeur du premier et sa fuite précipitée[1].

23. Socrate appelait les croyances populaires des croquemitaines, des épouvantails pour les enfants[2].

24. Dans leurs fêtes, les Lacédémoniens disposaient des bancs à l'ombre pour les étrangers, et eux-mêmes s'asseyaient n'importe où.

25. Socrate disait à Perdiccas[3], pour expliquer pourquoi il ne se rendrait pas chez lui : « C'est pour ne pas mourir de la pire des morts ; » c'est-à-dire : pour éviter de recevoir un bienfait sans pouvoir rendre la pareille.

26. Dans les écrits des Épicuriens se trouvait ce précepte : se rappeler sans cesse un des anciens qui ont pratiqué la vertu[4].

27. Les Pythagoriciens : dès l'aurore, lever les yeux vers le ciel afin de se rappeler ces êtres qui accomplissent leur œuvre toujours selon les mêmes lois et de la même
2 manière, leur bon ordre, leur pureté, leur nudité. | Un astre,
en effet, aucun voile ne le cache.

28. Comment se comporta Socrate une fois revêtu de la peau de mouton, lorsque Xanthippe sortit après s'être emparée de son vêtement ; et ce que dit Socrate à ses amis qui avaient honte et se retiraient quand ils le virent ainsi accoutré[5].

1. *Cf.* Ésope, *Fables*, 243 Chambry ; Horace, *Satires*, II, 6, 79 *sq.*
2. Dans les passages de Platon et d'Épictète auxquels renvoient les érudits, on ne trouve pas le mot Λάμια pour « croquemitaine », mais μορμολύκειον (*Phédon*, 77e ; *Entretiens*, II, 1, 15), μορμολυκεία (*Entretiens*, II, 1, 16), μορμολύττομαι (*Criton*, 46c ; cf. *Gorgias*, 473d).
3. En fait Archélaos, fils de Perdiccas ; *cf.* Diogène Laërce, II, 5, 25 ; Sénèque, *Des bienfaits*, V, 6, 2.
4. *Cf.* Sénèque, *Lettres*, 11, 8 = Épicure, fr. 210 Usemer.
5. *Cf.* Diogène Laërce, II, 37.

29. Dans l'art d'écrire comme dans celui de lire, tu ne seras pas un guide avant d'avoir été guidé. À plus forte raison dans l'art de vivre.

30. « Tu es né esclave, tu n'as point part à la raison. »[1]

31. « Je me suis mis à rire tout bas. »[2]

32. « Ils blâmeront le mérite avec des mots durs à entendre. »[3]

33. « Chercher une figue en hiver, c'est folie ; est pareillement fou celui qui cherche son enfant quand ce n'est plus permis. »[4]

34. Quand on embrasse son enfant, disait Épictète[5], il faut ajouter en soi-même : « Demain peut-être tu mourras. » – « Mais ce sont des paroles de mauvais augure ! » Il n'y a là aucune parole de mauvais augure, répondait-il, mais l'indication d'une œuvre de la nature ; ou alors il est de mauvais augure aussi de parler de la moisson des épis.

35. Raisin vert, raisin mûr, raisin sec : tout est transformation, non vers le néant mais vers ce qui actuellement n'est pas[6].

36. Pour la faculté de choix il n'existe pas de voleur[7].

37. Il affirmait qu'il faut découvrir l'art de donner son assentiment et, dans le thème[8] des impulsions, qu'il faut veiller à rester attentif, de manière à ce qu'elles comportent une clause d'exception, qu'elles soient utiles à la société

1. Vers d'un tragique inconnu (fr. 304 Nauck^2).

2. *Odyssée*, IX, 413 (Ulysse, après avoir abusé Polyphème en prétendant s'appeler Personne).

3. Hésiode, *Les travaux et les jours*, 186 (avec de légères différences).

4. *Cf.* Épictète, *Entretiens*, III, 86-87.

5. *Cf.* Épictète, *Entretiens*, III, 24, 88-91.

6. *Cf.* Épictète, *Entretiens*, III, 24, 91-93.

7. Épictète, *Entretiens*, III, 22, 105.

8. « Thème » ici dans le sens de partie de l'enseignement de la philosophie.

2 et conformes à la valeur des choses. | Quant au désir, il faut s'en abstenir tout à fait, et ne manifester d'aversion pour aucune des choses qui ne dépendent pas de nous[1].

38. L'enjeu du combat n'est pas une chose quelconque, disait-il, mais il s'agit d'être fou ou de ne pas l'être[2].

39. Socrate disait : « Que voulez-vous ? Avoir des âmes d'êtres doués de raison ou d'êtres privés de raison ? – D'êtres doués de raison. – Parmi ces derniers, d'êtres sains ou d'êtres corrompus ? – D'êtres sains. – Pourquoi alors ne cherchez-vous pas à avoir ces âmes-là ? – Parce que nous les avons. – Dans ce cas, pourquoi ces luttes, ces dissensions ? »

1. Épictète, fr. 27 Schenkl.
2. Épictète, fr. 28 Schenkl.

LIVRE XII

1. Tout ce que tu souhaites atteindre par un long détour,
tu peux l'avoir dès maintenant si tu ne te le refuses pas à
toi-même. | C'est-à-dire : si tu laisses le passé derrière toi, 2
confies l'avenir à la providence et, ne t'intéressant qu'au
présent, te tournes vers la piété et la justice. | Vers la piété, 3
afin de chérir la part qui t'a été assignée, car la nature te
l'a destinée à toi et toi à elle. | Vers la justice, pour dire la 4
vérité librement et sans détour, et agir en conformité avec
la loi et selon le mérite <de chacun>. Ne te laisse entraver
ni par la méchanceté, le jugement ou les paroles d'autrui,
ni certes par la sensation issue de la faible chair condensée
autour de toi; car cela regarde la partie affectée par la
sensation. | Si par conséquent, quand vient le moment de 5
ton départ, tu laisses de côté tout le reste pour n'accorder
de valeur qu'à ton principe directeur et à la part divine qui
est en toi, et si tu crains non de cesser de vivre mais de
n'avoir jamais commencé à vivre selon la nature, alors tu
seras un homme digne du monde qui t'a engendré et tu
cesseras d'être un étranger dans ta patrie, de t'étonner des
événements quotidiens comme s'ils étaient inattendus, et
de dépendre de ceci ou cela.

2. Le dieu voit tous les principes directeurs dans leur
nudité, sous leur enveloppe matérielle, leur écorce et leurs
impuretés; n'étant qu'intelligence, il n'est en contact
qu'avec les réalités qui émanent de lui et se répandent de
lui vers elles. | Si tu t'habitues toi aussi à faire cela, tu te 2

3 délivreras de beaucoup d'embarras. | Car celui qui ne
regarde pas aux morceaux de chair qui l'enveloppent
perdra-t-il son temps à s'intéresser aux vêtements, à la
maison, à la renommée, à toutes ces apparences et ce décor
de théâtre ?

3. Les choses qui te constituent sont au nombre de
2 trois : le faible corps, le faible souffle, l'intelligence. | De
ces trois, les deux premières ne sont à toi qu'en tant que
tu dois en prendre soin ; la troisième seule est proprement
3 tienne. | Par suite, si tu sépares de toi-même, c'est-à-dire
de ta pensée, tout ce que font ou disent les autres, tout ce
que toi-même tu as fait ou dit, toutes les choses qui te
tourmentent parce qu'elles sont à venir, toutes celles qui
te sont jointes mais, parce qu'elles appartiennent au faible
corps qui t'enveloppe ou au faible souffle qui t'est inné,
échappent à ton choix, toutes celles que le tourbillon du
monde extérieur qui t'entoure entraîne en son circuit, de
sorte que, soustraite au destin, ta force intelligente, pure
et indépendante vive pour elle-même, pratiquant la justice,
4 consentant aux événements et disant la vérité ; | si, dis-je,
tu écartes de ton principe directeur tout ce qui dépend de
la passion ainsi que tout ce qui vient après le temps présent
ou est déjà passé, et si tu fais de toi, comme dit Empédocle

> Une sphère bien arrondie, joyeuse de la solitude qui l'entoure[1],

si tu te préoccupes de vivre uniquement ce que tu es en train de vivre, à savoir le présent, alors tu pourras passer le temps qui te reste jusqu'à la mort sans trouble, avec bienveillance et en bons termes avec ton démon.

1. L'expression « qui l'entoure » traduit le mot περιηθεῖ, attesté uniquement par la tradition manuscrite de ce passage de Marc-Aurèle. De nombreux éditeurs le corrigent à partir d'autres témoignages de ce fr. d'Empédocle (fr. B 27 et 28 Diels-Kranz).

4. Souvent je me suis demandé avec étonnement
comment il se fait que, tout en s'aimant soi-même plus
que tout, chacun accorde pourtant moins de poids à son
propre jugement qu'à celui des autres. | En tout cas, si un 2
dieu ou un maître sage apparaissait à côté de quelqu'un et
lui demandait de ne rien concevoir et penser à part lui sans
le proférer en même temps à haute voix, il ne le supporterait
pas même un seul jour. | Ainsi nous craignons plus ce que 3
le prochain pensera de nous que ce que nous en pensons
nous-mêmes.

5. Comment se fait-il que les dieux qui ont tout ordonné
avec sagesse et bonté pour les hommes aient négligé ce
seul point : que des hommes parfaitement vertueux, qui
ont pour ainsi dire conclu avec la divinité un grand nombre
de pactes, qui sont devenus au plus haut point familiers
de la divinité grâce à leurs actions pieuses et au culte qu'ils
lui rendent, que ces hommes, après leur mort, ne reviennent
pas à la vie mais soient complètement éteints ? | Puisqu'en 2
fait il en est ainsi, sache bien qu'au cas où il aurait dû en
aller autrement, ils l'auraient fait. | Car si cela avait été 3
juste, cela aurait aussi été possible, et si cela avait été
conforme à la nature, la nature l'aurait réalisé. | Du fait 4
qu'il n'en est pas ainsi – s'il est bien vrai qu'il n'en est
pas ainsi – sois persuadé qu'il ne fallait pas qu'il en fût
ainsi. | Tu te rends toi-même compte qu'en posant cette 5
question déplacée tu intentes un procès au dieu ; or nous
ne pourrions pas discuter ainsi avec les dieux s'ils n'étaient
pas parfaitement bons et justes. | Cela admis, ils ne seraient 6
pas restés indifférents, au mépris de la justice et de la
raison, au fait que quelque chose ait été négligé dans
l'ordonnance du monde.

6. Habitue-toi aussi à tout ce que tu désespères de
réussir. | La main gauche, paresseuse pour tout ce à quoi 2

elle n'est pas habituée, tient les rênes avec plus de force que la droite : c'est qu'elle en a pris l'habitude.

7. En quelles dispositions de corps et d'âme il faut être quand la mort nous saisit ; la brièveté de la vie, le gouffre du temps derrière et devant soi, la fragilité de toute matière.

8. Considérer les causes dépouillées de leurs écorces ; les fins auxquelles les actions se rapportent ; ce que sont la peine, le plaisir, la mort, la gloire ; à qui attribuer la responsabilité de ses propres embarras ; en quel sens personne n'est entravé par autrui ; que tout est opinion.

9. Dans l'usage des principes, il faut prendre pour modèle le lutteur de pancrace et non le gladiateur. Car ce dernier est tué s'il laisse tomber l'épée dont il se sert, mais l'autre dispose toujours de sa main et n'a qu'à serrer le poing.

10. Voir ce que sont les choses en elles-mêmes en distinguant la matière, la cause et la fin à laquelle elles se rapportent.

11. L'homme a le pouvoir de ne rien faire d'autre que ce dont le dieu le louera, et d'accueillir tout ce que le dieu lui donne en partage.

12. Il ne faut pas s'en prendre aux dieux car, de plein gré ou contre leur gré, ils ne commettent aucune faute ; ni non plus aux hommes, car c'est toujours contre leur gré qu'ils les commettent. Il ne faut donc s'en prendre à personne.

13. Comme est ridicule et étranger <à ce monde>, celui qui s'étonne de quoi que ce soit de ce qui arrive dans la vie !

14. Ou nécessité et ordre inviolable, ou providence accessible aux supplications, ou chaos livré au hasard et
2 sans guide. | Si c'est une nécessité inviolable, pourquoi

résister ? | Si c'est une providence sensible aux supplications, 3
rends-toi digne de l'assistance du dieu. | Si c'est un chaos 4
sans direction, réjouis-toi de posséder en toi-même, au
milieu d'un pareil tourbillon, une intelligence qui te dirige.
| Et même si le tourbillon t'emporte, qu'il emporte la faible 5
chair, le faible souffle et tout le reste : l'intelligence, il ne
l'emportera pas.

15. La lumière de la lampe brille jusqu'à ce qu'elle s'éteigne, sans perdre son éclat ; mais la vérité, la justice et la tempérance qui sont en toi vont s'éteindre avant toi ?

16. À propos de celui qui te donne à croire qu'il a commis une faute : « Comment sais-je, en fait, si c'est une faute ? » Et si faute il y a : « Il s'est condamné lui-même » ; c'est comme s'il s'écorchait la figure lui-même.

| Celui qui n'admet pas que le méchant commette des 2
fautes ressemble à celui qui n'admet pas que le figuier
produise du suc dans les figues, que les nouveau-nés
vagissent, que le cheval hennisse, ni qu'adviennent toutes
les autres choses nécessaires de ce genre. | Que peut-on 3
supporter quand on est dans un tel état d'esprit ? Par
conséquent, si tu es exaspéré, guéris-toi de cet état.

17. S'il ne convient pas que tu le fasses, ne le fais pas ;
si ce n'est pas vrai, ne le dis pas. | Sois ferme quand tu 2
t'apprêtes à agir.

18. Toujours voir ce qu'est en lui-même l'objet qui produit en toi la représentation, et l'expliquer en distinguant en lui ce qui est causal, ce qui est matériel, la fin à laquelle il se rapporte, la durée au bout de laquelle il devra cesser d'exister.

19. Rends-toi compte une bonne fois que tu as en toi quelque chose de meilleur et de plus divin que ces choses qui provoquent les passions et, en un mot, te manipulent

2 comme une marionnette. | Qu'est donc ma pensée en ce
moment ? Peur ? Soupçon ? Désir ? Autre chose de même
farine ?

20. En premier lieu, ne rien faire au hasard et sans but.
2 | Deuxièmement, ne rapporter ses actions à aucune autre
fin que le bien commun.

21. Songe que dans peu de temps tu ne seras plus
personne, tu ne seras plus nulle part, tu ne compteras plus
parmi les objets que tu vois maintenant ni parmi les
2 individus qui vivent maintenant. | Car il est dans la nature
de toutes choses de changer, de se modifier, de se corrompre
pour que d'autres leur succèdent.

22. Songe que tout est opinion[1], et qu'elle dépend de toi. Supprime donc l'opinion quand tu le veux, et comme pour le navire qui vient de doubler le cap, c'est le calme plat, l'immobilité totale, le golfe à l'abri des vagues.

23. Une activité particulière, quelle qu'elle soit, qui
s'arrête au bon moment ne souffre d'aucun mal du fait de
s'être arrêtée ; et l'auteur de cette action n'a lui non plus
2 subi aucun mal de cet arrêt. | Il en va de même, par
conséquent, de l'ensemble constitué de toutes les actions,
c'est-à-dire de la vie : si elle prend fin au bon moment,
elle ne subit aucun mal du fait d'avoir pris fin, et celui qui
a mis fin au bon moment à cet enchaînement <d'actions>
3 n'en souffre pas non plus. | Or le bon moment, en
l'occurrence le terme, c'est la nature qui le fixe, tantôt la
nature particulière qui se manifeste dans la vieillesse, et
dans tous les cas la nature universelle, dont les parties se
transforment et maintiennent ainsi le monde dans son
4 ensemble toujours jeune et vigoureux. | Et ce qui est
avantageux pour l'ensemble est toujours beau et arrive

1. Voir plus haut II, 15.

toujours à point nommé. | Pour chacun de nous, par 5
conséquent, la cessation de la vie n'est pas un mal, car elle
n'est pas un sujet de honte s'il est vrai qu'elle échappe à
notre choix et n'est pas contraire au bien commun ; elle
est un bien au contraire puisqu'elle arrive au bon moment
pour l'univers, lui est avantageux et s'accorde avec lui.
| De la sorte, en effet, celui qui par réflexion se porte selon 6
les mêmes voies que le dieu aux mêmes fins que les siennes
s'avère être conduit par le souffle divin.

24. Voici trois points qu'il faut garder à l'esprit. En ce
qui concerne d'abord tes actions, voir si tu n'agis pas au
hasard ni autrement que la justice elle-même les aurait
accomplies ; et pour ce qui est des événements extérieurs,
savoir qu'ils dépendent soit de la fortune soit de la
providence, et qu'il ne faut ni blâmer la fortune ni faire
des remontrances à la providence. | Deuxième point : savoir 2
ce qu'est chaque être depuis le germe jusqu'à l'apparition
de l'âme, puis de l'arrivée de l'âme jusqu'à sa restitution ;
de quels éléments il est composé et en quels éléments il
sera dissous. | Troisième point : en supposant que tu sois 3
élevé dans les airs et contemples d'en haut les affaires
humaines dans leur diversité, comprendre que tu les
mépriserais en voyant d'un même coup d'œil combien est
vaste le séjour qu'habitent les êtres de l'air et ceux de
l'éther ; et qu'à chaque fois que tu serais élevé de cette
façon, tu verrais le même spectacle, son uniformité, sa
brièveté. | Et c'est de cela qu'on s'enorgueillit ! 4

25. Jette l'opinion dehors : te voilà sauvé ! Qui donc t'empêche de la jeter dehors ?

26. Quand tu te fâches de quelque chose, c'est que tu as oublié que tous les événements se produisent conformément à la nature de l'univers ; que la faute est celle d'un autre ; en outre que tout ce qui arrive est toujours arrivé

de cette façon, arrivera toujours ainsi et arrive en ce moment partout. Tu as oublié encore combien est étroite la parenté de l'homme avec le genre humain tout entier, non en vertu d'une communauté de sang ou de semence, mais d'une
2 communauté d'intelligence. | Tu as oublié aussi que l'intelligence de chacun est un dieu[1] et qu'elle émane d'en haut ; que rien n'appartient en propre à personne, mais que son petit enfant, son faible corps, sa petite âme elle-même sont venus de là-haut ; que tout est opinion ; que chacun ne vit que dans le présent et ne perd que lui.

27. Passer constamment en revue ceux qui s'indignent de manière excessive pour une raison quelconque, ceux qui ont atteint le comble des honneurs ou des malheurs, des inimitiés ou des fortunes les plus diverses, et se demander ensuite : où est tout cela à présent ? Fumée,
2 cendre, légende, ou pas même légende. | Représente-toi aussi tous les cas du genre suivant : Fabius Catullinus dans son champ, Lusius Lupus dans ses jardins, Stertinius à Baïes, Tibère à Capri, Velius Rufus[2], bref tous ceux qui se distinguaient en quoi que ce soit en ayant une haute opinion d'eux-mêmes. Tous ces efforts pour si peu de choses ! Combien il est plus digne d'un philosophe, dans les circonstances qui lui sont offertes, de se montrer juste,

1. Cette phrase, répertoriée comme un fragment d'Euripide (1018 Nauck[2]), a été abondamment reprise dans l'Antiquité ; *cf.* notamment Cicéron, *Tusculanes*, I, 65 qui cite explicitement Euripide en disant qu'il a osé dire que l'âme est un dieu (*deus*), tandis que Cicéron lui-même se limite à la considérer comme divine (*divinus*, *sc. animus*). Chez Marc-Aurèle, *cf.* entre autres III, 5, 2.

2. Le premier nommé était consul en 130 (identique au Fabius mentionné en IV, 53, 3 ?) ; Lusius Lupus est inconnu ; Stertinius est peut-être l'homme connu comme général actif sous Germanicus ; Velius Rufus est sans doute l'homme mentionné par Fronton dans sa correspondance (*Lettres aux amis*, I, 11).

tempérant, docile aux dieux avec simplicité. | Car l'orgueil 3
qui s'enorgueillit de sa modestie est le pire de tous.

28. À ceux qui demandent : « Où as-tu vu les dieux et d'où as-tu tiré l'idée qu'ils existent pour les vénérer ainsi ? » – D'abord, ils sont visibles à nos yeux ; ensuite, quoi qu'il en soit, je n'ai pas non plus vu mon âme et pourtant je l'honore. De même pour les dieux : de l'expérience qu'en toute occasion je fais de leur puissance, je comprends qu'ils existent et je les révère.

29. Salut de la vie : voir de façon complète ce qu'est
chaque chose en elle-même, ce qui en elle est matériel, ce
qui est causal. | De toute son âme pratiquer la justice et 2
dire la vérité. | Que reste-t-il d'autre que de tirer parti de 3
la vie en enchaînant une bonne action à l'autre sans laisser
entre elles le moindre intervalle ?

30. Une est la lumière du soleil, même si elle est
fragmentée par des murs, des montagnes et mille autres
obstacles. | Une est la substance commune, même si elle 2
est fragmentée en des milliers de corps ayant chacun une
qualité individuelle propre[1]. | Une est l'âme, même si elle 3
est fragmentée en des milliers de natures ayant leurs limites
propres. | Une est l'âme intelligente, même si elle paraît 4
divisée. | Or les diverses parties des êtres dont je viens de 5
parler, par exemple les souffles vitaux et les substrats
matériels, sont privés de sensibilité et sans liens de parenté
entre elles ; elles sont pourtant elles aussi maintenues
ensemble par la force de cohésion et le poids qui les entraîne
vers le même point. | La pensée au contraire a la particularité 6
de tendre vers ce qui lui est apparenté, de s'unir à lui, et
sa passion pour la sociabilité ne connaît pas d'obstacle.

1. Voir p. 142, la note à IX, 25.

31. Que recherches-tu ? Continuer à vivre ? Mais cela
veut-il dire sentir, te porter à l'action, grandir pour ensuite
cesser de le faire, user de la parole, penser ? Qu'y a-t-il
2 dans tout cela, selon toi, qui vaille d'être désiré ? | Si au
contraire chacune de ces choses est parfaitement méprisable,
viens-en enfin à obéir à la raison et au dieu ; mais il est
contradictoire d'attacher du prix à cette obéissance et d'être
accablé à l'idée que la mort doit nous priver d'une des
choses en question.

32. Combien de parties de l'abîme infini du temps
ont-elles été départies à chacun ? C'est qu'elles disparaissent
2 dans l'éternité en un instant ! | Combien de partie de la
substance universelle ? Combien de partie de l'âme
universelle ? Sur combien de mottes de la terre prise en
3 totalité te traînes-tu ? | Songe à tout cela et ne te figure pas
qu'il existe quoi que ce soit de grand hormis le fait d'agir
comme ta nature le commande et de supporter ce qu'apporte
la nature commune.

33. Comment le principe directeur use-t-il de lui-
2 même ? Tout est là, en effet. | Le reste, qu'il dépende ou
non de ta faculté de choix, est cadavre et fumée.

34. Ce qui incite le plus à mépriser la mort, c'est que même ceux qui font du plaisir un bien et de la douleur un mal l'ont néanmoins méprisée.

35. Celui pour qui seul ce qui arrive au moment opportun est un bien, pour qui il est égal d'accomplir en plus ou moins grand nombre des actions conformes à la droite raison, pour qui il est indifférent de contempler le monde plus ou moins longtemps, celui-là ne craint pas non plus la mort.

36. Ô homme ! Tu as été citoyen de cette grande cité :
que t'importe que cela ait duré cinq ou cent ans ? Ce qui
2 est conforme aux lois est en effet égal pour tous. | Qu'y

a-t-il donc de terrible si tu es renvoyé de la cité non pas
par un tyran ni par un juge injuste, mais par la nature qui
t'y a fait entrer ? C'est comme si le préteur congédiait de
la scène un acteur qu'il avait engagé. | « Mais je n'ai pas 3
joué les cinq actes, je n'en ai joué que trois ! » C'est vrai,
mais dans la vie les trois actes font la pièce complète. | Car 4
le terme est fixé par celui qui autrefois a été cause de la
composition de ton être, et qui maintenant est cause de sa
dissolution. Tu n'es, toi, cause ni de l'une ni de l'autre.
| Pars donc de bonne grâce, car celui qui te congédie le 5
fait de bonne grâce.

INTRODUCTION AUX *LETTRES* À FRONTON[1]

Marc-Aurèle occupe une place à part dans notre mémoire. Pour l'histoire tout court, il est l'empereur romain qui a succédé à Antonin dans la seconde moitié du IIᵉ siècle, « le dernier des empereurs dont la personnalité même ait conféré au pouvoir suprême une éminente dignité. »[2] ; et qui par ailleurs connut un règne difficile qui dura une vingtaine d'années[3]. Pour l'histoire de la philosophie, il est l'auteur du célèbre texte traduit dans la première partie de ce volume.

Le caractère exceptionnel de ce texte a naturellement rejeté dans l'ombre les autres témoignages qu'on a pu réunir sur sa pensée et ses écrits. Outre les documents officiels, reflets de son activité à la tête de l'Empire, nous possédons un ensemble de lettres, quelques discours, ainsi que des apophtegmes ou paroles mémorables rapportées par les écrivains anciens et d'authenticité plus douteuse. Les lettres – près de quatre-vingt-dix, de longueur très inégale – constituent la part la plus importante de ce legs, en quantité d'abord, et parce qu'elles sont manifestement

1. Pour les Discours et les Paroles mémorables, voir *infra*, p. 291.

2. J.J. Hatt, *Histoire de la Gaule romaine*, Paris, Payot, 1970, p. 184.

3. Selon le même historien, « il eut à affronter les plus terribles des guerres que l'Empire ait jamais connues, et il le fit avec énergie et abnégation » (*ibid.*).

authentiques. Mais elles souffrent d'un double handicap : elles remontent à la première partie de sa vie[1], et surtout elles sont toutes adressées à un seul correspondant, à savoir à l'un de ses premiers maîtres, le rhéteur Fronton. C'est ce dernier fait, indépendamment de la condition d'âge, qui est le plus lourd de conséquences à nos yeux. En effet, si Marc a commencé par étudier la rhétorique, il s'en détourne peu à peu, jusqu'à s'orienter nettement vers la philosophie vers l'âge de 25 ans. Or dans la vingtaine d'années qui ont suivi, la correspondance avec Fronton n'offre que des traces discrètes de cette conversion, à coup sûr parce que le maître ne prisait guère la philosophie et ne voyait pas d'un très bon œil l'évolution de son élève. Par suite, le contenu des lettres nous éclaire peu sur le philosophe que Marc est devenu, et le lecteur qui chercherait des informations sur la genèse des *Écrits* risque d'être déçu. C'est dire qu'il faut trouver ailleurs ce qui fait pour nous le prix de ces lettres.

Pour comprendre la nature des échanges entre les deux hommes, quelques précisions sur la personne du destinataire sont indispensables. Marcus Cornélius Fronton[2], né en 100 en Afrique, est mort vers 167 à Rome où il a exercé son art la plus grande partie de sa vie. Rhéteur admiré, vivant dans un milieu de lettrés[3], sa célébrité lui valut

1. Les plus tardives semblent remonter aux années 164-165. Né en 121, Marc avait alors environ 44 ans. Son accession à l'Empire datant de l'an 161, on voit que cette correspondance ne concerne guère le règne proprement dit de Marc.

2. Voir la notice du *Dictionnaire des philosophes antiques*, III, (R. Goulet (dir.), Paris, CNRS Éditions), 2000, p. 428 ; et P. Fleury, Introduction de la *Correspondance* de Fronton, Paris, Les Belles Lettres, 2003.

3. Aulu Gelle a fréquenté sa maison (*Nuits attiques*, XIX, 8, 1), et il le cite à plusieurs reprises.

d'occuper quelques fonctions officielles (il fut consul suffect sous Antonin[1]), et surtout d'être appelé parmi les maîtres de Marc-Aurèle et de Lucius Commodus Vérus, le futur collègue de Marc à la tête de l'Empire[2]. Pour ce qui regarde ses rapports avec Marc-Aurèle, deux choses ressortent assez nettement de cette correspondance. Tout d'abord, il est manifeste que Fronton a entretenu, à titre privé, des relations étroites avec le futur empereur et sa famille. Il est conscient de son rang et n'oublie jamais à qui il s'adresse ; Marc, de son côté, est plein d'admiration pour les connaissances littéraires de Fronton et ses talents de rhéteur, et il se montre toujours déférent envers lui. Mais il arrive aussi aux deux hommes de s'adresser l'un à l'autre d'une façon plus familière, plus amicale, comme dans leurs allusions répétées aux événements de la vie familiale, ou aux maladies dont ils pouvaient souffrir l'un et l'autre. Ce ton et ces anecdotes impliquent manifestement une fréquentation régulière, ou du moins une proximité qui va au-delà des rapports de maître à élève.

En second lieu, il apparaît tout aussi nettement dans l'ensemble de ces lettres que l'enseignement et l'influence de Fronton se limitaient au domaine de la rhétorique au sens large. Le maître, on l'a dit, avait peu de goût pour la philosophie, mais il faut nuancer. Homme d'une large culture, il connaît les philosophes (il cite entre autres Platon, des Stoïciens, Lucrèce), et il paraît même assez bien informé des thèses stoïciennes ; mais il est clair que les questions philosophiques ne l'intéressent que dans leurs

1. Les consuls suffects succèdent aux consuls ordinaires pour achever l'année, les ordinaires ne restant en exercice que 2 ou 4 mois.

2. Marc le cite naturellement dans le livre I des *Écrits* parmi les maîtres auxquels il rend hommage. Sur Lucius Vérus, voir la Chronologie ci-dessus p. 19-20.

conséquences pratiques et, conformément à la tâche pour laquelle il a été engagé, il met tout son zèle à défendre la rhétorique. Une longue lettre à Marc illustre parfaitement cette position[1]. Ayant décelé chez son élève une réticence manifeste envers l'éloquence, il entreprend de lui exposer la valeur et l'utilité d'un art qu'il est important de maîtriser quand on est un dirigeant politique ; il le fait pourtant en s'appuyant habilement sur les philosophes qui en ont fait l'éloge (au risque de trahir quelque peu leurs intentions). Ce plaidoyer s'accompagne de la critique de quelques philosophes (les Mégariques Diodore et Alexinos), mais il lui oppose aussitôt les recommandations d'autres auteurs, plus favorables à certains usages de la rhétorique (Platon, Chrysippe). On remarque en outre que, dans les remerciements qui ouvrent ses *Écrits*[2], Marc mentionne Fronton uniquement pour l'avoir rendu attentif aux défauts de la tyrannie et à l'incapacité à aimer qu'on trouve chez les patriciens ; même si l'enseignement de la rhétorique peut avoir ces sujets comme thèmes d'exercices, ils relèvent davantage, semble-t-il, de la réflexion politique et morale. Ce rôle de guide que Fronton a pu jouer en marge de l'enseignement de la rhétorique n'est pas vraiment une surprise pour le lecteur des *Lettres* : « De toi j'apprends à dire la vérité », écrit une fois Marc, et ailleurs il remercie le maître de le mener sur le droit chemin et de lui ouvrir les yeux[3]. Ces faits invitent à porter un jugement plus nuancé sur la personnalité de Fronton et son influence ; mais on ne parlera pas pour autant d'enseignement philosophique, et il est exclu que Marc ait pu trouver auprès

1. *De l'éloquence*, II.
2. *Écrits*, I, 11.
3. Successivement *Lettres XXI*, 1 ; *XXIV*.

de Fronton quelque encouragement à s'adonner sérieusement aux études philosophiques.

Étant donné les limites chronologiques et le contexte pédagogique dans lesquels s'inscrit cette correspondance, ce qui en fait l'intérêt du côté de Marc-Aurèle se concentre autour de deux thèmes. En premier lieu, celui de la personnalité de notre homme. Il n'est pas si fréquent, en effet, d'avoir un accès direct à l'intimité d'un tel personnage, plus exactement à la période de formation d'un homme appelé à de hautes fonctions et à un destin philosophique peu ordinaire. Les faits et gestes évoqués n'ont rien de remarquable en eux-mêmes : il est question de relations familiales, de rapports avec l'entourage, d'activités de la vie quotidienne, d'incommodités physiques ; pourtant ces petits événements piquent la curiosité du lecteur en ce qu'ils révèlent un Marc inattendu, aux traits de caractère contrastés. On y trouve par exemple la relation d'une chevauchée à travers la campagne, une scène de chasse, l'évocation des vendanges, et même le bref récit de la visite touristique d'un site antique[1]. En ces circonstances, l'attitude de Marc déconcerte quelque peu : c'est celle d'un jeune homme spontané, sensible, mais un peu superficiel, sans vraie curiosité pour les hommes et les choses qu'il approche. Quand il s'agit d'activités en rapport avec ses fonctions officielles, au contraire, c'est le sérieux qui l'emporte, voire un certain accablement. Le jeune homme ne se sent visiblement pas à l'aise parmi les gens de cour[2] ; il se plaint que ses obligations l'accaparent et l'empêchent de se consacrer à l'étude[3]. Mais ces plaintes

1. Dans l'ordre : *Lettres XII* ; *XXIX* ; *XXX* ; *XXVIII*.
2. *Lettre VII*.
3. *Lettres LXXII* ; *LXXXIII* ; *LXXXIV* ; *LXXXVI*.

révèlent en même temps qu'il prend ce travail à cœur et ne cherche pas à s'en dispenser. Il lui arrive aussi de se montrer habile politique, comme dans l'affaire du procès entre son cher maître et Hérode : c'est sur un ton très amical qu'il fait ses recommandations à Fronton, mais ce dernier ne se trompe pas sur leur caractère impératif[1].

La seconde raison de ne pas négliger ces lettres se rapporte plus directement à la formation intellectuelle du futur empereur-philosophe. Marc parle de ses lectures, de ses goûts, et nous livre un certain nombre de renseignements sur les exercices que lui imposait son maître. Outre que ce témoignage nous éclaire sur les pratiques des rhéteurs de l'époque, ce sont surtout les réactions de l'élève qui retiennent notre attention. Parmi ces exercices, on trouve de petits essais sur un sujet donné (éloges paradoxaux[2], « images » à développer[3], « thèse » à défendre ou à combattre[4]), mais aussi la rédaction de vers et de maximes[5] ; on peut y ajouter des jugements littéraires, et peut-être l'apprentissage du grec[6]. L'attitude de Marc est dans l'ensemble celle d'un élève obéissant et appliqué, plein de révérence pour le maître, reconnaissant ses erreurs, soucieux de s'améliorer. On note pourtant qu'il ne peut s'empêcher parfois de laisser affleurer sa perplexité quant à l'intérêt de ce qu'on lui demande (*Lettre LIV*). Avec d'autres indices de ce refroidissement (comme l'absence de vrais débats intellectuels, le scepticisme à l'égard de

1. *Lettres XVI-XVII.* Pour la réaction de l'intéressé, voir Fronton, *À Marc César*, III, 3 et III, 6 (« Je n'entreprendrai rien contre ta volonté », écrit-il dans la dernière).

2. *Lettres II* (éloge de la veille) et *LXXXIX* (sur l'amour).

3. *Lettre XVIII* ; sur le sens de « image », voir la note p. 240.

4. *Lettre LIV* ; cf. *LVII.*

5. *Lettres VII*, 2 ; *XXI* ; *LXXII*, 2.

6. *Lettres IX* ; *XXIV* ; *XIX.*

certaines réputations), ce sont autant de signes d'un éloignement progressif par rapport aux enjeux et aux méthodes de la rhétorique. Le phénomène n'échappe pas à Fronton. En bon professeur, il corrige et conseille, mais relève aussi à l'occasion le manque d'empressement de l'élève[1]. Plus tard, dans un regard rétrospectif sur les années d'apprentissage de Marc, il se dit fier des leçons qu'il lui a dispensées et se réjouit de ce que, devenu empereur, il se montre si bon orateur[2] – bien que, ajoute-t-il, il n'ait pas donné tous ses soins à cette discipline[3]. Dans la lettre mentionnée ci-dessus, il rapporte une phrase que Marc aurait prononcée parfois : « Mais lorsque je dis quelque chose d'assez belle manière, je suis satisfait de moi-même et, à cause de cela, je fuis l'éloquence. »[4] Qu'il était davantage attiré par la philosophie, Marc l'a laissé entendre clairement, une fois au moins, dans une des lettres conservées qu'il date lui-même de sa 25e année[5] : s'excusant d'abord de n'avoir pas encore mis la main aux exercices envoyés par Fronton, il se justifie en mettant en avant les préoccupations éthiques que font naître en lui les livres du philosophe Ariston, et termine en raillant l'un des exercices typiques de l'apprentissage de la rhétorique, l'argumentation pour et contre une même thèse. On remarque toutefois qu'en dépit de cette défiance, Marc n'a pas renié dans la

1. Voir un bon exemple des préceptes de Fronton dans la lettre *À Marc César*, IV, 3, où il est question notamment du choix du terme juste et de l'ordre des mots.

2. On peut, avec les réserves d'usage, tenter de s'en faire une idée dans notre Annexe, p. 293 *sq.*

3. Fronton, *À Marc Empereur*, I, 2, 2-3.

4. *De l'éloquence*, II, 9 (trad. fr. P. Fleury). Le fait que Fronton dise l'avoir entendue *parfois* (*nonnumquam*) indiquerait que cette réaction n'était pas isolée.

5. *Lettre XXXV*, p. 258.

suite les études de sa jeunesse ni abandonné les préoccupations du bien dire ; en témoignent notamment deux lettres tardives, dans lesquelles il se soucie d'améliorer son style et de trouver des modèles chez les auteurs du passé[1]. Et les commentateurs n'ont pas manqué de souligner que, par leur qualité littéraire, les *Écrits* conservent la trace de cet apprentissage et de sa réussite[2]. Il n'est pas indifférent non plus que, lorsqu'en 176 l'empereur passe à Athènes et y instaure quatre chaires de philosophie, il y ajoute une chaire de rhétorique dont il choisit lui-même le premier titulaire[3].

On peut regretter de ne pas trouver dans les *Lettres* des témoignages plus nombreux de cet intérêt pour la philosophie et pour l'école de pensée qu'il va illustrer, mais le contexte de cette correspondance ne le permettait pas. La personnalité de Fronton d'une part, et d'autre part l'amitié qui liait les deux hommes expliquent assez, semble-t-il, cette discrétion. Marc ne souhaitait sans doute pas entamer un débat de fond sur la nature et le rôle de la philosophie avec un ami dont il avait compris qu'il n'était pas prêt pour une confrontation intellectuelle sérieuse sur le sujet. L'on ne doit pas oublier, d'autre part, qu'à côté de Fronton d'autres maîtres s'occupaient de son éducation, avec parmi eux plusieurs philosophes[4]. Que l'amitié ait

1. *Lettres LXXXIII* et *LXXXIV*.

2. Voir P. Hadot, *La citadelle intérieure*, Paris, Fayard, 1997, p. 275.

3. Voir les textes cités à la fin de l'Annexe, ci-dessous p. 318.

4. Les philosophes auxquels le livre I des *Écrits* rend hommage n'ont pas tous participé à son éducation, Marc n'en a fréquenté certains que plus tard (Sextus de Chéronée, Alexandre de Séleucie). L'*Histoire Auguste* (IV, 2, 6 *sq.*) cite les mêmes noms que les *Écrits* à une exception près, mais ne distingue pas non plus de façon nette ceux qui l'ont formé de ceux qu'il rencontra par la suite. Pour les premiers, deux noms ressortent du lot, les Stoïciens Apollonius de Chalcédoine et Junius Rusticus (tous

joué un rôle dans cette relative discrétion ne fait pas de doute. Quand deux amis sont en désaccord sur un point de critique littéraire[1], rien ne les empêche d'exprimer des avis différents et de prolonger la discussion. S'il s'agit d'un choix de vie aussi lourd de conséquences que la volonté de se consacrer à la philosophie, il est naturel qu'ils veuillent l'un et l'autre éviter le risque d'une brouille. Et il n'est pas interdit de penser que la délicatesse de Marc l'empêchait d'user en la matière de l'argument d'autorité. Jamais, même devenu empereur, il ne s'adresse à Fronton comme à un inférieur, et s'il y a une chose dont l'évidence s'impose à la lecture des lettres, c'est bien l'intensité de l'affection qu'il éprouve pour lui. Bien que les termes de comparaison manquent, on demeure frappé par le nombre et le ton des formules qui expriment cette affection. La mièvrerie de certaines expressions – qui vont au-delà de ce qui nous paraît raisonnable – peut faire sourire, le caractère paroxystique du sentiment affiché pourrait même sembler suspect. Mais compte tenu de l'âge de l'auteur, et en faisant la part des conventions du temps, le lecteur se persuade malgré tout aisément que l'amitié de Marc est profonde et sincère.

deux mentionnés également par Dion Cassius, LXXII, 35). Apollonius figure dans notre *Lettre LXI.* Rusticus mérite tout particulièrement d'être cité dans le présent contexte : c'est lui qui a prêté à Marc les notes prises au cours d'Épictète et qui, selon les *Écrits* (I, 7), l'a détaché de la sophistique et de la rhétorique ; on comprend que Fronton ne devait guère l'apprécier (cf. *À Marc Empereur*, I, 2, 3), et que par suite Marc ne parle pas de lui dans ses lettres à ce même Fronton.

1. Voir par exemple dans la *Lettre II* le débat sur la veille et le sommeil et l'interprétation d'Homère ; dans la *Lettre XIII* les opinions divergentes sur Caton et Salluste.

Le lecteur montrera d'autant plus d'indulgence pour ces épanchements que c'est dans cette ambiance d'amicale confiance que Marc a pu faire dans de bonnes conditions son apprentissage d'écrivain. On aurait en effet tort de ne pas attirer l'attention, pour finir, sur l'aspect littéraire de cette correspondance. La plupart des lettres – parfois de simples billets – adoptent un ton familier, sans recherche. Une lecture plus attentive fait pourtant apparaître une variété d'écriture qui ne s'explique pas seulement par la diversité des sujets et des circonstances. Si les procédés rhétoriques (image recherchée, termes précieux, sentences) se trahissent parfois, ils restent discrets : c'est à un maître en la matière qu'il s'adresse ! La précipitation, les obligations officielles de l'auteur entraînent certes quelques lourdeurs, voire des obscurités qu'on ne parvient pas toujours à éclaircir, mais c'est le lot de toute correspondance avec des familiers. Le plus souvent, en réalité, la spontanéité d'une narration ou d'une confidence se traduit par une écriture simple et agréable, agrémentée à l'occasion de petits tableaux assez réussis. Et lorsque la gravité du sujet fait que le ton s'élève, la phrase se signale par sa fermeté et une forme d'élégance[1]. L'on se console, en fin de compte, de ne pas voir se dessiner plus nettement la figure du

1. Relevée à l'occasion par Fronton (par exemple dans la lettre *À Marc César*, IV, 9, 1). Philostrate de même : « Ceux qui, après les anciens, me paraissent avoir le mieux percé à fond le genre épistolaire sont [...] parmi les rois, le divin Marc pour les lettres qu'il écrivait lui-même, car c'est avec les mots les mieux choisis qu'il y imprimait la fermeté de sa pensée. » (*Lettres érotiques*, Appendice, 1, dans *Vie des sophistes. Lettres érotiques*, trad. fr. G. Bounoure et B. Serret, Paris, Les Belles Lettres, 2019, p. 212). *Cf.* Hérodien, *Histoire des empereurs romains*, I, 2, 3. Dans le passage des *Écrits* cité ci-dessus (I, 7), Marc affirme que Rusticus lui avait aussi appris à écrire ses lettres simplement, sans recherche (ἀφελῶς).

philosophe qu'on connaît quand on a le privilège d'entrer dans l'intimité d'une grande personnalité en devenir, et de découvrir les premiers essais, fussent-ils imparfaits, du futur auteur des *Écrits*[1].

Note sur le texte et la traduction

Une traduction des lettres de Marc-Aurèle pose plusieurs problèmes qu'on ne doit pas passer sous silence. Ces lettres nous sont parvenues sous la forme d'une correspondance entre Marc et Fronton, son maître de rhétorique, dans laquelle les lettres de l'un et de l'autre se succèdent de façon irrégulière. Rédigé dans la seconde partie du IVe siècle, le manuscrit original a été réutilisé vers l'an 700 pour transcrire le texte des Actes en latin du concile de Chalcédoine de 451. Notre correspondance se présente donc comme un palimpseste, où la première difficulté consiste à restituer, par grattage et application de divers produits, l'écriture en partie recouverte par le deuxième texte ou effacée. Il se trouve en outre que ce second état a subi des détériorations et n'a été conservé que dans deux manuscrits séparés, qui sont en fait deux parties d'un même original[2]. Si l'on ajoute que lors de la réutilisation l'ordre du manuscrit primitif de la correspon-

1. En dehors de la correspondance avec Fronton, il existe quelques extraits de lettres de Marc-Aurèle chez divers auteurs anciens (Philostrate, Dion, *Histoire Auguste*, Eusèbe). Leur intérêt est inégal, et leur authenticité discutée. On en trouvera quelques échantillons dans notre Annexe, p. 315. Sur ces textes, voir P. Fleury, « Marc Aurèle épistolier : comment faire écrire un empereur romain de l'antiquité au XVIe siècle », *Anabases*, 19, 2014, p. 133-153 (spéc. p. 137-143).

2. Les manuscrits *Ambrosianus* E 147 sup. et *Vaticanus Lat.* 5750. Un troisième témoin découvert plus tard, très partiel, ne concerne pas Marc-Aurèle.

dance a été modifié, on comprend que les éditeurs ont dû surmonter de nombreux obstacles pour restituer un état acceptable de cette correspondance. Des éditions actuellement disponibles[1], celle de Van den Hout, la plus récente, est la plus complète et la plus satisfaisante ; bien qu'elle conserve nombre d'incertitudes et de lacunes, elle a l'avantage d'offrir un riche apparat critique et de proposer une chronologie vraisemblable. C'est elle qui a été utilisée pour la présente traduction.

Un second problème concerne l'ordre et la désignation des *Lettres* de Marc-Aurèle, considérées cette fois comme un ensemble séparé. Van den Hout (comme la plupart des autres éditeurs, dont Haines) édite la totalité de la correspondance de Fronton, et sous le nom de ce dernier, correspondance qui ne se limite pas aux échanges avec Marc-Aurèle. Les lettres sont classées selon l'identité du correspondant, et chaque partie subdivisée en « livres » : on a ainsi, par exemple, cinq livres de lettres *À Marc César*, quatre livres de lettres à *À Antonin empereur*. Cette présentation a l'inconvénient de donner à lire les lettres de Marc-Aurèle comme si elles lui étaient adressées, mais le lecteur averti ne devrait pas s'y tromper[2]. Cette convention admise, surgit une seconde difficulté. Si l'on prend en compte les seules lettres de Marc[3], il est à la fois malcommode et

1. Voir le détail dans la Bibliographie. Les deux éditions ordinairement utilisées sont celle de Haines (deux volumes de la Collection Loeb, 1919-1920, avec traduction anglaise) et la seconde de Van den Hout, 1988.

2. Ainsi la première lettre de Marc à Fronton est désignée par *À Marc César*, I, 2. Le titre latin complet évite cette anomalie, en ajoutant après le nom *et invicem*, « et retour ».

3. Pour compenser l'absence des lettres de Fronton, on indiquera en note les informations nécessaires à l'intelligence des lettres de Marc. Le lecteur pourra aussi se reporter à l'édition séparée des écrits de Fronton, texte et traduction de P. Fleury (voir la Bibliographie).

trompeur d'utiliser, pour les renvois et références, la désignation standard de la correspondance complète, et préférable de numéroter les lettres de Marc de façon continue. C'est ce qu'ont fait les éditeurs italiens L. Pepe et G. Cortassa qui ne publient que les textes de Marc-Aurèle, et c'est la solution qui a été retenue ici.

La traduction est évidemment tributaire des choix de l'éditeur du texte. Vu l'état du manuscrit qu'on a évoqué plus haut, on conçoit que toutes les lacunes n'ont pu être comblées, et que les restitutions sont nombreuses. Ces dernières sont indiquées dans notre édition de référence, comme c'est habituellement le cas, par des crochets obliques <>, mais dans la présente traduction elles n'ont été conservées que dans les Adresses initiales qui servent d'intitulé aux *Lettres* ; les introduire dans le texte aurait entraîné des difficultés insurmontables : bon nombre d'entre elles concernent des lettres isolées et des fractions de mots, et on sait bien, de toute manière, qu'il ne peut y avoir de parfaite correspondance entre les mots de deux langues différentes. Par suite, les rares crochets obliques qu'on trouvera dans le texte indiquent des ajouts du traducteur, destinés uniquement à faciliter l'intelligence du passage.

On notera enfin qu'à la différence des *Écrits* rédigées en grec, les lettres de Marc-Aurèle ici traduites sont toutes en latin ; elles contiennent toutefois de temps à autre des phrases et des mots en grec, qui apparaissent alors en italiques dans la traduction[1].

1. On ne confondra pas cet emploi de l'italique avec celui qui est utilisé pour les rares titres d'œuvres latines ou pour les adresses initiales des lettres de Marc-Aurèle (*À mon maître*, etc.).

TABLEAU DE CONCORDANCE

1. Le texte utilisé pour la présente traduction est, comme indiqué dans l'Introduction, celui de Van den Hout de 1988. Mais la diversité des éditions disponibles pose un problème de référence. Van den Hout et Haines publient les lettres de Marc-Aurèle en alternance avec celles de Fronton, et dans un ordre différent, en fonction de la chronologie adoptée par chacun des deux éditeurs. Si l'on publie uniquement les lettres de Marc-Aurèle, elles seront nécessairement affectées d'un numéro d'ordre encore différent. Pour éviter d'égarer le lecteur en multipliant les références, on a choisi de suivre L. Pepe et G. Cortassa qui, ne publiant que les textes et documents relatifs à Marc-Aurèle, numérotent les Lettres de 1 à 89.

2. V. den Hout, qui se place au point de vue d'une édition de Fronton, présente les lettres dans la division en plusieurs livres, selon que les lettres de Fronton sont échangées avec Marc César et avec Marc Empereur : *Ad Marcum Caesarem et invicem*, I à V ; *Ad Antoninum imperatorem et invicem*, I à IV. Deux autres recueils de l'édition de Van den Hout sont représentés dans la présente traduction : *De feriis Alsiensibus* (*Sur les vacances à Alsium*) et *De nepote amisso* (*Sur la perte de son petit-fils*), chacun pour deux lettres ; s'y ajoute une lettre du Supplément. Ces désignations sont ordinairement adoptées dans les références ; elles ne sont indiquées ici qu'une fois, dans la colonne V. den Hout.

3. Les dates des Lettres sont très difficiles à établir, et les conjectures sont trop nombreuses pour pouvoir être discutées ni même évoquées ici (copieuse bibliographie sur le sujet dans Van den Hout, p. 292). Lorsque les dates

ou les circonstances, même conjecturales, intéressent directement l'intelligence des lettres, elles sont signalées en note dans la traduction. À titre indicatif, on a reporté dans la dernière colonne les dates proposées par Van den Hout et par Cortassa.

Vrin (n°, page)	**Cortassa** (n°, page)	**Van den Hout**
I, 215	I, 114	*Ad M. Caes.*, I, 2 ; p. 1
II, 217	II, 116	*Ad M. Caes.*, I, 4 ; p. 5
III, 221	III, 122	*Ad M. Caes.*, I, 6 ; p. 10
IV, 226	IV, 128	*Ad M. Caes.*, II, 5 ; p. 25
V, 228	V, 130	*Ad M. Caes.*, II, 6 ; p. 27
VI, 229	VI, 134	*Ad M. Caes.*, II, 7 ; p. 28
VII, 229	VII, 134	*Ad M. Caes.*, II, 8 ; p. 28
VIII, 232	VIII, 138	*Ad M. Caes.*, II, 9 ; p. 29
IX, 232	IX, 138	*Ad M. Caes.*, II, 10 ; p. 29
X, 233	X, 140	*Ad M. Caes.*, II, 11 ; p. 30
XI, 235	XI, 144	*Ad M. Caes.*, II, 14 ; p. 32
XII, 235	XII, 144	*Ad M. Caes.*, II, 16 ; p. 34
XIII, 236	XIII, 146	*Ad M. Caes.*, II, 17 ; p. 34
XIV, 237	XIV, 146	*Ad M. Caes.*, II, 18 ; p. 35
XV, 237	XV, 148	*Ad M. Caes.*, II, 19 ; p. 35
XVI, 238	XVI, 148	*Ad M. Caes.*, III, 2 ; p. 36
XVII, 239	XVII, 150	*Ad M. Caes.*, III, 5 ; p. 38
XVIII, 240	XVIII, 152	*Ad M. Caes.*, III, 7 ; p. 40
XIX, 241	XIX, 152	*Ad M. Caes.*, III, 9 ; p. 42
XX, 242	XX, 154	*Ad M. Caes.*, III, 10 ; p. 43
XXI, 243	XXI, 156	*Ad M. Caes.*, III, 13 ; p. 44
XXII, 245	XXII, 158	*Ad M. Caes.*, III, 15 ; p. 47
XXIII, 245	XXIII, 158	*Ad M. Caes.*, III, 18 ; p. 50
XXIV, 246	XXIV, 160	*Ad M. Caes.*, III, 19 ; p. 51
XXV, 247	XXV, 162	*Ad M. Caes.*, III, 20 ; p. 51
XXVI, 247	XXVI, 162	*Ad M. Caes.*, III, 22 ; p. 52
XXVII, 248	XXVII, 162	*Ad M. Caes.*, IV, 2 ; p. 54
XXVIII, 250	XXVIII, 166	*Ad M. Caes.*, IV, 4 ; p. 60
XXIX, 252	XXIX, 170	*Ad M. Caes.*, IV, 5 ; p. 61
XXX, 254	XXX, 172	*Ad M. Caes.*, IV, 6 ; p. 62

Haines (vol., page)	**Dates V. den Hout**	**Dates Cortassa**
I, 80	144-145	139-147
90	145	139-147
154	143-144	été 143
112	143	été 143
128	143	après le 13.8. 143
116	143	été 143
136	143	été 143
140	143	été 143
116	143	été 143
140	143	été 143
146	143	été 143
150	139-145	139-146
152	143	139-146
"	143-145	139-146
154	143-145	139-mars 161*
58	140-142	139-mars 161 (139-143 ?)
66	140-142	139-mars 161 (139-143 ?)
32	139-140	139 ou 140
18	139	139
50	139-145	139-14
14	139-140	139-146
100	139-161	139-161
106	143-145	139-146
78	146-161	139-146
170	140-145	139-161
172	139-145	139-161
74	143-145	139-161 (139-143 ?)
174	139-145	139-146
178	147-148	139-146
180	147-148	139-146

*Rappel : Marc accède à l'Empire en mars 161.

XXXI, 256	XXXI, 174	*Ad M. Caes.*, IV, 7 ; p. 63
XXXII, 256	XXXII, 176	*Ad M. Caes.*, IV, 8 ; p. 63
XXXIII, 257	XXXIII, 178	*Ad M. Caes.*, IV, 10 ; p. 64
XXXIV, 257	XXXIV, 178	*Ad M. Caes.*, IV, 11 ; p. 65
XXXV, 258	XXXV, 178	*Ad M. Caes.*, IV, 13 ; p. 67
XXXVI, 260	XXXVI, 182	*Ad M. Caes.*, V, 2 ; p. 70
XXXVII, 260	XXXVII, 182	*Ad M. Caes.*, V, 4 ; p. 70
XXXVIII, 260	XXXVIII, 182	*Ad M. Caes.*, V, 6 ; p. 70
XXXIX, 260	XXXIX, 182	*Ad M. Caes.*, V, 8 ; p. 70
XL, 260	XL, 182	*Ad M. Caes.*, V, 10 ; p. 70
XLI, 261	XLI, 182	*Ad M. Caes.*, V, 12 ; p. 71
XLII, 261	XLII, 182	*Ad M. Caes.*, V, 14 ; p. 71
XLIII, 261	XLIII, 182	*Ad M. Caes.*, V, 16 ; p. 71
XLIV, 261	XLIV, 184	*Ad M. Caes.*, V, 18 ; p. 71
XLV, 261	XLV, 184	*Ad M. Caes.*, V, 20 ; p. 71
XLVI, 262	XLVI, 184	*Ad M. Caes.*, V, 22 ; p. 72
XLVII, 263	XLVII, 186	*Ad M. Caes.*, V, 23 ; p. 72
XLVIII, 263	XLVIII, 186	*Ad M. Caes.*, V, 26 ; p. 73
XLIX, 264	XLIX, 186	*Ad M. Caes.*, V, 28 ; p. 73
L, 264	L, 188	*Ad M. Caes.*, V, 30 ; p. 74
LI, 264	LI, 188	*Ad M. Caes.*, V, 31 ; p. 74
LII, 265	LII, 188	*Ad M. Caes.*, V, 34 ; p. 74
LIII, 265	LIII, 190	*Ad M. Caes.*, V, 36 ; p. 75
LIV, 266	LIV, 190	*Ad M. Caes.*, V, 38 ; p. 75
LV, 266	LV, 190	*Ad M. Caes.*, V, 39 ; p. 76
LVI, 267	LVI, 192	*Ad M. Caes.*, V, 41 ; p. 76
LVII, 267	LVII, 192	*Ad M. Caes.*, V, 43 ; p. 77
LVIII, 268	LVIII, 192	*Ad M. Caes.*, V, 46 ; p. 78
LIX, 269	LIX, 194	*Ad M. Caes.*, V, 47 ; p. 78
LX, 269	LX, 194	*Ad M. Caes.*, V, 50 ; p. 79

184	147	139-161
"	145-156	139-146
188	147	139-161 (été 143 ?)
202	148	148-149
214	146	avril 146-avril 147
188	139-147	140 ou 145 ou 147
190	139-156	140 ou 145 ou 147
"	139-161	139-mars 161
"	139-161	139-mars 161
"	145-161	139-mars 161
"	139-161	139-mars 161
"	139-161	139-mars 161
"	139-161	139-mars 161
"	139-161	139-mars 161
192	145-156	139-mars 161
194	139-145	146-mars 161
196	139-152	146-mars 161
194	145-161	nov. 147-mars 161
198	139-156	146-mars 161
200	139-156	146-mars 161
"	139-156	146-mars 161
224	149-155	mars 149-mars 161
226	139-161	146-mars 161
210	139-145	146-147
212	147-161	nov. 147-mars161 (-149 ?)
"	139-145	145-mars 161
208	139-145	145-mars 161
230	148-149	nov. 147-mars 149
"	147	146-mars 161
234	153-156	mars 149-mars 161

LXI, 270	LXI, 196	*Ad M. Caes.*, V, 51 ; p. 79
LXII, 270	LXII, 196	*Ad M. Caes.*, V, 54 ; p. 80
LXIII, 271	LXIII, 198	*Ad M. Caes.*, V, 56 ; p. 81
LXIV, 271	LXIV, 198	*Ad M. Caes.*, V, 58 ; p. 82
LXV, 272	LXV, 198	*Ad M. Caes.*, V, 60 ; p. 82
LXVI, 272	LXVI, 200	*Ad M. Caes.*, V, 62 ; p. 83
LXVII, 273	LXVII, 200	*Ad M. Caes.*, V, 64 ; p. 83
LXVIII, 273	LXVIII, 200	*Ad M. Caes.*, V, 66 ; p. 83
LXIX, 273	LXIX, 200	*Ad M. Caes.*, V, 68 ; p. 84
LXX, 274	LXX, 202	*Ad M. Caes.*, V, 70 ; p. 84
LXXI, 274	LXXI, 202	*Ad M. Caes.*, V, 72 ; p. 84
LXXII, 275	LXXII, 202	*Ad M. Caes.*, V, 74 ; p. 85
LXXIII, 276	LXXIII, 204	*Ad Anton. Imp.*, I, 1 ; p. 86
LXXIV, 278	LXXIV, 206	*Ad Anton. Imp.*, I, 4 ; p. 92
LXXV, 278	LXXV, 208	*Ad Anton. Imp.*, I, 6 ; p. 94
LXXVI, 278	LXXVI, 208	*Ad Anton. Imp.*, I, 8 ; p. 94
LXXVII, 278	LXXVII, 208	*Ad Anton. Imp.*, I, 10 ; p. 94
LXXVIII, 279	LXXVIII, 208	*Ad Anton. Imp.*, II, 2 ; p. 95
LXXIX, 280	LXXIX, 210	*Ad Anton. Imp.*, III, 2 ; p. 101
LXXX, 280	LXXX, 210	*Ad Anton. Imp.*, III, 3 ; p. 102
LXXXI, 280	LXXXI, 210	*Ad Anton. Imp.*, III, 6 ; p. 103
LXXXII, 280	LXXXII, 210	*Ad Anton. Imp.*, III, 6 ; p. 103
LXXXIII, 281	LXXXIII, 212	*Ad Anton. Imp.*, III, 7 ; p. 103
LXXXIV, 282	LXXXIV, 212	*Ad Anton. Imp.*, IV, 1 ; p. 105
LXXXV, 283	LXXXV, 214	*De feriis Als.*, 1 ; p. 226
LXXXVI, 283	LXXXVI, 214	*De feriis Als.*, 4 ; p. 234
LXXXVII, 284	LXXXVII, 216	*De nepote amisso*, 1 ; p. 235
LXXXVIII, 285	LXXXVIII, 216	*De nepote amisso*, 3 ; p. 239
LXXXIX, 286	LXXXIX, 218	*Additamentum*, 7 ; p. 249

"	157-158	env. 157-158
240	154-156	154 ?
242	139-156	146-mars 161
244	149-152	env. 154-mars 161
246	147-156	nov. 147-mars 161
248	139-161	146-mars 161
"	139-156	146-mars 161
226	139-161	146-mars 161
250	147-156	nov. 147-mars 149
252	139-156	146-mars 161
"	139-156	146-mars 161
52	139-145	139-146
II, 30	161	fin automne 161
120	162	fin 162-163
126	161-167	après mars 161
"	161-167	après mars 161
128	161-167	après mars 161
96	162-163	été 162-été 166
–	162-165	après mars 161
218	165	fin 164-déb. 165
–	164	après mars 161
128	164	été 162-été 166
156	139-161	après mars 161
I, 300	161	mars 161-été 162
II, 2	161	après mars 161
18	161	après mars 161
220	165	fin 164-165
–	166-167	fin 164-165
I, 30	139	139-140

LETTRES À FRONTON

I

Marcus César[1]*, à mon maître Marcus Fronton*

1. Que dire qui rende bien compte de mon sort ? De quelle manière accuser comme elle le mérite l'extrême rigueur de la nécessité qui me tient enchaîné ici, alors que mon esprit est rempli d'anxiété et qu'une inquiétude si lourde s'est emparée de moi ? nécessité qui m'empêche d'accourir sur l'heure auprès de mon cher Fronton, ma très belle âme, et surtout de me rapprocher de lui dans un moment où il souffre de cette façon[2], de lui prendre les mains, enfin de lui masser délicatement ce pied même, autant qu'il est possible sans le faire souffrir, de le réchauffer dans un bain, de le soutenir de ma main quand il s'avance vers moi ? Et tu m'appelles ton ami, moi qui ne vole pas à vive allure vers toi toutes affaires cessantes ? En vérité, je suis plus estropié que toi, accablé comme me voilà par la honte, ou plutôt par la paresse. Pauvre de moi, que dire ? J'ai peur que ce soit quelque chose que tu ne veux pas entendre ; car tu t'es efforcé par tous les moyens, à force

1. Marc-Aurèle reçut en 139 le titre de César, qui était attribué aux héritiers présomptifs de l'empire.

2. Fronton souffrait de la goutte.

de plaisanteries et de mots spirituels, de m'ôter toute inquiétude et de montrer que tu es capable de supporter sereinement tous ces accidents. Mais moi je ne sais pas où est mon esprit ; ou plutôt je sais qu'il est parti te rejoindre je ne sais où. Efforce-toi, par pitié, de faire preuve de modération dans tous les domaines et de pratiquer une abstinence totale, afin de chasser entièrement cet état maladif (ton courage te permet de le supporter, mais pour moi il est extrêmement pénible et éprouvant), et de partir prendre les eaux. Écris-moi vite, je t'en prie, et en détail, si tu y vas et quand, comment tu te sens en ce moment, et remets-moi du cœur au ventre. En attendant j'emporterai ta lettre avec moi, malgré son contenu[1].

2. Adieu, mon très aimable Fronton – je devrais, il est vrai, m'appliquer davantage dans mes formules (c'est en tout cas ce que tu demandes) : Ô dieux bons, vous qui êtes partout, je vous en prie, rendez la santé à mon très aimable et très cher Fronton, faites qu'il jouisse sans discontinuer d'un corps sain, préservé de toute atteinte, de tout dommage ; qu'il guérisse et puisse ainsi me rejoindre.

Adieu, le plus délicieux des hommes.

1. C'est-à-dire : bien qu'elle m'apprenne des choses peu réjouissantes.

II

Marcus César salue son maître Fronton

1. Voici aujourd'hui quelques arguments contre le sommeil et en faveur de la veille[1]. Cela en dépit du fait que je sois, en un sens, de connivence avec la partie adverse, car je m'adonne au sommeil sans arrêt, de jour comme de nuit, je ne le quitte pas et ne permets pas qu'il me quitte – c'est dire si nous sommes intimes ! Mais je souhaite que l'accusation que je porte contre lui le fâche, qu'il s'éloigne un peu de moi et m'accorde de pouvoir enfin jouir d'une petite veillée de travail.

2. J'en viens donc à mes *amusants petits syllogismes*[2], et pour commencer, je vais me servir de celui-ci : Si tu dis qu'en accusant le sommeil je me suis réservé un thème plus facile que toi qui en fais l'éloge (« qui en effet, dis-tu, n'accusera pas aisément le sommeil ? »), je réponds : donc ce qu'il est facile d'accuser, il est difficile d'en faire l'éloge, et ce dont l'éloge est difficile n'est d'aucune utilité.

3. Mais passons. Maintenant que nous sommes à Baïes, dans ce labyrinthe qui fut interminable pour Ulysse[3], je vais emprunter à Ulysse quelques éléments qui concernent

1. Marc-Aurèle répond à une lettre (non conservée) dans laquelle Fronton faisait l'éloge du sommeil. Ce genre d'éloge paradoxal faisait partie des exercices rhétoriques du temps. – Rappel : les italiques signalent les phrases et mots cités en grec par Marc-Aurèle.

2. V. den Hout écrit ici ἐπιχειρήματα φίλα, mais le texte est peu lisible. Pour φίλα, d'autres lisent σκυλα, σκολια. Le terme ἐπιχειρήματα figure chez Aristote (raisonnements dialectiques ou rhétoriques, c'est-à-dire dont les prémisses sont seulement « admises », ou vraisemblables), mais il est employé aussi par les anciens au sens général de raisonnement.

3. Marc-Aurèle, séjournant près des lacs Lucrin et Averne, lieu supposé de communication avec le monde infernal, feint de croire qu'Ulysse a emprunté la voie de ces lacs quand il descendit aux enfers (*Odyssée*, XI).

mon propos. En effet, il n'aurait pas mis *vingt ans* pour retrouver *la terre de ses pères*[1], il n'aurait pas erré si longtemps dans ce lac, il n'aurait pas enduré toutes les épreuves qui font la matière de l'*Odyssée* s'il n'avait pas, *épuisé, été saisi d'un doux sommeil*. Et pourtant déjà *au dixième jour apparut la terre paternelle*[2]. Mais que fit le sommeil ?

> *Le funeste dessein des compagnons prévalut :*
> *Ils ouvrirent l'outre et tous les vents en jaillirent.*
> *La tempête aussitôt les saisit et les emporta,*
> *en larmes, vers la haute mer, loin de la patrie*[3].

Et de nouveau, près de l'île de Trinacrie, quel fut l'effet du sommeil ?

> *Or ceux-ci (les dieux) répandirent un doux sommeil* sur mes paupières.
> *Et Euryloque s'en vint à communiquer aux compagnons ce funeste dessein*[4].

Ensuite, après qu'*ils eurent écorché les bœufs et les grasses brebis du Soleil, puis grillé les cuisses et mangé les viscères*[5], que fit Ulysse une fois réveillé ?

> *En gémissant, je criais vers les dieux immortels ;*
> *C'est donc pour mon malheur que vous m'avez endormi d'un cruel sommeil*[6].

1. Ces termes se retrouvent plusieurs fois dans l'*Odyssée* : XVI, 206 ; XIX, 484 ; XXI, 208 ; XXIV, 322.
2. *Od.*, X, 31 et 29.
3. *Od.*, X, 46-49.
4. *Od.*, XII, 338 *sq*.
5. *Od.*, XII, 128, etc.
6. *Od.*, XII, 370 et 372.

Ainsi c'est bien le sommeil qui a longtemps laissé Ulysse dans l'impossibilité de retrouver sa patrie, dont *il désirait seulement revoir la fumée s'élevant dans les airs*[1].

4. Je passe maintenant du fils de Laërte à celui d'Atrée[2]. Ce qui *de toutes ses forces* l'a trompé, qui a été la cause du déploiement et de la déroute de tant d'armées, c'est quelque chose qui, en vérité, est né du sommeil et d'un songe.

5. D'ailleurs, lorsque le poète fait l'éloge d'Agamemnon, que dit-il ?

Alors on ne verrait pas sommeiller le divin Agamemnon[3].

Mais comment s'exprime-t-il quand il lui fait des reproches ?

Un chef ne doit pas dormir la nuit entière[4],

vers dont à vrai dire un éminent orateur a un jour retourné le sens d'une façon surprenante[5].

6. J'en viens à présent à notre Quintus Ennius, dont l'œuvre, dis-tu, est issue du sommeil et d'un songe[6]. Mais ce qui est certain, c'est que s'il ne s'était pas réveillé de son sommeil, jamais il n'aurait raconté le songe qu'il avait fait.

1. *Od.*, I, 58 *sq.*
2. C'est-à-dire : d'Ulysse à Agamemnon.
3. *Iliade*, IV, 223.
4. *Iliade*, II, 24 et 61.
5. Allusion manifeste à Fronton et à son « Éloge du sommeil ».
6. D'après divers fragments subsistants du Prologue des *Annales*, le poète latin Ennius (239-169) aurait affirmé qu'Homère lui était apparu dans son sommeil et a été l'inspirateur, en songe, de son poème. Voir E.H. Warmington, *Remains of old latin*, I, London-Cambridge, Loeb Classical Library, 1935.

7. Au tour du pasteur Hésiode, dont tu affirmes qu'il est devenu poète en dormant. Je me souviens pourtant avoir lu autrefois à l'école :

> *Quand le pasteur Hésiode paissait les moutons près de l'empreinte du cheval rapide,*
> *La troupe des Muses vint à sa rencontre*[1].

Tu vois ce que signifie l'expression *vint à sa rencontre* : si les Muses vinrent à sa rencontre, c'est qu'il était en train de marcher. – En fin de compte, quel est ton avis sur le sommeil ? celui qui en fait si merveilleusement l'éloge, que dit-il ?

> *Délicieux, plein de douceur, tout pareil à la mort*[2].

8. Je ne me livrerai pas davantage à ces plaisanteries, autant par égard pour toi que pour me ménager. Maintenant, après avoir bien soutenu l'accusation contre le sommeil, je vais aller dormir, car c'est dans la soirée que je t'ai confectionné ces arguments. J'espère que le sommeil ne me retournera pas mon compliment !

1. Callimaque, *Origines*, I, fr. 2, 1-2. *Cf.* Hésiode, *Théogonie*, 22-23. Le cheval rapide est Pégase, dont un coup de sabot fit jaillir la source Hippocrène sur le mont Hélicon en Béotie, source consacrée à Apollon et aux Muses.

2. *Od.*, XIII, 79 *sq.*

III

Marcus Aurélius César salue son maître Fronton

1. Puissé-je, moi, ne pas m'affranchir de toute honte au point de donner un jour à lire un de mes écrits à un aussi grand esprit, à un homme d'un tel goût[1] !

À mon père et souverain, j'ai *déclamé* dans le ton approprié un passage de ton discours qu'il m'avait demandé de choisir. Ce discours réclamait manifestement la voix de son auteur, et c'est tout juste si à la fin on m'a gratifié d'un « *digne de l'auteur* ». Mais je ne vais pas différer davantage ce qu'à bon droit tu veux savoir plus que tout : mon souverain a été si touché de ce qu'il entendait qu'il a presque été peiné de devoir s'occuper d'une affaire imminente en un autre endroit que celui où tu étais entré pour prononcer ton discours. Il a vivement admiré la richesse des idées, la variété de l'expression, la nouveauté ingénieuse de l'invention, la savante ordonnance du discours. Cela dit, tu vas me demander maintenant, je pense, ce qui m'a le plus charmé. Écoute, j'ai commencé ainsi :

2. « Dans les affaires et les causes qui relèvent des juges des questions privées, il n'y a aucun danger, parce que leurs sentences ne valent que dans les limites desdites causes ; tandis que tes décrets, Empereur, sanctionnent des décisions qui constituent des précédents destinés à valoir officiellement et pour toujours, tant la puissance et l'autorité qui te sont attribuées sont supérieures à celles du destin : le destin détermine ce qui doit nous arriver à chacun en particulier ; toi, quand tu décides pour des particuliers, tu lies tout l'univers par un précédent.

1. Fronton craignait sans doute de paraître « sans honte » (*impudens*) pour avoir envoyé à Marc un de ses écrits.

3. C'est pourquoi, si tu approuvais cet arrêt du proconsul, tu fournirais à tous les magistrats de la totalité des provinces une règle pour rendre leurs arrêts dans les causes de ce genre. Qu'arrivera-t-il alors ? À l'évidence, que tous les testaments des provinces éloignées et d'outre-mer seront déférés à Rome pour être instruits par toi. Un fils soupçonnera qu'il est déshérité : il demandera que le testament de son père ne soit pas ouvert. Même demande de la part d'une fille, d'un petit-fils, d'un arrière-petit-fils, d'un frère, d'un cousin, d'un oncle paternel, d'un oncle maternel, d'une tante paternelle, d'une tante maternelle : tous les degrés de parenté se jetteront sur cette exception pour refuser l'ouverture du testament, et jouir des biens qu'ils possèdent en vertu des droits du sang. Lorsqu'enfin la cause aura été renvoyée à Rome, que se passera-t-il ? Les héritiers désignés prendront la mer, ceux qui n'héritent pas conserveront ce qu'ils possèdent, ils remettront l'affaire de jour en jour, demanderont des délais, traîneront les choses en longueur sous divers prétextes : « C'est l'hiver, et en hiver la mer est cruelle : on n'a pas pu se présenter. » Une fois l'hiver écoulé : « Les tempêtes de printemps sont pleines d'incertitudes et de dangers, elles l'ont arrêté. » Le printemps achevé : « L'été est chaud, le soleil brûle ceux qui sont en mer, on a la nausée. » Arrive l'automne : on accusera les fruits, et on invoquera la fatigue pour excuse.

4. Je forge des fictions, j'invente ? Eh quoi, n'est-ce pas précisément ce qui s'est produit en l'occurrence ? Où est l'adversaire qui aurait dû depuis longtemps déjà être présent pour plaider sa cause ? « Il est en route. » Sur quelle route, plaît-il ? « Il vient d'Asie. » Et il y est encore, en Asie ! « Le chemin est long et il se dépêche. » Est-ce par bateau, à cheval ou par la poste impériale qu'il fait des étapes aussi rapides ? Entre-temps, César, après que tu as

accepté une première fois d'instruire l'affaire, on demande un ajournement et on l'obtient; la nouvelle instruction annoncée, un deuxième ajournement de deux mois est demandé. Les deux mois se sont écoulés aux dernières ides, et depuis plusieurs jours ont passé. Est-il enfin arrivé ? S'il n'est pas encore arrivé, il est du moins près d'arriver ? S'il n'est pas encore près d'arriver, il a du moins quitté l'Asie ? S'il ne l'a pas quittée encore, il y songe du moins ? À quoi songe-t-il d'autre, sinon à couver les biens d'autrui, à dilapider les revenus, à dévaster les champs, à dissiper la totalité du patrimoine ? Il n'est pas assez sot pour préférer se rendre auprès de César et perdre son procès plutôt que de rester en Asie et de jouir de ce qu'il possède.

5. Si s'introduit la coutume de transférer des provinces d'outre-mer à Rome les testaments des défunts, les testaments courront un risque plus révoltant et plus grave que si l'on transportait à Rome par mer les corps lésés des défunts[1]. Car dans ce dernier cas, ni le défunt ni les biens ne subiront de préjudice, puisque les cadavres trouvent un tombeau tout prêt dans ces accidents mêmes : que les eaux de la mer engloutissent les victimes de naufrage, que les fleuves emportent ceux qui y tombent, que le sable recouvre les cadavres, que les bêtes sauvages les déchirent ou que les oiseaux les mettent en pièces, dans tous les cas le corps humain reçoit une sépulture convenable, quel que soit l'endroit où il succombe. Mais lorsqu'un testament se retrouve au fond de la mer à la suite d'un naufrage, ce sont le patrimoine, la maison et la famille qui font naufrage et sont privés de sépulture. Autrefois les testaments étaient

1. Peut-être : « les corps des défunts exposés aux outrages », « dans le cas où ils subiraient des outrages ». Le texte est incertain, les tentatives de restitution hasardeuses.

produits après avoir été sortis des temples des dieux les mieux protégés, des archives, des coffres, des dépôts publics, des annexes des temples ; aujourd'hui on les produit comme s'ils avaient été ballottés parmi les cargaisons de marchandises et les baluchons des rameurs. Et s'il arrive qu'il faille alléger le navire, il ne manque plus qu'on les jette par-dessus bord avec les légumes. Pourquoi ne pas aller jusqu'à imposer un droit de douane pour les testaments ? Ce n'est pas le cas jusqu'ici parce que les testaments ne sont pas encore transportés par mer comme le sel, et ne sont pas, comme le sel, chargés sur le bateau sous la direction d'un témoin.

6. La partie en cause, un publicain, a fait un testament peu éloquent : il ne donne rien, en Asie, à ses deux sœurs (*lacune, quelques mots peu intelligibles*).

… à ses fils[1] il fait des legs connus soit par un acte public soit par un registre. Voici par suite ce qui, à mes yeux, en ressort en premier lieu : les sœurs se sont employées à transformer en dons pour elles de grandes parts <des biens> ; et par l'eau de la mer, le mauvais temps d'hiver, les nuages du ciel, elles s'acharnent contre les autres <héritiers potentiels>. Pour ceux qui ont à faire le voyage, il reste les périls dus à la fureur des vents, voire à un ciel parfaitement serein ou à la haute mer : les legs dépendent du bon plaisir des mers. Quand les vents déferlants engendrés par la malignité des tempêtes les

1. Si on lit *natis* au lieu de *notis* retenu par Van den Hout. Dans ce dernier cas, ou pourrait comprendre : « Il fait des legs en vertu de ses notes personnelles, ou connus soit par un acte public… ». Les phrases 6 et 7 sont très incertaines, elles contiennent des lacunes et de nombreuses restitutions différentes. Pour ce passage comme pour l'ensemble de la lettre, on a tiré profit de l'interprétation de P. Fleury, dans Fronton, *Correspondance*, p. 50-58.

auront fait disparaître, ils disparaîtront en même temps que les testaments. Alors ces derniers sont peut-être involontairement détruits sur ce navire ou jetés çà et là, puis éparpillés dans les eaux de l'Adriatique, disséminés, engloutis par l'agitation de la mer, et ainsi ils seront bientôt totalement anéantis.

7. Entre-temps, grâce à ces manœuvres frauduleuses, les sœurs mangent les biens d'Asie. Puis dans leur isolement elles ne sont privées que des biens que le testateur a pu léguer quand il était en bonne santé ; il a pu aussi, en complétant son testament, rédiger à la hâte et en secret de petites lettres dont beaucoup de gens ont fait des copies.

8. Ajoutons quelques mots au sujet des funérailles. Il faut que la maisonnée sache comment manifester son deuil : un esclave ne se lamente pas de la même façon s'il est affranchi, ni un client s'il est mentionné élogieusement, ni un ami s'il est honoré d'un legs. Pourquoi célébrer les obsèques dans l'incertitude et avec retard ? Pour tous les êtres vivants, l'héritage est réalisé aussitôt après la mort ; à la brebis on enlève immédiatement la laine, et de même à l'éléphant l'ivoire, les griffes aux lions, les ailes et les plumes aux oiseaux ; mais l'héritage des humains serait laissé à l'abandon après la mort, remis à plus tard, exposé aux voleurs et pillé ? »

9. Je pense avoir tout retranscrit. Que faire d'autre en vérité quand j'admire tout et aime tout dans quelqu'un comme toi, heureux homme ? Adieu à toi, le plus éloquent, le plus savant, le plus cher à mon cœur, le plus doux, le maître le plus conforme à mes vœux, l'ami qui me manque le plus.

10. Le fils d'Hérode[1], né aujourd'hui, est mort. Hérode a beaucoup de mal à le supporter. J'aimerais que tu lui écrives quelques mots adaptés à la circonstance. Porte-toi toujours bien.

IV

Mon <cher Fronton>, très illustre <consul>

1. Je me rends, tu as gagné : tu as vaincu en amour tous les amants qui ont jamais existé. Reçois la couronne, et que le crieur annonce publiquement devant ton tribunal la victoire que tu as remportée : *Le consul Marcus Cornélius Fronton est vainqueur, il est couronné dans le concours des grandes amitiés*. Mais tout battu que je sois, mon affection ne sera pas entamée, elle ne faiblira pas. Ainsi, c'est vrai, tu m'aimeras plus qu'aucun homme n'en aime un autre ; mais moi j'ai beau aimer avec moins d'intensité, je t'aimerai plus qu'aucun homme ne t'aime, plus même que tu ne t'aimes toi-même. Je vais désormais entrer en compétition avec Cratia[2], mais j'ai peur de ne pouvoir la surpasser ; car chez elle, comme dit Plaute, « la pluie de l'amour n'a pas seulement traversé à grosses gouttes les vêtements, mais elle pénètre jusqu'à la moelle »[3].

2. Si tu savais quelle lettre tu m'as écrite ! J'irais jusqu'à dire que celle qui m'a donné le jour et m'a nourri ne m'a jamais écrit quelque chose d'aussi agréable, d'aussi doux. Et cela ne tient pas à ta maîtrise de la langue ou à ton

1. Hérode Atticus (v. 104-180), rhéteur, un des maîtres de Marc-Aurèle. Voir aussi *Lettre XVI* et dans l'Annexe, Paroles mémorables, 11 et 11 bis. p. 303 *sq*.

2. L'épouse de Fronton.

3. Plaute, fragment incertain I Ernout.

éloquence : sous d'autres rapports aussi, non seulement ma mère mais tout ce qui respire, quoi qu'ils fassent, doivent instantanément s'incliner devant toi. Pour ce qui est de la lettre que tu m'as envoyée, ce n'est pas parce qu'elle est habilement composée ou riche d'enseignements, c'est parce qu'elle est pleine d'une grande bonté, qu'elle déborde de tant d'affection, qu'elle brille de tant d'amour que je ne puis exprimer par des mots comment elle a soulevé mon cœur de joie, éveillé en moi un ardent regret de ton absence, et en un mot, pour citer Naevius, comment « elle a rempli mon cœur d'un amour hors du commun »[1].

3. L'autre lettre, dans laquelle tu m'expliquais pourquoi tu remettais à plus tard le discours que tu dois prononcer au Sénat et dans lequel tu te proposes de faire l'éloge de mon souverain, cette lettre, dis-je, m'a procuré tant de plaisir que je n'ai pu me retenir (ai-je agi à la légère ? à toi de voir) d'en faire la lecture à mon père lui-même. Combien cela l'a réjoui, je n'ai pas besoin de te le raconter puisque tu connais et son extrême bienveillance à ton égard et l'excellente tenue de ta lettre. Mais ce fut le point de départ d'une longue conversation que nous eûmes à ton sujet, beaucoup, beaucoup plus longue que celle que toi et ton questeur avez eue sur moi. C'est la raison pour laquelle je ne doute pas qu'en même temps, au forum, tes oreilles ont tinté un bon moment. Mon souverain approuve donc et accueille de bon cœur les raisons pour lesquelles tu as repoussé à plus tard ton discours. (*lacune*)

1. Naevius, écrivain du IIIe siècle av. J.-C, auteur de pièces de théâtre et d'une épopée (fr. incertain 6 Warmington).

V

<Marcus Aurélius César salue son consul et maître>

1. (*lacune*) Les anciens Grecs ont-ils vraiment écrit quelque chose de semblable ? Aux spécialistes d'en juger. Quant à moi, si je puis me permettre, je n'ai trouvé nulle part chez Marcus Porcius[1] une critique aussi réussie que ton éloge. Ah ! si mon souverain pouvait recueillir un éloge digne de lui, il l'aurait assurément obtenu de toi ! *Une telle chose n'existe pas de nos jours.* Il aurait été plus facile d'imiter Phidias, plus facile d'imiter Apelle, voire Démosthène ou Caton eux-mêmes, que d'imiter cet ouvrage, parfaitement achevé et travaillé avec tant de soin. Je n'ai jamais rien lu de plus raffiné, de plus digne des Anciens, de plus piquant, rien qui soit d'un meilleur latin. Heureux que tu es d'être doté d'une telle éloquence, heureux que je suis d'avoir été confié à un tel maître ! *Quels arguments, quelle ordonnance*, quelle distinction, quel agrément, quel charme, quel vocabulaire, quel éclat, quelle vivacité, quelles grâces, *quel métier*… quel tout !

Sur ma vie, on devrait un de ces jours te remettre la baguette de commandement, te couronner du diadème, t'édifier un tribunal ; le crieur public alors nous citerait tous à comparaître. Qui ça, « nous » ? je veux dire tous ces gens qui se piquent d'érudition et d'éloquence : tu les dirigerais individuellement avec ta baguette, tu les admonesterais de ta bouche. Pour moi, jamais jusqu'ici je n'ai eu peur de tes admonestations : il reste encore beaucoup de bonnes raisons pour que j'entre dans ton école.

1. Marcus Porcius Caton (234-149), dit Caton l'Ancien ou le Censeur, écrivain particulièrement apprécié de Fronton.

2. Je t'écris tout cela dans la plus grande précipitation : puisque je t'ai envoyé une lettre si bienveillante de mon souverain, quel besoin que je t'écrive plus longuement ? Adieu donc, honneur de l'éloquence romaine, fierté de ses amis, *insigne personnage*, le plus charmant des hommes, le plus illustre des consuls, le plus doux des maîtres.

3. À l'avenir, garde-toi de raconter tant de mensonges sur moi, surtout au Sénat. Ce discours, tu l'as prodigieusement bien écrit ! Ah, si je pouvais déposer un baiser sur ta tête à chaque chapitre[1] ! *Tu les as tous rudement humiliés.* Une fois que nous avons lu ce discours, c'est en vain, nous le voyons bien, que nous étudions, en vain que nous nous donnons du mal, en vain que nous redoublons d'efforts. Porte-toi toujours bien, ô le plus doux des maîtres.

VI

À mon maître

J'ai écrit de dix heures et demie jusqu'à maintenant, j'ai lu beaucoup de Caton, et je t'écris ces lignes avec la même plume ; je te salue et voudrais savoir si tu vas bien. Oh, il y a si longtemps que je ne t'ai vu ! (*lacune*)

VII

<*Marcus César salue le très illustre consul, son maître*>

1. (*lacune*) … lié par la parenté, non placé sous tutelle, et de plus établi dans une condition dans laquelle, selon le mot d'Ennius, « tout le monde donne des conseils

1. Traduire « … un baiser sur ton chef à chacun des chefs que tu développes » serait correct en français, mais bien plus artificiel qu'en latin la juxtaposition *capita caput*.

inutiles, qui ne visent tous qu'à faire plaisir[1] ; » c'est aussi ce que, sur le même sujet, Plaute dit fort bien dans sa pièce *Le Flatteur* :

> Ceux qui, après avoir donné puis confirmé leur parole,
> ont trompé celui qui s'y fie,
> Adulateurs fourbes de l'entourage du roi,
> Qui disent au roi une chose et en pensent une autre[2].

Autrefois ces désagréments étaient le lot ordinaire des rois uniquement, mais de nos jours, nombreux sont, comme dit Naevius, « ceux qui visent aussi les fils des rois avec leurs flatteries, leur complaisance et leur servilité »[3]. J'ai de bonnes raisons, maître, de m'échauffer[4], de bonnes raisons de m'être fixé un *but* unique, de bonnes raisons de ne penser qu'à un homme[5] lorsque je prends la plume.

2. Très gentil de ta part de me réclamer mes hexamètres[6] ; je te les aurais envoyés immédiatement si je les avais avec moi. C'est que mon secrétaire – tu le connais, je parle d'Anicetus – n'a expédié aucun de mes écrits avec moi quand je suis parti. Il connaît ma faiblesse et a eu peur, au cas où je les aurais eus en ma possession, que je ne fasse ce que je fais d'habitude : que je les jette au feu. En réalité, ces hexamètres-là ne couraient aucun danger dans

1. Ennius, fragment incertain 404 Warmington.
2. Plaute, fragment II Ernout.
3. Fragment incertain 25-6 Warmington.
4. V. den Hout imprime *fraglo* (littéralement : dégager une odeur, bonne ou mauvaise) d'après le manuscrit. Haines corrige en *flagro*, brûler, être ardent. Cortassa garde *fraglo*, mais traduit : « Mi sento ribollire il sangue » (« je sens bouillir mon sang »). Marc-Aurèle s'indigne probablement des flatteurs qui l'entourent. – Pour Naevius, voir *Lettre IV*, note 1, p. 227.
5. Fronton, manifestement.
6. La composition de vers était un des exercices que Fronton proposait à son élève.

l'immédiat : pour avouer la vérité à mon maître, ils me sont chers.

3. J'avoue qu'ici j'étudie la nuit, car la journée se passe au théâtre. C'est pourquoi je suis fatigué le soir et ne fais pas grand-chose ; le matin je me réveille tout ensommeillé. Néanmoins je me suis fait ces derniers jours des extraits, en cinq volumes, de soixante ouvrages. Mais quand tu liras « soixante », ne t'effraie pas trop de ce nombre, car il inclut à la fois de petites atellanes de Novius et de courts discours de Scipion[1].

4. Et puisque tu as fait mention de ton Polémon, je t'en prie, ne mentionne pas Horace[2], qui pour moi est totalement mort, tout comme Pollion[3].

5. Adieu, mon excellent ami, adieu mon très cher, très illustre consul, le plus doux des maîtres, que je n'ai plus revu depuis deux ans ; et si d'aucuns affirment qu'il ne s'est passé que deux mois, c'est qu'ils se bornent à faire le décompte des jours. – Te reverrai-je un jour ?

1. Les atellanes sont de petites scènes de comédie populaire ; de Novius (début du Ier siècle av. J.-C.) nous avons une quarantaine de titres. Quant à Scipion, s'agit-il de l'Africain (234-183) ou de Scipion Emilien (v. 185-132 ?) ? Dans le premier cas, ce serait le seul témoignage sur les discours de ce personnage.

2. Polémon d'Athènes, scolarque de l'Ancienne Académie, successeur de Xénocrate, ou le rhéteur du IIe siècle Polémon de Laodicée ? Fronton semble avoir parlé à Marc-Aurèle du premier, sans doute de l'épisode célèbre de sa conversion à la philosophie (Diogène Laërce, IV, 16 *sq.*), en réponse à une lettre de Marc-Aurèle où ce dernier parlait du second ; voir aussi la *Lettre IX* ci-après. Horace évoque ce Polémon (d'Athènes) dans les *Satires*, II, 3, 254 *sq.*

3. Asinus Pollion, homme politique et écrivain (76 av. J.-C.-5 ap. J.-C).

VIII

Marcus César salue le très illustre consul, son maître

Je me souviens qu'il y a trois ans, de retour des vendanges avec mon père, je suis descendu sur le domaine de Pompéius Falco ; j'y ai vu un arbre branchu, que notre hôte désignait de son nom propre de « catachanna ». Cet arbre extraordinaire que je voyais pour la première fois m'a paru porter sur un tronc unique les germes de quasiment toutes les espèces d'arbre. (*lacune*)

IX

<*Marcus Aurélius César salue son consul et maître*>

1. (*lacune*)… Il y a trois jours, nous avons entendu une déclamation de Polémon[1], *histoire de parler aussi un peu des hommes*. Si tu veux savoir ce que j'en ai pensé, voici ce qu'il en est. Cet homme me fait l'effet d'un agriculteur consciencieux doté d'un excellent savoir-faire, qui a consacré son vaste domaine à la culture exclusive du blé et de la vigne, d'où il tire assurément une magnifique récolte et de gros revenus. Nulle part toutefois, dans cette terre, on ne trouve de figuier de Pompéi, de chou d'Aricie, de rose de Tarente, ni d'agréable bosquet, de maquis touffu ou de platane ombreux : tout est fait pour l'utile plutôt que pour le plaisir, de sorte qu'on est obligé de louer le résultat mais qu'on n'est guère disposé à l'aimer. Mon opinion paraîtra-t-elle assez hardie, mon jugement assez téméraire, lorsque j'exprime un avis sur un homme d'un si grand renom ? Mais quand je me souviens que c'est à toi que j'écris, je crois que je suis moins hardi que tu ne le voudrais.

1. Voir note 2, p. 231.

2. Nous avons terriblement chaud ici – et voilà en prime un bel hendécasyllabe spontané[1] ! J'arrête par conséquent de causer avec toi avant que je me mette à faire des vers.

3. Toi l'être qui me manque le plus, le plus cher à ton Vérus[2], consul très illustre, le plus doux des maîtres, porte-toi toujours bien, ma très douce âme.

X

Marcus Aurélius César salue son consul et maître

1. Depuis la lettre que je t'ai adressée dernièrement, il ne s'est rien passé qui vaille d'être écrit, ou dont la connaissance te serait d'une quelconque utilité. Nous avons passé ces journées à peu près *dans les mêmes occupations* : même théâtre, même dégoût[3], même impatience de te revoir. Pourquoi dire « même » ? Chaque jour au contraire elle se renouvelle et s'accroît ; comme le dit Labérius[4] de l'amour, à sa façon et *dans son style à lui*, « mon amour pour toi croît aussi vite que le poireau, aussi solidement que le palmier ». Comme tu vois, j'applique à mon impatience ce qu'il dit de l'amour.

1. Marc-Aurèle vient d'écrire : *Nos istic vehementer aestuamus*, où l'on peut en effet reconnaître un hendécasyllabe, c'est-à-dire un vers de onze syllabes.

2. Marc-Aurèle (originellement Marcus Annius Verus).

3. *Odium* (haine, aversion), retenu par H. den Hout semble excessif, mais peut-être en accord avec le ton de Marc-Aurèle, qui paraît ici désabusé ; *odeum* et *otium* apparaissent (dans le manuscrit) comme des corrections acceptables : si *odeum* ne fait que redoubler « théâtre », *otium* pourrait signifier ici l'oisiveté pesante (plutôt que le loisir studieux). Comparer *Écrits*, VI, 46.

4. Auteur de mimes, contemporain exact de Cicéron (106-43). Fragment incertain VI Ribbeck.

2. J'aimerais t'en écrire davantage, mais la matière manque. Voici ce qui me vient à l'esprit. Nous avons entendu ici des panégyristes, des Grecs évidemment, mais des hommes extraordinaires. L'effet que cela m'a fait, c'est que moi qui suis aussi éloigné des lettres grecques que mon Célius[1] l'est de la Grèce, j'en viens pourtant à espérer que, comparé à eux, je suis capable d'égaler Théopompe lui-même[2] (j'entends dire en effet que cet homme est le plus éloquent des Grecs). Conclusion : moi qui suis une espèce de barbare[3], j'ai été poussé à écrire en grec par des hommes d'une science sans défaut[4], selon l'expression de Cécilius[5].

3. Le climat de Naples est tout à fait agréable mais avec de fortes variations : en l'espace de quelques minutes il refroidit, tiédit ou devient torride. Pour commencer, le milieu de la nuit est tiède comme à Laurente ; au chant du coq, il fait un peu froid comme à Lanuvium ; à la fin de la nuit, à l'aube et au point du jour jusqu'au lever du soleil, il fait froid exactement comme autour du mont Algide ; après quoi, avant midi, le soleil brille comme à Tusculum ; à midi il est ardent comme à Putéoles ; mais lorsque le soleil est allé se plonger dans l'océan, alors enfin l'air devient plus clément, du genre de celui que nous avons à Tibur. Ce même état se maintient en soirée et jusqu'au

1. Colline de Rome, lieu de naissance de Marc-Aurèle.

2. Théopompe de Chios, rhéteur et historien, disciple d'Isocrate (IVe siècle av. J.-C.).

3. Littéralement : « un Opique ». Les Opiques sont un peuple de Campanie, qui passait pour grossier aux yeux des Romains.

4. *Scientia*, correction de V. den Hout pour *inscientia*. S'il s'agit des panégyristes nommés plus haut avec éloge, « ignorance parfaite » est peu vraisemblable. Mais cette admiration est peut-être ironique, et le raisonnement dans son ensemble est plus clair si elle est ironique en effet.

5. Cécilius Status, poète auteur de comédies, contemporain d'Ennius, et admiré de Fronton.

cœur de la nuit, « quand la profonde nuit se précipite sur la terre », comme dit Marcus Porcius[1].

4. Mais pourquoi, alors que j'ai annoncé que je ne t'écrirais que quelques mots, suis-je en train d'accumuler des divagations masuriennes[2] ? Adieu donc, le plus bienveillant des maîtres, très illustre consul, et puisse ton impatience de me voir égaler ton amour pour moi.

XI

À mon excellent consul et maître

Il ne manquait vraiment qu'une seule chose : qu'en plus de toutes les bontés peu communes que nous te devons, tu fasses aussi venir Cratia[3] chez nous… (*ample lacune*)

XII

<À mon maître>

(*lacune*) … et mon masseur me saisissait à la gorge. Mais, me demandes-tu, qu'est-ce donc que cette histoire ? Comme mon père, de retour des vignes, était revenu à la maison, je suis monté à cheval selon mon habitude, je me suis mis en route et éloigné à quelque distance. Peu après nous avons rencontré sur le chemin un grand troupeau de moutons, regroupés comme cela arrive habituellement dans un lieu resserré, accompagnés de quatre chiens et de

1. Voir *Lettre V.* Fragment incertain 17, p. 86 Jordan.

2. Allusion à Masurius Sabinus, célèbre juriste du temps de Tibère. Plutôt qu'aux divagations « à la manière de Masurius », le juriste n'ayant pas une réputation d'abondance ou d'extravagance, l'expression semble se rapporter aux auteurs qui se servent de façon intempestive de ses écrits.

3. Voir *Lettre XIII.*

deux bergers, mais sans rien d'autre. Un des bergers, ayant aperçu la petite troupe de cavaliers, dit alors à l'autre : « Prends garde à ces cavaliers, ils ont l'habitude de se livrer aux pires rapines. » Quand j'ai entendu cela, j'éperonne mon cheval et le précipite sur les moutons. Effrayés, les moutons se dispersent, errent en désordre d'un côté et de l'autre en bêlant. Le berger lance sa fourche, elle atteint le cavalier qui me suivait. Nous nous sauvons. C'est ainsi que celui qui craignait de perdre ses moutons a perdu sa fourche. Tu crois que j'invente ? C'est la vérité ! Mais j'aurais plus de choses à t'écrire sur cet incident si on ne m'annonçait qu'il est l'heure de mon bain.

Adieu, mon très doux maître, homme très honorable et exceptionnel, mes délices, mon amour, ma joie.

XIII

À mon maître

1. La petite Cratia[1] a réussi, comme la grande, à diminuer notre inquiétude pour le moment, ou plutôt à la balayer totalement dès maintenant. Je te remercie pour mon protecteur Marcus Porcius de ce que tu le lis et relis assidûment. J'ai peur que de ton côté tu ne puisses jamais me remercier pour Caius Crispus[2], car c'est uniquement à Marcus Porcius que je me suis dédié et voué et consacré. Ces « et », justement, d'où crois-tu que je les ai tirés ? De ma passion pour lui, précisément. Après-demain sera pour moi un jour de fête si vraiment tu viens. Adieu ami très cher, homme exceptionnel, le plus doux des maîtres.

1. La fille de Fronton, qui porte le même nom que sa mère.
2. L'historien Salluste. Pour M. Porcius, voir *Lettre V*.

2. Le jour de cette séance au Sénat, il semble que nous resterons ici plutôt que d'aller là-bas. Mais cela reste incertain. Pourvu seulement que tu viennes après-demain, et advienne que pourra. Porte-toi toujours bien, mon âme. Ma mère te salue toi et les tiens.

XIV

À mon maître

1. Toi, quand tu n'es pas avec moi, tu lis Caton ; mais moi, quand je ne suis pas avec toi, j'écoute des avocats jusqu'à cinq heures de l'après-midi. J'aimerais vraiment que la nuit prochaine soit la plus courte possible. Je préfère de loin écourter mes veilles de travail si c'est pour te voir plus tôt.

2. Adieu, le plus doux des maîtres. Ma mère te salue. Je peux à peine respirer, tellement je suis fatigué.

XV

<Marcus César> salue son maître

Je fais des progrès : par ta bienveillance tu m'as mis dans un grand embarras. Car le fait que tu viennes chaque jour à Lorium, que je t'attende jusqu'à une heure tardive… (*ample lacune*)[1].

1. Le caractère très lacunaire de cette lettre ne permet ni de la dater ni de s'accorder sur le sens des deux lignes conservées. En l'absence de contexte, le terme initial *proficio* (« je fais des progrès » ? « je trouve avantage » ?) est difficile à interpréter en rapport avec *negotium* (« embarras » ? « occupation » ?), sauf à lui donner un sens ironique. Haines et Cortassa le remplacent par *profecto*, « certainement, assurément ». Ce qui pourrait donner : « C'est sûr : ta bienveillance m'a procuré une belle occupation. » Mais on ne sait toujours pas de quoi il peut s'agir. – Pour Lorium, voir la note 1, p. 31.

XVI

Aurélius César salue son cher Fronton

1. Tu m'as souvent dit, je le sais, que tu te demandes ce qui me ferait le plus plaisir de ta part. Aujourd'hui l'occasion se présente : tu peux maintenant accroître mon amour pour toi, si tant est qu'il puisse s'accroître. Le procès approche[1], celui au cours duquel il semble bien que, si certains sont disposés à écouter ton discours avec bienveillance, on se prépare aussi à observer avec malignité l'expression de ton indignation. Et je ne vois personne qui oserait te donner un avis dans cette affaire. Car ceux qui ne t'aiment guère préfèrent te voir t'enferrer dans tes propos ; mais ceux qui au contraire sont tes amis redoutent de paraître avoir plus d'amitié pour ton adversaire, dans le cas où leur avis te détournerait de la manière que tu estimes appropriée de soutenir l'accusation contre lui ; et puis, si pour la circonstance tu as imaginé un trait particulièrement brillant, ils ne supportent pas l'idée qu'en t'incitant à garder le silence ils risquent de te priver de l'exprimer.

Cela dit, même si tu dois voir en moi un conseiller téméraire ou un petit garçon effronté, ou croire que je

1. Cette lettre se réfère à un procès dans lequel s'affrontent Fronton et Hérode Atticus (sur ce dernier, voir ci-dessus *Lettre III*, note 1, p. 226). Les informations sur la nature de ce procès sont malheureusement très pauvres, et il est impossible de trancher entre les diverses hypothèses qui ont été émises ; on ne sait même pas lequel des deux hommes était l'accusateur et lequel le défenseur. Le piquant de cette affaire est qu'elle opposait deux amis de Marc-Aurèle, ce qui explique l'embarras de ce dernier et le ton particulier de la lettre. Plus étrange encore, il semble, d'après la lettre *À Marc César*, III, 3, 2 de Fronton, que ce dernier ignorait l'amitié qui liait Hérode à Marc et à la famille impériale. Sur les hypothèses que ce procès a suscitées, voir la longue note de P. Fleury dans sa traduction de la *Correspondance* de Fronton, p. 86-91.

penche en faveur de ton adversaire, ce n'est pas une raison pour que j'aie la moindre hésitation à te conseiller ce que je jugerai plus juste. Mais pourquoi parler de conseil? C'est une demande que je t'adresse, que je t'adresse avec insistance, et je te promets en retour d'être ton obligé si j'obtiens satisfaction. Tu me diras : « Quoi? Si mon adversaire me provoque, ne vais-je pas lui rendre la monnaie de sa pièce? » Mais on te louera davantage si tu ne réponds pas aux provocations. Du reste, s'il prend l'initiative des provocations, tu seras excusable quelle que soit ta réponse. Mais je lui ai demandé de ne pas prendre les devants, et je crois avoir obtenu son accord. Je vous aime en effet tous les deux, chacun pour ses mérites propres; je n'oublie pas qu'il a été éduqué dans la maison de mon aïeul Publius Calvisius, et que moi je l'ai été auprès de toi. C'est pourquoi je tiens beaucoup à ce que cette très désagréable affaire soit réglée de la façon la plus digne possible.

2. Je souhaite que tu approuves mon conseil, car tu approuveras sûrement l'intention qui l'a inspiré. J'aime mieux, c'est sûr, avoir manqué de jugement en t'écrivant, que d'avoir manqué à l'amitié en me taisant.

Adieu, mon très cher Fronton, le meilleur des amis.

XVII

Salut, mon très cher Fronton

Dès à présent je te suis infiniment reconnaissant, mon très cher Fronton, de ce que tu ne te sois pas contenté de ne pas repousser mon conseil, mais que tu sois allé jusqu'à l'approuver. Quant aux points sur lesquels tu me demandes mon avis, dans ta lettre très amicale, voici ce que j'en pense. Tout ce qui a trait à la cause que tu défends doit être exactement produit ; ce qui concerne tes sentiments personnels, même s'il s'agit de réactions légitimes en réponse aux provocations de l'adversaire, tu dois néanmoins le taire. De cette façon tu n'auras pas porté atteinte ni à ta loyauté dans une affaire qui risque de durer toute une nuit, ni à ta réputation d'homme modéré…

(*plusieurs lettres manquantes sur deux lignes ; sens probable : « ... quoi que disent les autres, ... »*) … une seule chose me préoccupe au plus haut point : que tu puisses dire quoi que ce soit qui paraisse indigne de ton caractère, inutile à la cause et blâmable aux yeux des assistants.

Adieu, mon très cher Fronton, pour moi le plus aimable des hommes.

XVIII

À mon maître

1. Pendant que de ton côté tu te reposes et fais ce qui est bon pour ta santé, j'ai moi aussi refait mes forces. Ménage-toi et profite de ton loisir. Voici ce que je pense : tu as bien fait de t'appliquer à soigner ton bras.

2. Je ne suis pas non plus resté inactif aujourd'hui, étendu sur mon lit d'étude depuis treize heures : je suis venu à bout d'environ dix *images*[1]. Pour la neuvième je te prends comme allié et assistant, car je n'ai pas réussi à mener l'exercice à bonne fin. Le sujet en est : dans l'île d'Aenaria il y a un lac, et dans ce lac se trouve une autre

1. Exercice donné par Fronton. Cet exercice ne consistait pas à trouver des illustrations pour une idée, mais à développer une idée à partir d'une image préalablement fournie (voir P. Fleury, Fronton, *Correspondance*, p. 96). La phrase suivante de Marc-Aurèle en est un exemple, à compléter par la réponse de Fronton (*À Marc César*, III, 8) qui montre quel sens on peut donner à l'image des deux îles.

île, habitée elle aussi. *C'est de cela qu'il s'agit de faire une image.*

Adieu, ma très douce âme. Ma Souveraine[1] te salue.

XIX

Salut, mon excellent maître

1. Si tu retrouves un peu de sommeil après les insomnies dont tu t'es plaint, je t'en prie, écris-moi. Et je t'adresse en outre cette prière : en premier lieu, prends soin de ta santé ; ensuite pose et cache quelque part la hache de Ténédos[2] que tu brandis comme une menace, et n'abandonne pas ton intention de plaider, ou alors toutes les bouches devront se taire en même temps que la tienne.

2. Tu dis que tu as composé je ne sais quoi en grec, une chose qui te plaît comme peu d'autres de tes écrits. N'est-ce pas toi qui m'as durement reproché ces derniers temps d'écrire en grec ? Mais il faut que j'écrive en grec, maintenant plus que jamais. « Pourquoi ? » me demandes-tu. Je veux vérifier par expérience si ce que je n'ai pas appris me réussira mieux, puisqu'en vérité ce que j'ai appris me trahit[3]. Mais si tu m'aimais, tu m'aurais envoyé cette nouvelle pièce dont tu dis être satisfait. Je te lis cependant ici, fût-ce contre ton gré ; et à dire vrai, c'est la seule chose qui me maintienne en vie et me permette de tenir bon.

1. La mère de Marc-Aurèle, Domitia Lucilla.

2. Expression proverbiale pour désigner une décision grave qui engage définitivement. Par allusion à un roi de l'île de Ténédos, qui avait décrété la mort pour les coupables d'adultère.

3. Marc-Aurèle exagère évidemment en prétendant ne pas avoir appris le grec (on sait que les *Écrits* sont rédigées dans cette langue) et que son latin le trahit. Il fait sans doute référence aux difficultés que lui causent les exercices que Fronton lui a donnés.

3. Tu m'as envoyé un sujet d'exercice bien cruel. Je n'ai pas encore lu l'extrait de Coelius que tu m'as fait parvenir, et je ne le lirai pas avant d'avoir moi-même débusqué mes idées[1]. Mais le discours que je dois faire comme César[2] s'agrippe à moi avec ses ongles crochus. Maintenant seulement je me rends compte des efforts que cela coûte de façonner trois ou cinq vers par jour et de persévérer quand on écrit quelque chose.

4. Adieu, ma chère âme. Je ne devrais pas t'aimer ardemment, toi qui m'as écrit ce que tu as écrit ? Que dois-je faire ? Je suis incapable de me contenir. Il se trouve que l'année dernière, en ce même lieu et à la même époque, je brûlais du désir de revoir ma mère. Ce désir, c'est toi qui l'éveilles cette année. Ma Souveraine te salue.

XX

Salut, mon excellent maître

1. À chaque anniversaire, je le sais, les amis adressent des vœux à celui dont on fête l'anniversaire. Moi pourtant, étant donné que je t'aime comme moi-même, c'est pour moi que je désire formuler des souhaits. Aussi appelé-je de mes vœux l'assistance de chacun des dieux qui, où que ce soit dans le monde, offrent aux hommes l'aide efficace et rapide de leur pouvoir, qui partout dans le monde secourent les hommes et manifestent leur puissance par

1. L'auteur mentionné est sans doute Coelius Antipater, historien de la fin du IIe siècle av. J.-C. La suite de la phrase reste obscure : on ne sait s'il s'agit des « idées » (*sensus*, sans autre détermination) de Coelius ou de celles que Marc-Aurèle doit développer dans le discours dont il est question dans la phrase suivante, ou encore de celles de l'exercice « cruel » proposé par Fronton.

2. Discours officiel que Marc-Aurèle doit prononcer après avoir reçu le titre de César.

les songes, les mystères, la médecine ou les oracles ; et selon la nature de chaque vœu, je m'établis dans le lieu où le dieu préposé au vœu en question m'exaucera plus aisément.

2. Ainsi je commence par monter à la citadelle de Pergame, je supplie Esculape de prendre soin de la santé de mon maître et d'user de toute sa puissance pour la préserver. Je descends ensuite pour me rendre à Athènes, et à genoux je conjure Minerve et lui demande par mes prières que, si jamais je puis acquérir quelque connaissance en matière de lettres, cette connaissance passe dans mon esprit de la bouche de Fronton, de préférence à toute autre. Maintenant je reviens à Rome, et j'implore de mes vœux les dieux protecteurs des routes et les dieux protecteurs des mers pour que tu m'accompagnes dans tous mes voyages et que je ne sois pas si souvent et si cruellement tourmenté par l'impatience de te revoir. Finalement je demande à tous les dieux protecteurs de toutes les nations, et à Jupiter en personne qui fait retentir le Capitole, de nous accorder que ce jour où tu es né pour moi, je puisse le fêter avec un Fronton en bonne santé et de joyeuse humeur.

3. Adieu, mon très doux et très cher maître. Je te prie de prendre soin de toi, pour que je puisse te voir quand je viendrai. Ma Souveraine te salue.

XXI

À mon maître

1. J'ai reçu ces jours-ci deux lettres de toi. Dans l'une tu m'adressais des critiques, en me reprochant d'avoir rédigé une maxime sans beaucoup de soin, mais dans l'autre tu t'efforçais de soutenir mon zèle par des éloges.

Je t'assure cependant, par ma santé, celle de ma mère et la tienne, que la première m'a procuré plus de joie, et que plus d'une fois je me suis écrié en la lisant : « Que je suis heureux ! » – « Ainsi, dira-t-on, tu affirmes être heureux s'il est quelqu'un pour t'enseigner comment formuler une *maxime* de manière plus habile, plus brillante, plus concise, plus élégante ? » Ce n'est pas pour cela que je me déclare heureux. Pourquoi alors ? Parce que de toi j'apprends à dire la vérité. C'est cela, dire la vérité, qui est franchement difficile pour les dieux comme pour les hommes. Car enfin il n'y a pas d'oracle, aussi véridique fût-il, qui ne contienne quelque chose d'ambigu, d'équivoque ou d'embarrassé, de sorte que celui qui n'est pas assez sur ses gardes est pris au piège : il interprète la réponse conformément à ses désirs, et après coup, une fois que l'événement s'est réalisé, il s'aperçoit qu'il a été trompé. Mais c'est une affaire lucrative, et la coutume veut manifestement qu'on excuse de telles pratiques en disant qu'il ne s'agit que de pieuse illusion et de légèreté. Au contraire tes reproches ou les brides que tu m'imposes m'indiquent immédiatement le bon chemin, sans feinte ni paroles artificieuses. C'est pourquoi je devrais même te remercier de ce qu'en outre tu m'enseignes simultanément à dire la vérité et à l'entendre. Je te dois par conséquent une double rémunération, mais cette dette, tu t'arrangeras pour que je ne puisse m'en acquitter. Si tu ne veux aucune rémunération, comment puis-je te payer de retour sinon par la vénération que j'ai pour toi ? Cependant, déloyal envers moi-même, j'ai préféré que toi, mû par une sollicitude excessive…

2. (*cinq lignes intraduisibles*)

3. Adieu, mon… et excellent, le meilleur des maîtres, le plus charmant… combien je me réjouis que tu sois entré… <dans mon amitié ?>. Ma Souveraine te salue.

XXII

À mon maître

La lettre de Cicéron m'a fait une impression extraordinaire. Brutus avait envoyé son livre à Cicéron pour qu'il le corrige[1]... (*lacune*)

XXIII

Salut mon très cher Fronton, bien digne de ce superlatif

1. J'ai percé à jour la ruse très ingénieuse que tu as imaginée, il faut le dire, avec une extrême bienveillance : parce que tu pensais qu'en raison de l'affection sans égale que tu me portes je ne te croirais pas si tu me fais des compliments, tu as cherché à rendre tes louanges crédibles en me critiquant. Mais que je suis heureux d'être jugé digne aussi bien des compliments que des critiques de mon cher Marcus Cornélius, le plus grand des orateurs, le meilleur des hommes ! Que dire de ta lettre si bienveillante, si sincère, si amicale ? Mais sincère seulement jusqu'à la première partie de ce que tu m'écris ; car pour la suite où tu me complimentes, comme le dit je ne sais quel auteur grec (Thucydide, je crois), « *l'être qui aime s'aveugle sur l'objet de son amour.* »[2] : c'est de cette façon que, comme aveuglé par ton affection, tu as jugé une partie de mes écrits.

2. Mais j'attache un grand prix au fait que, tout en n'écrivant pas très bien et sans que je le mérite, je reçoive des compliments de ta part pour la seule raison que tu

1. Voir Cicéron, *À Atticus*, XV, 1a, 2 (= Lettre 747, *Correspondance*, vol. IX, p. 134 dans l'édition des Belles Lettres).

2. Emprunté non à Thucydide mais à Platon, *Lois*, V, 731e.

m'aimes bien – sujet sur lequel tu m'as dernièrement écrit tant de choses si bien tournées – et cela au point que si toi tu le souhaites, je deviendrai quelque chose[1]. Quoi qu'il en soit, ta lettre a eu pour effet de me faire éprouver l'ardeur de ton affection.

Mais pour ce qui est de mon *abattement*, je suis malgré tout encore perturbé et un peu triste d'avoir dit aujourd'hui au Sénat quelque chose qui me rend indigne de t'avoir pour maître.

Adieu, mon cher Fronton, toi que je ne peux appeler autrement que mon meilleur ami.

XXIV

À son maître de la part de son César

1. Combien la lecture de ces discours de Gracchus m'a fait plaisir, inutile de le dire puisque c'est toi, tu le sais parfaitement, qui avec ton jugement d'expert et ton extrême bienveillance, m'as incité à les lire. Pour que ton livre ne te revienne pas seul, sans compagnon, j'ai joint la présente lettre.

2. Adieu, mon très doux maître, le plus amical des amis, à qui je serai redevable de tout ce que je connaîtrai jamais en matière de littérature. Je ne suis pas ingrat au point d'ignorer la faveur que tu m'as faite en me donnant à lire les extraits que tu possèdes, et en ne cessant pas, jour après jour, de me mener sur le droit chemin et de m'ouvrir les yeux, comme on dit couramment.

Tu mérites bien que je t'aime.

1. Marc-Aurèle répond à la lettre dans laquelle Fronton lui promettait de le conduire « au sommet de l'éloquence » (*in cacumine eloquentiae*) ; voir Fronton, *À Marc César*, III, 17, 3.

XXV

À mon maître

Quel état d'esprit que le mien, tu imagines, quand je pense qu'il y a si longtemps que je ne t'ai pas vu, et que je songe à la raison pour laquelle je ne t'ai pas vu ! Et peut-être que je ne te verrai pas avant plusieurs jours puisque tu es en train de refaire tes forces, comme il se doit. Donc tant que tu seras alité je resterai prostré moi aussi ; et quand avec l'aide des dieux tu seras sur pied, je serai pareillement d'aplomb, moi qui en ce moment brûle de l'ardent désir de te revoir.

Adieu, âme de ton César, de ton ami, de ton élève.

XXVI

À mon maître

1. Je ne t'ai pas écrit ce matin parce que j'ai appris que tu allais mieux, et que moi-même j'étais occupé à une autre affaire. Je n'ai pas le cœur à t'écrire quoi que ce soit si je n'ai pas l'esprit détendu, sans entraves, libre. Donc si tu es bien portant, fais-le-moi savoir. Car tu sais bien ce que je souhaite, et moi je sais combien j'ai raison de le souhaiter.

Adieu, maître, toi qui à juste titre et en toutes circonstances devances tout le monde dans mon cœur.

2. Tu vois, maître, que je ne dors pas, et pourtant je me force à dormir pour éviter que tu ne te fâches. Tu as compris, de toute façon, que c'est le soir que je t'écris.

XXVII

Très cher

1. Bien que je vienne te voir demain, je ne supporte pas néanmoins, mon très cher Fronton, de ne pas répondre ne serait-ce qu'en quelques lignes à ta lettre si amicale, si agréable et, disons-le, d'une si belle tenue. Mais de quoi dois-je me féliciter d'abord ? De quoi dois-je d'abord te remercier ? Ne faut-il pas rappeler en premier qu'en dépit du peu de loisir que te laissent les travaux si importants que tu effectues chez toi et les affaires non moins importantes qui t'appellent à l'extérieur, tu aies fait l'effort d'aller trouver notre Julianus[1] rien que pour m'être agréable (je serais ingrat si je ne le comprenais pas) ? Ce geste ne révèle pourtant sa véritable importance que si l'on ajoute la suite : que tu sois resté là-bas si longtemps, que tu te sois entretenu avec lui si abondamment, que tu lui aies parlé de moi ou de ce qui pouvait soulager son mal, que tu aies rassuré un malade sur son état et accru l'amitié d'un ami pour moi ; qu'ensuite tu m'aies fait de tout cela un rapport détaillé, qu'enfin dans la même lettre tu aies ajouté sur Julianus lui-même la nouvelle que je désirais le plus, le tout accompagné de mots extrêmement aimables et de conseils très salutaires.

2. Il y a une chose que je ne puis absolument pas te cacher mais que je ne vais dire à personne d'autre ; laquelle ? celle-ci en tout cas : que tu m'aies écrit une lettre si longue alors que je suis sur le point de te voir demain ; c'est cela qui m'a vraiment été le plus agréable, et de loin ; c'est pour cette raison que je me suis cru le plus heureux de tous les hommes, car tu as montré par là, de la manière

1. Publius Salvius Julianus, ami de Marc-Aurèle et de son frère Lucius Vérus.

la plus forte et la plus douce, combien je compte pour toi et combien grande est ta confiance en mon amitié. Que puis-je ajouter sinon que « tu mérites bien mon amour »[1] ? Mais pourquoi parler de mérite ? Si seulement je pouvais t'aimer comme tu le mérites ! C'est précisément pour cela qu'en ton absence et sans que tu y sois pour rien, je m'irrite contre toi et que je t'en veux : parce que tu m'empêches de t'aimer comme je le désire, c'est-à-dire de telle sorte que mon âme puisse régler son pas sur ton amour, jusqu'à son point culminant.

3. Pour ce que tu dis d'Hérode[2], je t'en prie, persiste dans tes intentions ; et comme dit notre Quintus[3] : « Tâche de l'emporter, tiens bon, obstine-toi. » Hérode t'aime, moi de même ici, et si quelqu'un ne t'aime pas, c'est que son esprit ne comprend rien et que ses yeux ne voient rien ; je ne dis rien des oreilles, car les oreilles de tous tes auditeurs, subjuguées, sont soumises au charme de ta voix.

4. Le jour d'aujourd'hui me semble plus long qu'un jour de printemps, et la nuit qui vient va me paraître plus longue qu'une nuit d'hiver, si fort je désire saluer mon Fronton et surtout embrasser l'auteur de cette dernière lettre.

5. Je t'ai écrit cela rapidement parce que Maecianus[4] me pressait, et qu'il convient que ton frère retourne chez toi sans retard[5]. C'est pourquoi je te demande, au cas où dans ma lettre apparaîtraient un terme un tantinet déplacé, une idée plutôt sotte, ou encore une écriture tremblée, que

1. Formule utilisée déjà ci-dessus, *Lettre XXIV*, fin.
2. Le rhéteur mentionné ci-dessus, *Lettre III*, 10.
3. Ennius, fragment incertain 401 Warmington.
4. Ami de Marc-Aurèle et un de ses maîtres.
5. Il s'agit probablement du frère de Fronton qui a apporté la lettre dont parle Marc-Aurèle.

tu mettes tout cela sur le compte de la précipitation. Étant donné, en effet, que j'aime passionnément en toi l'ami, je dois me souvenir qu'il me faut montrer autant de respect au maître que d'amour à l'ami.

Adieu, mon très cher Fronton, l'être le plus doux que tout au monde.

6. Le Sota[1] d'Ennius que tu m'as rendu me paraît écrit sur un papier plus propre, le volume est plus agréable et l'écriture plus jolie qu'auparavant. Que Gracchus reste avec la jarre de vin nouveau jusqu'à notre retour ; aucune crainte qu'il puisse dans l'intervalle cesser de fermenter en même temps que le moût[2]. Porte-toi toujours bien, ma très délicieuse âme.

XXVIII

Marcus César salue son maître Marcus Fronton

1. Après que je suis monté en voiture et que je t'ai salué, nous avons fait un voyage pas trop désagréable, mais nous avons été légèrement aspergés par la pluie. Cependant avant d'arriver à notre maison de campagne, nous avons fait un détour d'environ un mille pour gagner Anagnia[3]. Nous avons alors visité cette antique cité, de dimension assez modeste, il est vrai, mais où l'on trouve beaucoup d'antiquités, des temples et des cérémonies religieuses en grand nombre. Le moindre recoin renferme

1. Poème écrit dans un mètre emprunté à un poète grec de l'époque hellénistique nommé Sotadès ou Sotade.

2. À propos de Gracchus, voir ci-dessus la *Lettre XXIV*. Fronton jugeait qu'il haranguait « dans un style séditieux », *turbulente* (*De l'éloquence*, I, 2). Marc-Aurèle veut dire qu'il laisse les écrits en question sur place, alors qu'il s'apprête à partir (phrase 1).

3. Ville principale des Herniques, un peuple du Latium.

un sanctuaire, un lieu consacré, un temple. En outre, beaucoup de livres écrits sur lin concernant le culte. Puis en sortant <d'un des temples>, nous avons vu sur la porte, en deux endroits, l'inscription suivante : « Flamine, prends le "samentum". » J'ai demandé à un habitant du lieu ce que ce dernier mot veut dire. Il m'a répondu que, dans la langue des Herniques, il désigne la petite peau enlevée à la victime, que le flamine met sur son bonnet quand il entre dans la ville. Nous avons aussi appris beaucoup d'autres choses que nous souhaitions connaître. Mais il y a une chose que nous ne souhaitons pas : que tu ne sois pas avec nous, et c'est là notre principal souci.

2. À toi maintenant : après nous avoir quittés, as-tu suivi la voie Aurélienne ou es-tu allé en Campanie ? Tâche de m'écrire pour me dire si tu as commencé les vendanges, si par ailleurs tu as emporté beaucoup de livres dans ta maison de campagne, et aussi si je te manque – question stupide, je suis sûr que c'est le cas. Mais si je te manque et si tu m'aimes, tu m'écriras souvent, dans le but de soulager ma peine et de me réconforter. Car j'aimerais mille fois mieux « lire » tes lettres que « faire la récolte »[1] de tous les sarments du Massique et du Gaurus ; car ceux de ta Signia, il faut le dire, ont des grappes trop âcres et des grains trop acides, dont je préférerais boire le vin plutôt que le moût[2]. Et puis ces raisins sont meilleurs à manger secs que frais ; à la vérité, j'aimerais mieux les fouler avec

1. Jeu de mots sur *legere*, qui signifie aussi bien « lire » que « récolter ».

2. Les vins du Massique et du Gaurus (deux montagnes de Campanie) sont réputés, au contraire de ceux de Signia où, semble-t-il, se trouve Fronton. Pour exprimer le plaisir que lui procurent les lettres de son maître, Marc-Aurèle doit évidemment faire la comparaison avec les premiers.

les pieds que les mastiquer avec les dents. Puissent néanmoins les raisins se montrer bienveillants et indulgents, et m'accorder généreusement leur pardon pour ces plaisanteries !

Adieu, toi le plus amical des hommes, le plus délicieux, le plus éloquent, le plus doux des maîtres.

3. Quand tu verras le moût fermenter dans la jarre, songe qu'à son image mon cœur bouillonne, déborde et écume de l'impatience de te revoir. Porte-toi toujours bien.

XXIX

Salut, mon très cher maître

1. Nous allons bien[1]. Aujourd'hui, grâce à une bonne répartition des repas, j'ai étudié de trois heures du matin à huit heures. De huit heures à neuf heures, j'ai déambulé en sandales devant ma chambre avec beaucoup de plaisir. Ensuite j'ai mis mes chaussures, pris mon manteau court (on nous avait notifié de nous présenter dans cette tenue), et je suis allé saluer mon seigneur.

2. Nous sommes partis à la chasse et y avons accompli des exploits : nous avons entendu dire qu'on avait capturé des sangliers ; nous n'avons en effet pas eu la possibilité de rien voir, bien que nous eussions gravi une pente plutôt escarpée. Ensuite, après midi, nous sommes rentrés à la maison. Je suis retourné à mes livres. Après avoir enlevé mes chaussures et déposé mes vêtements, je suis resté sur mon lit d'étude à peu près deux heures. J'ai lu le discours

1. Le « nous » de Marc-Aurèle se rapporte souvent à sa propre personne, mais parfois aussi à un groupe de personnes, et il n'est pas toujours facile de choisir, notamment lorsque le singulier et le pluriel se mêlent dans une même phrase. Pour éviter des choix arbitraires, on a gardé le « nous » dans la traduction.

de Caton *Sur les biens de Pulchra*, ainsi qu'un autre dans lequel il intente une accusation contre un tribun[1]. « Ah ! » dis-tu à ton serviteur, « va aussi vite que tu pourras à la Bibliothèque d'Apollon et rapporte-moi ces discours ». Peine perdue, car j'ai emporté avec moi ces deux livres. Il te faut par conséquent faire ta cour au bibliothécaire de la Tibérine[2] ; tu devras y consacrer quelque argent, et j'espère qu'il m'en reversera une partie, au terme d'un partage équitable, quand je serai de retour à Rome.

3. Après avoir lu ces discours, j'ai rédigé quelques misérables lignes en hommage aux Nymphes et à Vulcain. *J'ai été vraiment peu heureux dans ce que j'ai écrit aujourd'hui*, un petit exercice tout à fait digne d'un de ces chasseurs ou de ces vendangeurs qui font retentir ma chambre de leurs cris de liesse, exactement aussi déplaisants et assommants que ceux des avocats. – Qu'ai-je dit là ? En fait, j'ai eu raison de m'exprimer ainsi, car mon maître, lui, est un orateur[3].

4. Il me semble que j'ai pris froid ; est-ce parce que je me suis promené en sandales ce matin ou parce que j'ai été peu heureux dans ce que j'ai écrit ? Je n'en sais rien. D'un autre côté, il est certain que je suis sujet au rhume, mais je crois bien qu'aujourd'hui j'expectore davantage.

1. On ne connaît aucun de ces discours ; le second doit se rapporter au temps où Caton était censeur.

2. Il y avait à Rome une bibliothèque d'Apollon fondée par Auguste, mais le palais de Tibère en comportait une autre, dans laquelle se trouvait une statue d'Apollon. Le présent passage n'a pas tout à fait le même sens selon qu'il s'agit de deux établissements différents ou d'un seul. (« soudoyer le bibliothécaire » se comprend mieux dans le second cas : le bibliothécaire devra d'abord réclamer les ouvrages à Marc-Aurèle et les réserver ensuite pour Fronton ; mais pourquoi utiliser deux désignations différentes ?).

3. Et non un vulgaire avocat.

C'est pourquoi je vais répandre l'huile sur ma tête et aller dormir, car je ne pense pas en mettre la moindre goutte dans ma lampe, tant le cheval et les éternuements m'ont épuisé.

5. Porte-toi bien, mon très cher et très doux maître, toi dont je regrette l'absence – oserais-je le dire – plus que celle de Rome elle-même.

XXX

Salut, mon très doux maître

1. Nous allons bien. J'ai dormi un peu plus longtemps en raison de mon petit rhume[1], lequel semble avoir baissé d'intensité. Ainsi, de cinq heures du matin à neuf heures, j'ai passé une partie de mon temps à lire quelques pages de l'*Agriculture* de Caton, une autre à rédiger des choses moins misérables, par Hercule, que la veille. Ensuite, après avoir présenté mes respects à mon père, j'ai ingurgité puis rejeté une grande quantité d'eau additionnée de miel : « j'ai soulagé ma gorge » ; je préfère m'exprimer ainsi plutôt que de dire « je me suis fait des gargarismes », car l'expression se trouve chez Novius[2], je crois, et d'autres. Après avoir soigné ma gorge, j'ai rejoint mon père et je l'ai assisté dans le sacrifice qu'il accomplissait. Nous sommes ensuite allés dîner. Que crois-tu que j'aie mangé ? Un petit morceau de pain, alors que j'en voyais d'autres dévorer des fèves, des oignons et de petits poissons remplis

1. Voir la lettre précédente, 4.

2. Voir *Lettre VII*, 3. Novius étant un auteur d'atellanes, genre populaire, l'expression que Marc-Aurèle croit pouvoir lui attribuer est sans doute la deuxième (le fr. 109 Ribbeck retient en effet le verbe *gargarissare*, mais d'après ce passage comme seule source), et dans ce cas pour s'en démarquer.

d'œufs. Nous nous sommes ensuite adonnés à la récolte des raisins ; nous avons bien transpiré, nous étions de bonne humeur et, comme dit le poète, « nous avons abandonné les grappes hautes aux grappilleurs »[1]. Après midi, nous sommes rentrés à la maison.

2. J'ai un peu étudié, sans plus de résultat. J'ai ensuite longuement bavardé avec ma chère petite mère assise sur le lit. Je disais : « Que crois-tu que fasse mon cher Fronton en ce moment ? » Elle : « Et à ton avis, que fait ma chère Cratia ? » Moi alors : « Et notre petit oisillon, la chère petite Cratia ? »[2] Pendant que nous causions ainsi et nous disputions pour savoir qui de nous aimait davantage l'un ou l'autre de vous, on entendit le gong qui nous annonçait que mon père était allé prendre son bain. Nous avons donc mangé après notre bain dans le pressoir (nous n'avons pas pris le bain dans le pressoir, mais nous avons mangé après avoir pris notre bain[3]), et nous avons écouté avec plaisir les paysans échanger des railleries. Ensuite je suis rentré chez moi, et avant de me tourner sur le côté pour ronfler, je m'acquitte de mon devoir et je rends compte de ma journée à mon très doux maître ; si je pouvais davantage regretter son absence, je me tourmenterais volontiers un peu plus.

3. Porte-toi bien mon cher Fronton, où que tu sois, toi qui es pour moi comme le miel le plus doux, mon amour, mes délices. Qu'y a-t-il donc entre toi et moi ? Je t'aime et tu es loin !

1. Le poète est sans doute le même Novius. Fragment incertain 110 Ribbeck.

2. L'épouse et la fille de Fronton s'appelaient toutes deux Cratia ; cf. *Lettre XIII*.

3. La plaisanterie passe mieux en latin ; en français, pour conserver une ambiguïté dans la phrase initiale, il faut omettre les virgules autour de « après notre bain ».

XXXI

Salut, mon très doux maître

1. Le courrier part enfin, et enfin je peux t'envoyer des nouvelles de mes activités de ces trois jours. Je ne peux rien « dire » en fait : j'ai dû dicter une trentaine de lettres et j'en ai perdu le souffle ! En ce qui concerne l'avis dont tu m'as fait part récemment au sujet des lettres, je n'en ai pas encore parlé à mon père. Cependant quand – avec l'assistance des dieux – nous viendrons à Rome, rappelle-moi de t'en dire quelques mots. Mais étourdis comme nous le sommes toi et moi, tu ne me le rappelleras pas et je ne t'en dirai rien ; et pourtant il faut vraiment que nous y pensions.

2. Adieu, mon… que dire ? quoi que je dise, ce sera trop faible. Adieu, ô toi qui me manques, toi mes délices.

XXXII

À mon maître, salut

1. Ton frère m'a dernièrement *apporté la bonne nouvelle* de ton arrivée. Par Hercule, je souhaite que tu puisses venir, pourvu que ta santé le permette ! Car j'espère que le fait de te revoir contribuera aussi à mon rétablissement : *il est doux de plonger son regard dans les yeux d'un ami*, dit Euripide me semble-t-il[1]. Tu peux aisément juger de mon état actuel du simple fait que j'écris ces lignes d'une main mal assurée.

2. Pour ce qui est de mes forces en tout cas, il est certain qu'elles commencent à revenir ; la douleur que je ressentais dans la poitrine a disparu elle aussi, et *c'en est fait* de l'ulcère que *j'avais à la gorge*. Je suis un traitement, et je

1. Euripide, *Ion*, 732.

veille à ce qu'il ne soit pas interrompu de mon fait. Car je me rends compte que rien ne permet mieux de supporter les longues indispositions que la claire conscience qu'on doit se soigner de façon scrupuleuse et régler sa vie en suivant les recommandations des médecins. Il serait d'ailleurs honteux qu'un mal physique puisse durer plus longtemps que l'effort que fait l'esprit pour recouvrer la santé.

Adieu, mon maître très aimable. Ma mère te salue.

XXXIII

<À mon maître, salut>

Ces choses, actuellement me…

Adieu, mon très cher Fronton. Ma mère te salue ; salue notre consul et notre dame[1].

XXXIV

César à Fronton

Grâce aux dieux, il semble que nous ayons quelque espoir de guérison : la diarrhée a cessé et les petites fièvres ont été chassées ; il subsiste néanmoins une légère maigreur et un peu de toux. Tu comprends certainement que ce que je t'écris concerne notre petite Faustine, qui nous a donné beaucoup de mal[2].

1. On ne peut identifier avec certitude ce consul ; la dame est sûrement l'épouse de Fronton.

2. Marc-Aurèle a eu deux filles du nom de Faustina : Domitia Aurelia Faustina, première-née de Marc-Aurèle, née vers 147 et morte en bas âge ; et Annia Galeria Aurelia Faustina. Il s'agit sans doute ici de la première. La réponse de Fronton (*À Marc César*, IV, 12, 1) indique que Marc-Aurèle était particulièrement attaché à cette fille. Voir P. Fleury, dans Fronton, *Correspondance*, p. 126, note 102.

Fais-moi savoir, mon maître, si comme je le souhaite ta santé s'améliore.

XXXV

À mon maître

1. Caius Aufidius[1] prend de grands airs, il porte aux nues son jugement et prétend qu'il n'y a jamais eu homme plus juste que lui – je ne voudrais pas exagérer – qui soit venu d'Ombrie à Rome. Que demander de plus ? Il veut être loué comme juge plutôt que comme orateur. Quand je souris, il me regarde de haut : siéger en baillant au côté du juge est facile, assure-t-il, mais en tout état de cause être juge est une fonction noble. Cela à mon intention. Cependant l'affaire a été convenablement réglée ; c'est bien, je suis content.

2. Ta venue me rend heureux et en même temps m'inquiète. Personne ne peut demander pourquoi elle me rend heureux ; pour quelle raison elle m'inquiète, je vais te l'avouer en toute bonne foi. Ce que tu m'as demandé d'écrire, eh bien je n'y ai pas travaillé ne serait-ce qu'un petit peu, bien que le temps ne m'eût pas manqué. En ce moment les livres d'Ariston[2] me font bon accueil et en même temps me font du mal. Quand ils m'enseignent une

1. C. Aufidius Victorinus, gendre de Fronton.

2. Pour la majorité des commentateurs, il s'agit d'Ariston de Chios (IIIe siècle av. J.-C.), élève du stoïcien Zénon, qui s'est écarté de l'orthodoxie stoïcienne (principalement en ne s'intéressant qu'à l'éthique) tout en continuant à se réclamer du Stoïcisme. S'il s'agit bien de lui, cette lettre est un témoignage intéressant sur l'évolution de Marc-Aurèle (voir en outre le fin de la lettre). – Certains veulent toutefois qu'on ait affaire plutôt au juriste Titius Aristo (voir R. Goulet, dans *Dictionnaire des philosophes antiques*, *op. cit.*, I, 1989, p. 377-378).

vie meilleure, alors évidemment ils me font bon accueil ; mais lorsqu'ils mettent en évidence combien ma nature est restée en deçà de cette vie meilleure, ton élève trop souvent rougit et s'irrite de ce qu'à l'âge de 25 ans mon esprit n'a encore assimilé aucune de ces droites doctrines ni aucune règle de vie plus parfaite. En conséquence, je me châtie, je me mets en colère, je suis triste, *je suis jaloux*, je me prive de nourriture.

3. Et c'est parce qu'actuellement je suis en proie à ces soucis que, chaque jour, j'ai remis au lendemain le devoir d'écriture que tu m'as donné.

Mais je vais maintenant inventer une échappatoire : à l'exemple de l'orateur d'Athènes disant en guise d'avertissement à l'assemblée des Athéniens qu'« il faut parfois laisser dormir les lois »[1], je m'apprête à faire la paix avec les livres d'Ariston et à leur accorder un peu de repos, pour me consacrer entièrement à ton auteur de théâtre, non sans avoir lu au préalable les petits discours de Cicéron[2]. Ce que j'écrirai, toutefois, sera une défense de l'une ou de l'autre thèse, car Ariston ne dormira jamais assez profondément pour me permettre de soutenir des points de vue opposés sur la même question[3].

4. Adieu, mon excellent et très honorable maître. Ma Souveraine te salue.

1. On ne sait rien de cet orateur athénien, mais Plutarque attribue une pareille déclaration au roi de Sparte Agésilas (*Vie d'Agésilas*, 30).

2. À la façon dont ils sont cités ici, l'auteur dramatique (sans doute Plaute) et les discours de Cicéron font apparemment partie des « devoirs » donnés par Fronton à son élève.

3. Les commentateurs voient dans cette lettre, et notamment dans cette fin, un témoignage sur les doutes qui gagnent peu à peu Marc-Aurèle quant à l'intérêt de la rhétorique par rapport à la philosophie (argumenter pour et contre une thèse fait partie des exercices proposés par les maîtres de rhétorique).

XXXVI

À mon maître[1]

Quant à moi, je ne t'aimerai jamais assez : je vais dormir[2].

XXXVII

Réponse

Demain, si tu me le rappelles, je te ferai ma réponse au sujet de ce mot[3]…

XXXVIII

<*À mon maître*>

Nous sommes arrivés pleins de courage…

XXXIX

<*À mon maître*>

J'ai pris quelque nourriture…

XL

<*À mon maître*>

Je suis ton conseil…

1. Les Lettres numérotées de 36 à 44 ne sont connues que par leurs incipits (avec quelques mots pour les deux premières), empruntés à la Table du livre V des lettres *À Marc César*.

2. Réponse à une lettre de Fronton (*À Marc César*, V, 1) l'invitant à bien dormir avant un discours qu'il devait prononcer au Sénat.

3. Réponse à Fronton, qui lui demandait de ne pas utiliser *dictio* pour *oratio* (*À Marc César*, V, 3).

XLI

<À mon maître>

Trop longtemps alarmé…

XLII

<À mon maître>

Au milieu des ennuis…

XLIII

<À mon maître> [1]

Cette fatigue qui est la tienne…

XLIV

<À mon maître>

Je suis suffisamment en mesure, pour cette affaire…

XLV

<À mon maître>

1. … d'ici deux jours, si c'est la bonne solution[2] ; mais serrons les dents ! Et pour raccourcir ton voyage, eu égard à ta récente maladie, attends-nous à Gaète. Je plaisante[3],

1. Van den Hout (après Hanslik) écrit <*Domino meo*>, et la lettre serait adressée par Fronton à Marc-Aurèle. Haines, Pepe et Cortassa écrivent <*Magistro meo*>.

2. Début lacunaire. Marc-Aurèle doit faire allusion au délai qui le sépare encore de la rencontre avec Fronton.

3. Il n'y a apparemment rien de plaisant dans ce qui précède. Avec Haines, on peut supposer que Marc-Aurèle se réfère au début non conservé de cette lettre.

comme font d'ordinaire ceux qui mettent enfin la main sur ce qu'ils désirent : ils en parlent à la ronde, leur cœur déborde, ils exultent. Mais en ce qui me concerne s'y ajoute un ennui généralisé.

2. Ma Souveraine et mère te salue ; je lui demanderai aujourd'hui qu'elle m'amène Cratia, qui sera pour moi « comme la fumée de la terre paternelle », selon l'expression du poète grec[1].

Adieu mon maître, mon tout. Je me félicite d'être sur le point de te voir.

XLVI

À mon maître

Tu plaisantes sans doute, mais en m'envoyant cette lettre tu as produit en moi une profonde inquiétude, un malaise extrême, une douleur et un feu ardents, au point que je n'ai plus de plaisir ni à manger ni à dormir ni même à étudier[2]. Toi cependant, dans le discours que tu dois prononcer aujourd'hui, tu peux trouver quelque soulagement ; mais moi, que vais-je faire ? J'ai déjà épuisé tout le plaisir de l'entendre[3] ; je crains que tu n'arrives à Lorium un peu trop tard, et je souffre de ce que dans l'intervalle tu souffres.

1. Allusion à une formule de l'*Odyssée*, I, 58 (*cf.* ci-dessus *Lettre II*, 3 : Ulysse espérant revoir les fumées de sa terre). La présence de la petite Cratia sera comme un avant-goût de celle de Fronton son père.

2. Cette première phrase laisse entendre que Fronton a donné à Marc-Aurèle de mauvaises nouvelles de sa santé, mais sur un ton badin, ou assaisonnées de quelques plaisanteries.

3. En anticipant le plaisir qu'il aura à écouter le discours de Fronton, Marc-Aurèle l'a en quelque sorte déjà épuisé.

Adieu, mon maître, dont la santé assure la mienne et la préserve.

XLVII

À mon maître

Voici comment j'ai passé ces derniers jours. Ma sœur a été brusquement saisie d'une douleur dans les organes génitaux, douleur si intense que son visage en avait un aspect effrayant. De plus ma mère, dans son agitation, s'est heurtée par imprudence à l'angle d'un mur : ce coup l'a gravement affectée, et nous avec elle. Moi-même, au moment de me coucher, j'ai trouvé un scorpion dans mon lit ; mais j'ai pris les devants et je l'ai tué avant de m'étendre sur le lit. Si de ton côté tu vas mieux, c'est pour moi une consolation. L'état de ma mère est déjà plus supportable, grâce aux dieux.

Adieu, mon excellent et très doux maître. Ma Souveraine te salue.

XLVIII

À mon maître

1. Faustine[1] a encore eu de la fièvre aujourd'hui, et aujourd'hui il me semble bien l'avoir davantage remarqué. Mais grâce aux dieux, elle-même me tranquillise en se montrant extrêmement docile à nos soins.

2. Tu serais venu, c'est sûr, si tu l'avais pu. Je me réjouis que tu le puisses maintenant et que tu promettes de venir, mon cher maître.

Adieu, mon très aimable maître.

1. L'aînée des filles de Marc-Aurèle, voir *Lettre XXXIV*.

XLIX

À mon maître, salut

J'ai l'impression d'avoir passé la nuit sans fièvre ; j'ai mangé de bon cœur, et je me sens à présent tout à fait soulagé. Nous verrons ce que la nuit apportera. Mais, mon cher maître, ce que j'ai ressenti en apprenant que tu as été pris d'une douleur à la nuque, tu peux certainement en juger d'après l'inquiétude que tu as éprouvée tout récemment[1].

Adieu, mon très aimable maître. Ma mère te salue.

L

À mon maître, salut

Si tes douleurs à la nuque ont cessé, même si ce n'est qu'au bout de deux jours, c'est une nouvelle qui va considérablement hâter ma convalescence, mon cher maître. Aujourd'hui aussi j'ai pris un bain, je me suis un peu promené, j'ai mangé davantage, mais sans beaucoup d'appétit encore.

Adieu, mon très aimable maître. Ma mère te salue.

LI

À mon maître, salut

Que ta nuque t'ait encore fait mal pendant que tu m'écrivais, je ne peux le supporter sereinement, je ne le veux vraiment pas, je ne le dois pas. Quant à moi, grâce aux dieux qui exaucent tes vœux, j'ai aujourd'hui pris un

1. Sous-entendu : « à mon sujet », si ce billet est bien une réponse à celui de Fronton (*À Marc César*, V, 27), qui s'inquiète de la santé de Marc-Aurèle.

bain, j'ai mangé suffisamment, et j'ai même bu du vin avec plaisir.

Adieu, mon très aimable maître. Ma mère te salue.

LII

À mon maître, salut

1. J'apprends que tu as eu mal à l'aine, mon cher maître ; quand je me rappelle combien cette douleur te tourmente d'ordinaire, je suis extrêmement inquiet. Ce qui me console néanmoins, c'est l'espoir que, dans l'intervalle qui s'est écoulé avant que la nouvelle me parvienne, les calmants et autres remèdes ont peut-être fait disparaître la douleur la plus aiguë.

2. De notre côté, nous affrontons encore des chaleurs estivales, mais comme nos petites – qu'il me soit permis de le dire – vont bien, il nous semble que nous bénéficions d'un temps parfaitement sain et d'une température printanière.

Adieu, mon excellent maître.

LIII

Réponse

Je vais immédiatement, mon cher maître, informer mon Souverain que tu as absolument besoin de te reposer en ce moment. Je voudrais pourtant que tu lui écrives toi aussi[1].

Adieu, mon excellent et très aimable maître.

1. Marc-Aurèle répond à un billet de Fronton (*À Marc César*, V, 35) l'invitant à l'excuser auprès de l'Empereur, et lui demandant s'il devait lui-même l'informer de son état (qui sans doute l'empêchait de s'acquitter d'une tâche).

LIV

Réponse

Quand cela s'est-il passé ? Était-ce à Rome ? Veux-tu parler de ce qui a eu lieu sous Domitien dans sa maison d'Albe[1] ? Par ailleurs, dans un tel sujet il faut travailler plus longtemps pour faire croire à la réalité du fait que pour susciter l'indignation. *Ce sujet me paraît invraisemblable,* et il ne ressemble pas du tout à ce que j'avais souhaité[2]. Réponds-moi vite pour ce qui est de la date[3].

LV

À mon maître, salut

Je souhaite, mon cher maître, que tu fasses des vendanges abondantes, et dans une condition physique aussi parfaite que possible. Je suis soulagé par les nouvelles qui m'annoncent que, grâce aux dieux, ma petite dame va mieux[4]. Adieu, mon très aimable maître.

1. Fronton avait proposé comme sujet d'exercice le thème suivant : « Un consul du peuple romain dépose sa toge prétexte et revêt une armure de combat ; parmi les jeunes gens aux Quinquatries, il tue un lion sous le regard du peuple romain. Il est dénoncé aux censeurs. *Dispose et développe.* » (*À Marc César*, V, 37, trad. Fleury). Thème inspiré d'un fait historique, le consul en question étant Acilius Glabrio (d'après Dion Cassius, LXVII, 14, 3). L'exercice devait être rédigé de manière à provoquer l'indignation du lecteur, ce qui explique l'objection de Marc-Aurèle dans la phrase suivante.

2. La seconde partie de cette phrase est intraduisible : *quod plane baluceis qualem petieram* (*balux, -ucis* : sable d'or). La traduction adoptée repose sur la suggestion de Crosley reprise par Haines : *quom plane maluerim qualem petieram.*

3. La date à laquelle se serait produit le fait en question.

4. Sa fille, plutôt que son épouse.

LVI

À mon maître

Pour ce qui me concerne, j'ai totalement achevé la rédaction (de ton côté, envoie-moi autre chose à écrire), mais mon secrétaire n'était pas à ma disposition pour la recopier. Je n'ai cependant pas écrit comme je l'aurais voulu, parce que je me suis dépêché, et que d'autre part cette mauvaise santé qui est la tienne a un peu entamé ma résolution ; mais je réclamerai ton indulgence demain quand je t'enverrai mon travail.

Adieu, mon très doux maître. Ma Souveraine et mère t'adresse ses salutations. Envoie-moi le nom du tribun de la plèbe à qui le censeur Acilius (dont je t'ai parlé) a imposé une marque d'infamie[1].

LVII

À mon maître

Je vais avoir un jour entier de libre. Si tu m'as jamais montré de l'affection, fais-le aujourd'hui et envoie-moi un sujet riche ; je t'en prie, je te le demande, *je t'en supplie, je t'implore, je t'en conjure*[2]. Car dans cette cause relevant des centumvirs[3], je n'ai rien trouvé sinon des exclamations[4].

1. D'après la réponse de Fronton (*À Marc César*, V, 42), le tribun M. Lucilius (sans doute au Ier siècle av. J.-C.) avait jeté en prison, de sa propre initiative et contre l'avis de ses collègues, un homme libre, citoyen romain ; il en fut blâmé par les censeurs.

2. Formule quasi identique chez Lysias, *Sur la confiscation* (XVIII, 27) et *Défense d'un anonyme* (XXI, 21).

3. Les centumvirs sont les membres d'un collège de juges traitant des affaires privées.

4. Le terme ἐπιφωνήματα (« exclamations ») peut désigner les applaudissements d'approbation aux actes ou aux propos d'autrui (Cicéron, *À Atticus*, I, 19, 3 = XXV, vol. 1, p. 165 dans l'édition des

Adieu, mon excellent maître. Ma Souveraine te salue. – Je souhaitais écrire quelque chose qui demande des acclamations ; fais-moi plaisir, et trouve-moi un *sujet* qui réclame des acclamations !

LVIII

À mon maître, salut

1. Puisses-tu toi aussi avoir entamé heureusement l'année ! Que les dieux tournent à ton avantage – qui sera en même temps le nôtre – tout ce qui est l'objet de tes vœux. Puisses-tu, comme du reste tu le fais, demander du bien pour les amis et vouloir du bien à tous les autres. Les prières que tu as faites pour moi, je sais que tu les as faites du fond du cœur[1].

2. Si tu as voulu éviter la foule[2], c'est à la fois, je pense, pour te ménager et par égard pour moi qui me fais du souci. On répétera la même cérémonie après-demain dans une ambiance plus calme si ta santé s'est durablement rétablie.

J'ignore si Cratia[3] a salué sa Souveraine. Adieu, mon très doux maître. Ma mère te salue.

Belles Lettres). Mais en termes de rhétorique, ce sont des exclamations conclusives, par lesquelles un écrivain exprime le sentiment suscité par ce qu'il vient de dire (Quintilien, *Institution oratoire*, VIII, 5, 11).

1. « Du fond du cœur » est une addition de Haines, implicitement adoptée par Cortassa dans sa traduction.

2. Fronton s'est excusé auprès de Marc-Aurèle (*À Marc César*, V, 45) de ne pouvoir, en raison de son état de santé, assister à la cérémonie des vœux pour le salut de l'empereur, qui avait lieu début janvier.

3. « Cratia » est introduit par Van den Hout pour combler une lacune. Il s'agirait de la fille de Fronton.

LIX

À mon maître

1. Que le jour de ton anniversaire, mon cher maître, te trouve en bonne santé et t'offre aussi, pour les années à venir, la perspective d'être bien portant, de vivre dans la joie et de voir réalisés tous tes souhaits. Ces vœux annuels que je t'adresse se font sans cesse plus vifs, à mesure que croissent et la solidité de mon amour et la durée de notre très douce amitié.

2. Adieu, toi qui es pour moi le plus aimable des maîtres. Ma mère te salue. Salue Cratia, et embrasse pour moi ta petite Cratia[1].

LX

Réponse

En ce qui concerne Pompéianus[2], les mêmes mérites qui lui ont valu ta bienveillance m'ont gagné moi aussi à sa cause. C'est pourquoi je désire obtenir de la bonté de mon Souverain et père que tout se passe conformément à ses vœux. Car ce que tu veux est pour moi une joie. Adieu, mon très aimable maître. Faustine[3] et nos petites te saluent.

1. « Ta petite Cratia » est une addition de Haines, d'après la fin de la réponse de Fronton (*À Marc César*, V, 48 : « Selon ton ordre, j'ai transmis à ma fille ton baiser »).

2. Fermier général en Afrique, dont les comptes devaient être vérifiés à Rome. Fronton l'avait recommandé à Marc-Aurèle dans la lettre *À Marc César*, V, 49.

3. L'épouse de Marc-Aurèle.

LXI

À mon maître

Si dans ta province[1], mon maître, se présente à toi un certain Thémistocle qui déclare être connu d'Apollonius[2], mon maître de philosophie, sache que c'est un homme qui est venu à Rome cet hiver, et qui m'a été présenté, sur la volonté de mon maître, par son fils Apollonius : j'aimerais, mon maître, que, dans la mesure du possible, tu lui viennes en aide et l'assistes de tes conseils. Je sais que tous ceux qui habitent la province d'Asie te trouveront totalement disposé à agir selon le droit et la justice ; mais le conseil, la bienveillance et tous les services personnels que la loyauté et la conscience permettent à un proconsul d'accorder à ses amis, pour autant que ce soit sans préjudice pour quiconque, je te demande de les accorder de bon cœur à Thémistocle. Adieu, mon très aimable maître. Une réponse n'est pas nécessaire.

LXII

Réponse

C'est au retour du repas pris chez mon père que j'ai reçu ta lettre, mais celui qui l'avait apportée, à ce que j'apprends, avait déjà été renvoyé. Je te réponds donc malgré l'heure tardive afin que tu puisses lire ma réponse dès demain. Que tu aies trouvé le discours de mon père à la hauteur de son sujet n'a rien d'étonnant, mon maître. Quant au discours de remerciement de mon frère, il mérite

1. Fronton était à cette époque proconsul de la province d'Asie.

2. Cet Apollonius était un philosophe stoïcien, dont Marc-Aurèle fait l'éloge dans les *Écrits* (I, 8).

d'autant plus de louanges que, comme tu le conjectures, il a eu moins de temps pour le préparer[1].

Adieu, toi qui es pour moi le plus aimable des maîtres. Ma mère te salue.

LXIII

À mon maître, salut

Depuis un bon moment j'avais très envie de te revoir : que crois-tu que je ressente après le danger que tu as couru ? De ce que tu y aies échappé, mon maître, j'en rends grâce aux dieux une seconde fois après avoir lu ta lettre[2], qui m'a pour ainsi dire ramené à la vie. À mesure que tu me racontais l'état dans lequel tu te trouvais, cette lettre m'avait bouleversé. Mais, grâce aux dieux, tu m'es conservé ; comme tu le promets, je te verrai bientôt, et j'ai bon espoir que tu puisses longtemps jouir d'une bonne santé.

Ma mère te salue. Adieu, mon très aimable maître.

LXIV

À mon maître, salut

Puisses-tu nous être conservé, puisse ta famille t'être conservée, et puisse l'être aussi la nôtre – qui, si tu considères nos sentiments, n'en forme qu'une avec la tienne. Je sais bien que si tu pouvais te déplacer, fût-ce

1. Marc-Aurèle répond à une lettre dans laquelle Fronton dit son admiration pour un discours de l'empereur Antonin. Il loue aussi le discours du frère de Marc-Aurèle, tout en supposant qu'il a manqué de temps pour le préparer (*À Marc César*, V, 53).

2. Cette lettre (*À Marc César*, V, 55) avait de quoi alarmer : Fronton rapporte qu'il a été atteint du choléra, et il décrit les symptômes sévères qui ont fait craindre à son entourage une issue fatale.

avec difficulté, tu serais venu chez nous. Mais tu viendras souvent, et si les dieux y consentent, nous célébrerons avec toi tous nos jours de fête.

Adieu, mon très aimable maître. Ma mère te salue.

LXV

À mon maître, salut

Tu as augmenté mon inquiétude, et je souhaite que tu la dissipes au plus tôt dès que tes douleurs au genou et à l'aine seront calmées. En ce qui me concerne, la maladie de ma Souveraine et mère ne me laisse aucun repos. À cela s'ajoute que l'accouchement de Faustine approche. Mais nous devons avoir confiance dans les dieux.

Adieu, toi qui es pour moi le plus aimable des maîtres. Ma mère te salue.

LXVI

À mon maître, salut

J'espère maintenant, mon maître, que tu vas enfin me donner de meilleures nouvelles, vu que ta lettre m'apprend que tu souffrais jusqu'au moment où tu m'écrivais[1]. J'ai dicté ces mots en marchant, car l'état de mon pauvre corps m'impose cet exercice ces temps-ci. Le charme des vendanges, je ne le ressentirai pleinement que lorsque nous saurons que ta santé aura commencé à s'améliorer.

Adieu, mon très aimable maître.

1. Ce passage a toutes les chances d'être une réponse à la lettre *À Marc César*, V, 61 de Fronton, où ce dernier se plaignait d'une douleur au genou.

LXVII

À mon maître

Quand ta santé te permettra de marcher sans difficulté, ce sera aussi un bonheur pour nous de te revoir. Que les dieux te viennent en aide pour que cela arrive le plus tôt possible, et que la douleur au pied s'apaise.

Adieu, mon excellent maître.

LXVIII

Réponse

Quand tu m'écris des choses pareilles, mon maître, tu te rends compte, je crois, que je suis très inquiet et que je forme des vœux pour ton rétablissement; avec l'aide des dieux nous l'obtiendrons vite.

Adieu, mon très aimable maître.

LXIX

À mon maître

Nous aussi nous aimons davantage Gratia parce qu'elle te ressemble[1]. Ainsi nous comprenons aisément combien la ressemblance de notre fille avec chacun de nous deux la rend chère à tes yeux; et pour tout dire, je suis heureux que tu l'aies vue.

Adieu, mon excellent maître.

1. Réponse à la lettre *À Marc César*, V, 67; Fronton écrit qu'il a vu la fille de Marc-Aurèle, et que celle-ci ressemble à ses parents au point qu'il a cru revoir ces derniers quand ils étaient enfants; et il en aime Marc-Aurèle dix fois plus.

LXX

À mon maître

1. Tu sais bien, mon maître, ce que je souhaite pour moi : que dorénavant tu célèbres, en parfaite santé, aussi bien ton présent jour de fête[1] que tous les suivants, le plus longtemps possible, que ce soit en notre compagnie ou du moins sans que nous ayons la moindre inquiétude à ton sujet.

2. Du reste, j'ai tout de suite compris qu'il y avait une raison de ce genre qui m'empêchait de te voir[2] ; et s'il faut le dire, je me félicite de ce que ton pauvre corps endure une maladie semblable plutôt que d'autres maux. Bien plus, j'ai bon espoir pour ce qui est de cette diarrhée : même si pour l'instant elle t'a épuisé, j'ai cependant la conviction, si c'est la volonté des dieux, que tu guériras, parce que tes intestins auront été mis en mouvement naturellement avec l'arrivée du printemps, alors que les autres personnes le mettent en mouvement de leur propre chef et usent d'artifices.

Adieu, mon très aimable maître. Ma mère te salue.

LXXI

À mon maître

Je sais enfin ce que je désirais apprendre d'abord et avant tout : je conclus de ta lettre que la fièvre a cessé[3]. Maintenant, mon maître, pour ce qui est de tes maux de

1. Il s'agit de l'anniversaire de Marc-Aurèle, mais la proximité des deux hommes fait que c'est un jour de fête pour Fronton également.

2. La lettre *À Marc César*, V, 69 de Fronton indique que ce dernier souffrait depuis trois jours de crampes aiguës au ventre et de diarrhée.

3. Dans la lettre *À Marc César*, V, 71, Fronton fait état de maux de gorge et de fièvre (mais sans dire que cette dernière a cessé).

gorge, une brève abstinence t'en débarrassera, et tu pourras m'en donner la bonne nouvelle[1]. Adieu, toi qui es pour moi le plus aimable des maîtres. Ma mère te salue.

LXXII

Salut, mon excellent maître

1. Que j'étudie pendant que tu souffres, surtout quand tu souffres à cause de moi ? Ne devrais-je pas m'infliger moi-même volontairement toutes sortes de maux ? Ce serait justice, par Hercule ! Qui d'autre, en effet, a été la cause de ta douleur au genou (et elle a augmenté la nuit dernière, écris-tu), qui d'autre sinon Centumcellae[2], pour ne pas dire : moi ? Que dois-je donc faire, moi qui ne te vois même pas, alors que je suis torturé par la plus vive anxiété ? S'ajoute à cela que, même si j'avais le goût d'étudier, j'en suis empêché par les procès qui, comme disent ceux qui savent ce qu'il en est, épuisent des journées entières. Je t'ai malgré tout envoyé la *maxime* du jour, ainsi que le lieu commun[3] d'il y a trois jours.

2. Hier nous avons employé la journée entière à voyager. Aujourd'hui il m'est difficile de faire quoi que ce soit en dehors de la *maxime* du soir. Tu vas me dire : « Tu dors donc si longtemps la nuit ? » Certes, cela aussi

1. Pour cette fin de phrase, le manuscrit porte : *mihi atplenior nuntius veniet.* Van den Hout écrit *adplenior* (qui serait un hapax), Cortassa reprend la correction *a te plenior* de Mai, Haines propose *a te levior*. Le sens, de toute manière, doit tourner autour de l'idée d'une nouvelle plus satisfaisante sur la santé de Fronton.

2. Centumcellae est un port d'Etrurie où Trajan avait fait construire une villa. Peut-être est-ce au cours d'entretiens que Marc-Aurèle avait eus avec Fronton au bord de la mer que la santé de ce dernier s'est altérée.

3. Dans la rhétorique et la dialectique, ces lieux communs sont des moyens généraux de trouver des arguments.

je peux le faire, dormir, car je suis un grand dormeur. Mais il fait si froid dans ma chambre que je parviens à peine à sortir la main <du lit[1]>. À dire vrai cependant, il y a une chose surtout qui me détourne de l'étude : c'est qu'en raison de mon trop grand amour de la littérature, j'ai été la cause de ton malaise au Port[2], comme les faits l'ont montré. Voilà pourquoi je dis adieu à tous les Porcius, Tullius et Crispus[3], pourvu que tu ailles bien et que je te revoie en bonne santé, même sans livres.

3. Adieu, toi ma principale joie, le plus doux des maîtres. Ma Souveraine te salue. Envoie-moi trois *maximes* et des lieux communs.

LXXIII

À mon maître[4]

1. Bonne année, bonne santé, bonne chance, voilà ce que je demande aux dieux en ce jour qui est pour moi un jour de fête, celui de ton anniversaire, et j'ai la conviction que mon vœu sera exaucé ; car celui que je recommande à la bonté des dieux est un homme à qui ils veulent de leur

1. Pour écrire.

2. Van den Hout et Haines écrivent *Portum*, avec une majuscule, ce qui serait l'autre nom de Centumcellae. Avec la minuscule, il s'agirait simplement du port de cette même localité (Pline le Jeune, *Lettres*, VI, 31, rapporte qu'on construisait un port à Centumcellae quand il s'y trouvait, sous Trajan). – Marc-Aurèle veut sans doute dire que sa passion pour la littérature l'a entraîné à s'entretenir trop longuement avec Fronton au bord de la mer.

3. C'est-à-dire : les Caton, Cicéron et Salluste, auteurs de référence dans les études rhétoriques de Marc-Aurèle.

4. En 161, date probable de cette lettre, Marc-Aurèle accède à l'Empire après la mort d'Antonin le Pieux. Son frère Lucius Vérus lui est associé dans cette fonction, mais il meurt en 169.

plein gré venir en aide et qu'ils jugent digne de leur assistance. Aux choses réjouissantes qui te traverseront l'esprit en ce jour de fête, ajoute à part toi la pensée de ceux qui t'aiment infiniment ; et compte parmi les premiers ton disciple ainsi que Monseigneur mon frère[1], *deux hommes qui nourrissent pour toi une affection passionnée.*

2. Porte-toi bien et conserve durablement pendant de nombreuses années une bonne santé ; et que de voir ta fille, tes petits-fils et ton gendre épargnés par la maladie puisse parfaire ton bonheur.

3. Notre Faustine se rétablit. Notre petit Antonin tousse un peu moins fort[2]. Les habitants de notre petit nid forment des vœux pour toi, chacun dans les termes propres à son âge. Pour la deuxième et la troisième fois, porte-toi bien, mon très aimable maître, et puisse ta santé se prolonger dans une longue vieillesse.

Je te demande – mais ne m'oppose pas ton refus – de ne pas te mettre en peine de venir à Lorium à l'occasion de l'anniversaire de Cornificia[3]. Si les dieux le veulent, tu nous verras sous peu à Rome. Mais si tu m'aimes, fais en sorte que, la nuit suivant ton anniversaire, tu te reposes paisiblement sans penser à quelque devoir que ce soit, fût-il urgent.

Accorde cela à ton Antonin, qui te le demande parce qu'il est sincèrement inquiet.

1. Lucius Vérus.

2. Faustine est sans doute la fille aînée de Marc-Aurèle (cf. *Lettre XXXIV*), morte au printemps 162 ; Antonin est le jumeau de Commode (le futur empereur), né en 161 et mort à quatre ans.

3. Une autre fille de Marc-Aurèle.

LXXIV

À mon maître, salut

1. J'ai vu mes petits quand tu les as vus ; je t'ai vu toi aussi pendant que je lisais ta lettre. Je te le demande, mon maître, aime-moi comme tu m'aimes ; aime-moi aussi comme tu aimes nos petits enfants ; mais je n'ai pas dit encore tout ce que je veux dire : aime-moi comme tu m'as aimé[1].

2. C'est l'extraordinaire gentillesse de ta lettre qui m'a incité à écrire ces mots. Car pour ce qui est de la qualité de la langue, que dire sinon que tu parles latin, toi, alors que nous, sans exception, ne parlons ni grec ni latin ?

Je te demande d'écrire souvent à Monseigneur mon frère ; il désire ardemment que j'obtienne cela de toi, et ses désirs me rendent déraisonnable et exigeant.

Adieu, mon très aimable maître. Salue ton petit-fils.

LXXV-LXXVII

(*Ces lettres ne sont connues que par la Table qui en indique les premiers mots* :)

– J'ai été mal portant, mon maître

– Je me hâte, mon maître

– En ce qui me concerne, mon maître

1. Entendre peut-être : « comme tu m'as aimé avant que je sois devenu empereur » ?

LXXVIII

Réponse à mon maître

1. Ainsi mon maître sera désormais aussi notre avocat[1] ? Je peux certainement être tranquille, puisque j'ai suivi deux guides très chers à mon cœur, la droite raison et ton opinion. Plaise aux dieux que, quoi que je fasse, j'agisse toujours avec ton assentiment, mon cher maître.

2. Je te réponds à une heure bien tardive, tu le vois. C'est que, après avoir consulté mes Amis[2], j'ai jusqu'à maintenant soigneusement rassemblé tous les motifs qui nous ont inspirés, de manière à pouvoir les communiquer en détail par écrit à Monseigneur et à l'associer à nous dans cette affaire comme dans les autres[3]. C'est seulement quand elles auront reçu son approbation que *j'aurai confiance en mes résolutions*.

Je vais immédiatement montrer à Faustine ton plaidoyer[4] en faveur de notre cause, et je vais la remercier de ce que cette affaire t'a fourni l'occasion de me donner à lire une aussi belle lettre.

Adieu, mon bon maître, le meilleur des maîtres.

1. Dans la lettre à laquelle Marc-Aurèle répond, Fronton l'informe sur les développements d'une affaire d'héritage concernant Matidia, une grand-tante de Marc-Aurèle et de son épouse Faustine (*À Marc Empereur*, II, 2).

2. Sans doute les membres du Conseil de l'Empereur.

3. Lucius Vérus était parti en campagne en Perse. – Cette phrase offre un autre exemple du passage du *nous* au *je* qui peut nous sembler obscur (voir *Lettre XXIX* ci-dessus) : au début, dans les « motifs qui nous ont inspirés », le *nous* peut très bien être un pluriel (Marc-Aurèle et les Amis) ; mais « l'associer à *nous* » signifie sans doute l'associer à *moi*.

4. Ce « plaidoyer » (*oratio*) peut être simplement la lettre de Fronton à laquelle Marc-Aurèle est en train de répondre ; mais on a supposé qu'il s'agissait vraiment d'un discours que Fronton aurait prononcé à cette occasion et qu'il aurait annexé à sa lettre.

LXXIX

À mon maître, salut

(*Sur quatre lignes, mots isolés qui n'offrent aucun sen*s)

LXXX

À mon maître

Monseigneur mon frère désire que nous lui envoyions le plus tôt possible, toi ou moi, les discours <qu'il a demandés[1]>. Mais je préfère, mon maître, que ce soit toi qui les lui adresses ; pour que tu les aies à ta disposition, je t'ai envoyé les copies que je possède. Bientôt j'en ferai d'autres que tu pourras garder avec toi. Prends ton temps pour composer ce discours[2] destiné à mon frère. C'est ce qu'il m'a écrit.

Adieu, mon très doux maître. Salue ton petit-fils.

LXXXI-LXXXII[3]

À mon maître, salut

<… parce qu'il n'y a rien de plus assuré[4]> ni empreint de plus de spontanéité, mon maître, que la manière

1. Le frère de Marc-Aurèle, Lucius Vérus, en campagne chez les Parthes, a sans doute demandé à Fronton des discours pour différentes circonstances.

2. À la différence des discours évoqués au début, que Lucius espère le plus tôt possible, il doit s'agir ici d'un autre discours, moins urgent.

3. Les lettres numérotées 81 et 82 par Cortassa sont réunies en une seule par Van den Hout, le n°81 se réduisant à une ligne lacunaire et intraduisible.

4. *<quom nihil magis explo>ratum* : restitution de Haines, suivi par Cortassa.

indulgente dont tu interprètes les bons offices que nous t'avons rendus. Écris donc à Monseigneur (il promet de t'écrire beaucoup de lettres en retour) que tu as appris de moi le message dont il m'a chargé. Ajoutes-y, mon maître, toutes les autres expressions de ton affection et de ta bienveillance ; car tes lettres, c'est bien normal, le tranquillisent.

Ces deux derniers jours, mis à part la portion de nuit que j'ai prise pour dormir, je n'ai eu aucun répit ; c'est pour cela que je n'ai pas encore pu lire la lettre assez longue que tu as écrite à Monseigneur, mais j'en aurai l'occasion demain, je le prévois et l'attends avec impatience.

Adieu, mon très aimable maître. Salue ton petit-fils.

LXXXIII

À mon maître, salut

1. Bien que charmé par la salubrité de cette campagne[1], je sentais qu'il me manquait une chose importante, celle d'avoir la certitude que toi aussi, mon maître, tu étais en bonne santé. Je prie les dieux que tu puisses combler ce manque. Notre séjour à la campagne *ne m'éloigne pas des affaires de l'État* : mon activité ne diffère en rien de celle que j'ai dans la ville. Bref, je ne peux prolonger davantage la présente lettre, en raison des soucis qui me pressent et ne me laissent qu'un peu de répit la nuit.

2. Adieu, mon très aimable maître. Si d'aventure tu possèdes un choix de lettres de Cicéron, intégrales ou en extraits, envoie-les-moi, ou dis-moi lesquelles selon toi je

1. Marc-Aurèle se trouve sans doute à Lorium.

dois lire de préférence pour améliorer mon style[1]. Porte-toi bien.

LXXXIV

<À mon maître>

1. (*lacune d'environ une ligne*)... j'ai pu récemment recueillir quelques passages de Salluste, et aussi des extraits du discours de Cicéron[2], mais pour ainsi dire en cachette, et en tout cas à la hâte : tant les soucis qui s'enchaînent me pressent, et seule une pause de temps à autre me permet de prendre un livre ; car nos deux petites filles sont en ce moment accueillies chez Matidia[3] en ville, et elles ne peuvent donc pas venir me voir le soir parce que l'air est trop froid.

2. Adieu, mon excellent[4] maître. Monseigneur mon frère, mes filles et leur mère, dont je me réjouis que[5]... t'adressent leurs salutations.

3. Envoie-moi de la lecture, quelque chose que tu trouves particulièrement éloquent, de toi, de Caton, de Cicéron, de Salluste, de Gracchus ou encore d'un poète : *car j'ai besoin de repos*, et spécialement de ce genre d'écrit qui m'élève et me soulage *des soucis qui se sont emparés de moi* ; envoie-moi aussi, si tu en possèdes, des extraits

1. Dans sa réponse (*À Marc Empereur*, III, 8), Fronton exprime toute son admiration pour les lettres de Cicéron (« Il n'y a rien de plus parfait »), et annonce l'envoi des lettres demandées par l'empereur.

2. D'après Fronton, *Sur la guerre parthique*, 10 (*Correspondance*, p. 355), il s'agit sans doute du discours *Sur les pouvoirs de Pompée*.

3. Voir *Lettre LXXVIII*, note 1, p. 279.

4. *Optime*, correction de Haines pour un *Domine* (« Mon seigneur ») peu vraisemblable.

5. Lacune. Les mots lus par Van den Hout pourraient signifier : « ... dont je me réjouis qu'elle prenne grand soin (de toi ? de nous ?) ».

de Lucrèce ou d'Ennius qui soient *harmonieux*, *vigoureux*, et s'il s'en trouve, des passages *exprimant bien les caractères*.

LXXXV

À mon maître

Je ne t'écrirai pas à quel point les vacances passées à Alsium[1] ont été oisives, pour éviter que tu te tourmentes et me fasses des reproches, mon maître. De retour à Lorium[2], j'ai trouvé ma petite dame[3], que j'avais quittée en bonne santé, prise de fièvre. Le médecin dit que, si rapidement nous[4] … puisses-tu toi aussi être en bonne santé… car j'espère que tes yeux seront finalement guéris…

Adieu, mon maître.

LXXXVI

À mon maître, salut

1. Je viens de recevoir ta lettre[5], et j'en ferai sans tarder mon profit. Car dans l'immédiat des devoirs *inexorables* continuent à peser sur moi. Cependant ce que tu veux savoir, mon maître, je vais te le dire, occupé comme je suis, en peu de mots : notre petite va mieux et elle court à travers la chambre.

1. Lieu de villégiature en Étrurie, au bord de la mer.

2. Voir *Lettre XV.* Située à mi-chemin entre Alsium et Rome.

3. Une des filles de Marc-Aurèle.

4. Importantes lacunes, jusqu'à l'Adieu.

5. Fronton, *Sur les vacances à Alsium*, 3, lettre particulièrement longue, et dans laquelle Fronton recommande à Marc-Aurèle de se reposer.

2. Après avoir dicté ce qui précède, j'ai lu ta lettre d'Alsium en prenant mon temps, mon maître, pendant que les autres dînaient ; je me suis contenté d'un repas léger, et me suis couché à huit heures. « Et tu t'es bien reposé, dis-tu, suivant mes recommandations. »[1]. « Bien », c'est le mot, mon maître, car j'ai trouvé le repos dans tes paroles, et je les lirai plus souvent pour trouver le repos plus souvent[2]. Au reste, qui sait mieux que toi à quel point le respect du devoir est quelque chose d'impérieux ? Mais, je t'en prie, de quoi s'agit-il exactement quand tu dis à la fin de ta lettre que tu as eu mal à la main[3] ? Ta douleur ne devrait pas se prolonger, mon maître, si les dieux, dans leur bonté, font que mon vœu se réalise.

Adieu, mon excellent maître, *homme plein de tendresse.*

LXXXVII

À mon maître, salut

1. Je viens d'apprendre le malheur qui te frappe[4]. Comme je suis régulièrement tourmenté chaque fois que tes articulations te font mal, mon maître, que crois-tu que j'endure quand c'est ton âme qui est affligée ? Dans le trouble où je suis, rien d'autre ne me vient à l'esprit que de te demander de me conserver le très doux maître en qui

1. Marc-Aurèle imagine que, au vu de ce qui précède, Fronton se félicite de ce que ses recommandations ont été suivies.

2. En jouant sur l'idée de repos, Marc-Aurèle rapproche le sommeil dont il a dormi de la paix que lui apportent les lettres de son maître.

3. Telle que nous la connaissons, cette lettre ne contient aucune allusion à cette douleur.

4. Il s'agit de la mort de son petit-fils, né et mort en Germanie, que par suite Fronton n'a même pas pu voir.

je trouve plus de consolation en cette vie qu'il ne peut t'en venir, d'où que ce soit, dans le deuil qui est le tien.

2. Je n'ai pas écrit ces mots de ma main, parce qu'après le bain de ce soir, j'ai encore la main qui tremble. Adieu, mon très aimable maître.

LXXXVIII

À mon maître <Fronton>, salut

Je suis réellement désolé, mon maître, je ne trouve rien d'autre à te dire ou à te confier. Étant donné la franchise dont est empreinte notre relation, j'aurais l'impression de mettre un masque si je cherchais à te consoler alors que j'ai moi-même besoin de consolation. Je prie les dieux qu'ils conservent ta fille, ton gendre et tes petits-fils… (*lacune*)

Adieu, mon très doux maître.

LXXXIX

Salut, mon excellent maître[1]

1. Allons, continue tant qu'il te plaira à me menacer et à accumuler les accusations : jamais cependant tu ne détacheras de toi ton amant, moi en l'occurrence ; je ne déclarerai pas que j'aime moins Fronton, et je ne l'aimerai pas moins, sous prétexte que tu as soutenu avec des arguments si variés et si forts qu'il faut davantage soulager et gratifier ceux qui sont moins amoureux[2] : tant je suis éperdu d'amour pour toi, par Hercule, et cette théorie que tu as faite tienne ne me dissuade pas ; si vraiment tu montres plus de faveur et d'empressement envers d'autres personnes qui ne t'aiment pas, je t'aimerai pourtant, et je t'aimerai sans relâche.

2. Par ailleurs, pour ce qui concerne la densité des idées, la finesse de l'invention, la réussite du défi que tu t'es imposé, je ne voudrais pas dire que tu as été bien supérieur à ces fameux Attiques contents d'eux-mêmes et prompts à la controverse, et pourtant je ne peux m'empêcher de le dire. C'est que je suis amoureux, et qu'en fin de compte, selon moi, il faut vraiment accorder aux amoureux qu'ils se réjouissent davantage de la victoire *de ceux qu'ils*

1. Cette lettre appartient au Supplément (*Additamentum epistularum variarum acephalum*), p. 249-250 dans l'édition de Van den Hout. De date incertaine, elle ne peut être chronologiquement postérieure aux précédentes. Son ton passionné et la révérence marquée pour la rhétorique qui y transparaît invitent à la situer dans la première partie de la correspondance avec Fronton (Haines et Cortassa proposent les dates de 139-140). On peut lire dans ce même Supplément la lettre suivante, de Fronton cette fois, qui traite du même sujet (p. 388-395 dans l'édition de P. Fleury).

2. C'est la thèse que Platon prête à Lysias dans le *Phèdre* ; résumée par Phèdre dès 227c, elle est développée en 230e-234c.

aiment. Nous sommes donc vainqueurs ; je le répète, nous sommes vainqueurs. Est-ce que… (*lacune de deux lignes environ*) … est-il préférable de discuter sous les lambris plutôt qu'à l'ombre des platanes, à l'intérieur de la ville plutôt que hors les murs, sans plaisirs plutôt qu'en présence de Laïs, voire avec Laïs à demeure ? Je suis dans l'impossibilité de « jeter le filet »[1], ne sachant de laquelle de ces deux thèses je dois me garder : du jugement qu'un orateur de notre temps a exprimé sur Lysias ou de celui que mon maître a émis sur Platon.

3. Il y a en tout cas une chose que j'affirmerai sans être suspect de légèreté : si ce Phèdre dont tu parles a réellement existé et s'il a jamais été séparé de Socrate, Socrate n'a pas plus regretté l'absence de Phèdre que je n'ai ces jours-ci (je parle de jours ? je veux dire ces mois-ci) brûlé du désir de te revoir. Ta lettre m'a fait croire qu'il faudrait être Dionè pour aimer à ce point[2] – à moins que ce ne soit de toi qu'on est brusquement tombé amoureux.

4. Adieu, toi qui es pour moi ce qu'il y a de plus précieux sous la voûte du ciel, toi ma gloire. Avoir eu un tel maître me suffit. Ma Souveraine et mère te salue.

1. Sans doute le filet des gladiateurs, comme moyen de neutraliser une menace.

2. Divinité primitive, mère de Vénus, laquelle est dite parfois Dionéenne, ou même Dionè. Traduction incertaine d'un membre de phrase qui ne se trouve que dans la restitution de Van den Hout : « *Tua epistula haec fecit ne ille Diona esset quin tantum amet* ».

ANNEXE

MARC-AURÈLE, DISCOURS ET PAROLES MÉMORABLES

INTRODUCTION

On a vu que l'intérêt des *Lettres* traduites ci-dessus, malgré leur valeur documentaire sur la formation du jeune Marc-Aurèle, est doublement limité : du point de vue chronologique, puisque les plus tardives ne dépassent pas les premières années de son règne ; du point de vue philosophique ensuite, dans la mesure où elles ne contiennent que peu de matière susceptible d'être mise en rapport avec les *Écrits*. Les autres documents relatifs à la personne et au règne de Marc-Aurèle sont dans leur grande majorité des témoignages indirects (pièces officielles, récits d'historiens, inscriptions), dans lesquels la voix de l'empereur est difficile à reconnaître. Un petit nombre d'entre eux cependant laissent entendre quelque chose de cette voix : ce sont les discours, lettres et mots qu'on lui attribue. Le problème est alors celui de la valeur de ces documents.

Valeur difficile à apprécier, puisque nous ignorons presque toujours par quelle voie ces informations ont été obtenues. On ne peut toutefois leur refuser tout crédit, pas plus qu'on ne peut entièrement rejeter les « fragments et témoignages » sur lesquels repose une bonne part de notre connaissance des philosophes anciens, et dont la fiabilité est souvent sujette à caution. Pour ce qui concerne Marc-Aurèle, certains de ces témoignages sont manifestement apocryphes, mais le doute est permis pour d'autres. Les

Discours ont une chance de refléter une réalité historique, même si, comme chez Thucydide ou Tite-Live, la restitution littérale est exclue. Le fait qu'ils nous livrent une image idéalisée de l'empereur ne saurait non plus être invoqué contre eux : pour les historiens anciens de l'Empire, Marc-Aurèle est certes le modèle du bon empereur, opposé en tant que tel aux souverains moins vertueux. Mais idéalisation ne signifie pas falsification : les textes qui témoignent de la clémence, de l'esprit de justice, de l'humanité de l'empereur sont trop nombreux pour être récusés en bloc[1].

Tout aussi incertaines quant à leur fidélité littérale, les *Paroles mémorables* apportent pourtant à leur manière des indications non dénuées d'intérêt, en particulier quand elles font écho aux *Écrits* : réflexions sur l'exercice du pouvoir, sur la mort, sur les études.

Pour éviter, néanmoins, de donner à ce complément une importance qu'il n'a pas, on s'est limité à un choix restreint, en suivant pour l'essentiel la proposition de l'édition de Marc-Aurèle due à C.R. Haines dans la collection Loeb : soit trois discours et une vingtaine de fragments. Pour les autres documents, on ne peut que renvoyer à l'édition très complète de G. Cortassa, qui contient à la fois les textes originaux et leur traduction italienne.

1. *Cf.* la note 1 à la *Lettre à l'assemblée d'Asie*, ci-après p. 315.

I. DISCOURS

1. Discours à ses soldats à la nouvelle de la révolte de Cassius[1]
(Dion Cassius, *Histoire romaine*, Epitomé du livre LXXII, 23-26[2])

| Quand Marc fut informé de la rébellion par Vérus, le 23
gouverneur de la Cappadoce[3], il commença par garder la nouvelle secrète ; mais comme les soldats étaient extrêmement troublés par la rumeur qui circulait et qu'ils se mirent à multiplier les faux bruits, il les convoqua et leur tint en substance le discours suivant :

| « Si je me présente devant vous, compagnons d'armes, 24
ce n'est pas pour exprimer mon indignation ni pour me lamenter. Pourquoi en effet se fâcher contre la toute-puissance de la divinité ? Sans doute ceux qui sont malheureux sans l'avoir mérité ne peuvent-ils que gémir,

1. Sur Avidius Cassius, voir la Chronologie, an 175.

2. On regrette de n'avoir que le grec d'un discours qui a dû être prononcé – s'il l'a effectivement été – en latin. Mais on déplore tout autant que cette partie de l'*Histoire* de Dion ne soit connue que par l'abrégé tardif (XIe siècle) de Xiphilinus, qui a peut-être raccourci la version de Dion. – La numérotation des livres LXXI-LXXII de Dion utilisée par Haines dans son édition de Marc-Aurèle suit la tradition antérieure aux travaux de Boissevain ; c'est au contraire à ce dernier que se réfèrent l'édition Loeb de Dion et les références de la présente section.

3. Martius Vérus, un des généraux qui mirent fin à la guerre contre les Parthes (*Histoire Auguste*, V, 7, 1).

et c'est bien ce qui vient de m'arriver à présent. Comment ne pas trouver terrible que nous ayons à soutenir une guerre après l'autre ? N'est-il pas insensé, qui plus est, que nous soyons impliqués dans une guerre civile ? N'y a-t-il pas quelque chose de pire encore que cette chose terrible et cette chose insensée : ne trouver aucune fidélité chez les hommes, voir au contraire comploter contre moi l'être qui m'est le plus cher, et être conduit à engager le combat malgré moi, alors que je n'ai commis aucune injustice ni aucune faute ? Quelle vertu sera en sécurité désormais, quelle amitié méritera encore son nom quand je subis une pareille infortune ? La bonne foi n'est-elle pas morte, et avec elle la belle espérance ? Si j'étais le seul à être en danger, je n'aurais fait aucun cas de cette affaire car, c'est sûr, je ne suis pas né immortel. Mais puisqu'il s'agit d'une défection – ou plutôt d'une rébellion – qui concerne l'État, et que la guerre nous touche tous également, j'aurais voulu, si la chose avait été possible, inviter Cassius à plaider sa cause devant vous ou devant le Sénat ; et c'est bien volontiers que, sans combat, je lui aurais abandonné le pouvoir si cela avait paru utile à l'État. Car c'est pour l'État que je ne cesse de supporter les fatigues et les dangers, que j'ai passé tant de temps ici, hors d'Italie, alors que je suis à présent un homme âgé[1] et mal portant, incapable de prendre de la nourriture sans souffrir et de dormir l'esprit tranquille.

25 | Puisque Cassius n'a jamais voulu me rencontrer dans ce but – quelle confiance pouvait-il avoir en moi, lui qui s'est montré si défiant à mon égard ? – vous devez, vous mes compagnons d'armes, faire preuve de courage. Jamais en effet, selon moi, les Ciliciens, les Syriens, les Juifs, les

1. Marc-Aurèle avait 54 ans.

Égyptiens ne se sont montrés ni ne se montreront supérieurs à vous, fussent-ils, tous ensemble, mille fois plus nombreux que vous, autant de fois qu'ils vous sont en fait inférieurs en nombre aujourd'hui. Cassius en personne, encore qu'il soit réputé être un excellent général et avoir mené bien des campagnes avec grand succès, serait sans valeur, selon toute apparence, dans la situation actuelle. En effet, un aigle à la tête d'une volée de geais ne devient pas un combattant redoutable, pas plus qu'un lion conduisant une troupe de faons ; et la guerre contre les Arabes, ainsi que la fameuse guerre contre les Parthes, ce n'est pas Cassius, c'est vous qui les avez achevées avec succès. D'ailleurs, même si ses actions contre les Parthes ont valu à cet homme un grand renom, vous avez aussi avec vous Vérus, un homme qui n'a pas remporté moins de victoires ni fait moins de conquêtes que lui, mais davantage.

Mais peut-être que maintenant, sachant que je suis en vie, il s'est repenti ; car c'est sûrement parce qu'il me croyait mort qu'il a agi comme il l'a fait. Supposons pourtant qu'il persiste dans la révolte ; néanmoins, quand il apprendra que nous marchons contre lui, il va sûrement changer d'avis, à la fois par peur de vous affronter et par respect envers moi.

| De mon côté, compagnons d'armes, la seule chose 26
que je redoute – car je vous dirai toute la vérité – c'est qu'il ne se tue par honte de paraître devant nous, ou qu'un autre ne s'en charge en apprenant que je vais arriver et que je me mets à sa poursuite. Dans ce cas, en effet, je serai privé du prix de la guerre et de la victoire, d'un prix tel que jamais un humain n'en a obtenu. De quoi s'agit-il ? De pardonner à un homme qui a commis une injustice, de rester l'ami de celui qui a foulé aux pieds l'amitié, de

demeurer loyal envers celui qui a détruit la loyauté. Ces mots vous paraissent peut-être incroyables, mais vous ne devez pas refuser d'y croire. Il n'est pas vrai, en effet, que tout ce qu'il y a de bon ait totalement déserté les hommes, au contraire, il subsiste encore, même chez nous, un reste de l'antique vertu. Mais si quelqu'un ne le croit pas, je désire d'autant plus qu'il voie réalisé ce que personne ne peut croire réalisable. Car le seul gain que je souhaite retirer des malheurs actuels, c'est d'arriver à conclure cette affaire honorablement, et à montrer ainsi à tout le monde qu'on peut agir avec justice même dans les guerres civiles. »

2. Extrait du message de Marc-Aurèle au Sénat après la mort de Cassius

Histoire Auguste, VI (Vie d'Avidius Cassius), 12, 2-10[1]

2 | Ainsi donc, Pères conscrits, en retour de vos actions de grâce pour ma victoire, je vous donne mon gendre pour consul, je parle de Pompeianus ; son âge aurait dû depuis longtemps lui valoir la récompense du consulat, s'il n'y avait eu entre-temps des hommes de valeur à qui il fallait accorder ce que l'État leur devait.

3 | Maintenant en ce qui concerne la rébellion de Cassius, je vous en prie et je vous en conjure, Pères conscrits, renoncez à votre sévérité, veillez à préserver ma bonté et

1. L'*Histoire Auguste* est un texte dont la valeur historique est très discutée. Ses différentes parties (les Vies des différents empereurs) se présentent sous le nom d'auteurs non identifiés, manifestement fictifs. L'ensemble a été récemment attribué par S. Ratti (*L'Histoire Auguste*, Paris, Les Belles Lettres, 2016) à Nicomaque Flavien senior, qui l'aurait rédigé vers la fin du IVe siècle. On remarque que ce texte est donné comme une lettre, genre auquel le ton oratoire du morceau paraît peu approprié. Des trois « discours », c'est sans doute le plus douteux.

ma clémence, ou plutôt les vôtres, et faites que le Sénat
ne mette personne à mort. | Qu'aucun sénateur ne soit puni, 4
qu'on ne verse le sang d'aucun noble, que les exilés rentrent
chez eux et que les biens des proscrits leur soient restitués.
| Si seulement je pouvais aussi ramener des enfers ceux 5
qui ont été punis de mort ! Car jamais on n'approuve qu'un
empereur tire vengeance d'un affront personnel ; et plus
elle est justifiée, plus elle paraît cruelle. | C'est pourquoi 6
vous pardonnerez aux enfants d'Avidius Cassius, à son
gendre et à son épouse. Mais pourquoi parler de pardon
puisqu'ils n'ont rien fait ? | Qu'ils vivent donc en sécurité, 7
sachant qu'ils vivent sous le règne de Marc. Qu'ils vivent
en jouissant de leur patrimoine, chacun selon la part qui
lui revient ; qu'ils possèdent de l'or, de l'argent, des
vêtements ; qu'ils soient riches, en sécurité, libres d'aller
et de venir, et qu'ils apportent partout, à la face de tous les
peuples, le témoignage de ma bonté et de la vôtre. | À la 8
vérité, ce n'est pas une grande preuve de clémence, Pères
conscrits, que d'accorder le pardon aux enfants et aux
épouses des proscrits : | mais ce que je vous demande, 9
c'est qu'aux complices de Cassius d'ordre sénatorial et
d'ordre équestre soient épargnées la mort, la proscription,
la terreur, l'infamie, la haine, en un mot toute forme
d'injustice, et que vous accordiez cette grâce à mon règne
| qu'on n'y reconnaisse comme victimes lors d'une 10
rébellion contre le pouvoir suprême que ceux qui sont
tombés au combat[1].

1. Sur le même sujet, voir ci-après « Paroles mémorables », n°15.

3. Les dernières paroles de Marc-Aurèle sur son lit de mort (Hérodien, *Histoire des empereurs romains*, I, 4, 1-6)[1]

1 | Marc-Aurèle convoqua ses Amis[2] ainsi que ceux de
ses proches qui étaient présents, et installa son fils[3] au
milieu d'eux. Quand tous furent réunis, il se souleva
légèrement de son lit et leur adressa à peu près les mots
suivants :

2 | « Que vous soyez affligés de me voir dans l'état où
je suis n'a rien d'étonnant, car il est naturel que les hommes
éprouvent de la pitié en voyant les malheurs de leurs
semblables ; et les peines qu'on a sous les yeux accroissent
la compassion. Mais je pense que je peux encore attendre
de vous quelque chose de plus : les sentiments que j'ai
manifestés envers vous me donnent des raisons d'espérer
qu'en retour vous vous montrerez bien disposés envers
3 moi. | Voici maintenant une bonne occasion, pour moi, de
constater que ce n'est pas en vain que je vous ai pendant
tant d'années marqué ma considération et mon affection,
et pour vous, de me témoigner votre reconnaissance en
montrant que vous n'oubliez pas tout ce que vous avez
obtenu. Vous voyez ici mon fils, ce fils que vous avez
vous-mêmes élevé et qui vient d'atteindre l'adolescence :
tel un navire dans le mauvais temps et la tempête, il a
besoin de pilotes pour éviter que la connaissance imparfaite
qu'il a de ses devoirs ne le précipite vers des comportements
4 indignes. | Prenez donc ma place, et au lieu d'un père

1. Selon Haines, le contenu et la brièveté de ce discours s'accordent bien avec les circonstances ; il n'est pas impossible que les assistants aient été impressionnés par cette scène au point de pouvoir en transcrire après-coup la substance.

2. Les membres du Conseil de l'Empereur.

3. Commode, âgé de 19 ans.

unique il aura en vous de nombreux pères ; entourez-le de
vos soins, prodiguez-lui les meilleurs conseils. Car les
richesses, même abondantes, ne suffisent pas à satisfaire
l'intempérance d'une tyrannie, pas plus que la vigilance
des gardes n'est à même de protéger le souverain s'il ne
jouit pas d'abord de la bienveillance de ses sujets. | Les 5
gouvernants qui ont régné longtemps sans courir de danger,
ce sont avant tout ceux qui ont inspiré aux cœurs des
gouvernés non la peur de leur cruauté, mais le désir des
bienfaits qu'ils attendent d'eux. Ce ne sont pas ceux qui
sont contraints de servir comme esclaves, mais ceux que
l'on amène à l'obéissance par la persuasion qui ignorent
leur vie durant les soupçons et les flatteries mensongères,
comme auteurs ou comme victimes, et qui jamais ne se
révoltent, à moins d'y être poussés par la violence et les
outrages qu'ils subissent. | Il est difficile de maîtriser ses 6
passions et de leur imposer des limites quand le pouvoir
se met à leur service. Si vous donnez de tels conseils à
mon fils et lui rappelez les paroles qu'il entend en ce
moment de ma bouche, vous en ferez, pour vous-mêmes
et pour tous les hommes, le meilleur des empereurs, et
vous rendrez à ma mémoire le plus grand service : c'est
pour vous le seul moyen de la rendre immortelle. »[1].

1. Voir aussi plus bas, « Paroles mémorables », n°20-21.

II. PAROLES MÉMORABLES

1. *Histoire Auguste*, IV, 4, 7

Plus tard[1], il abandonna à sa sœur la totalité du patrimoine paternel; sa mère lui avait pourtant conseillé de faire un partage, mais il lui répondit « que les biens dont il héritait de son grand-père lui suffisaient », et il ajouta « que sa mère pouvait elle aussi, si elle voulait bien, transmettre son patrimoine à sa sœur pour éviter à cette dernière d'être en infériorité de biens par rapport à son mari ».

2. *Histoire Auguste*, IV, 5, 3-4

3 | Mais lorsqu'il apprit qu'Hadrien l'avait adopté, il en éprouva plus de frayeur que de joie; invité à venir habiter dans la maison privée d'Hadrien, c'est à contrecœur qu'il
4 quitta la maison de sa mère. | Comme ses familiers lui demandaient pourquoi il était triste d'entrer par adoption dans la maison de l'empereur, il se mit à disserter sur les maux inhérents au pouvoir impérial.

3. *Histoire Auguste*, IV, 27, 7

Il avait toujours à la bouche cette pensée de Platon : « Les cités sont florissantes si les philosophes gouvernent ou si les gouvernants pratiquent la philosophie. »[2]

1. Dans sa jeunesse, après sa quinzième année.

2. La formule ne figure pas telle quelle chez Platon, mais elle renvoie à une thèse développée dans la *République* à partir de V, 471c; voir notamment 473 c-d, ainsi que *Lettre VII*, 326 a-b.

4. Dion Cassius, *Histoire romaine*, LXXII, 34, 4

Si un homme faisait convenablement une chose, il le louait et recourait à ses services pour la chose en question, mais il n'attendait rien d'autre de lui, disant que « personne ne peut rendre les hommes conformes à ses vœux, et il convient d'employer ceux qui existent pour le service que chacun est à même de rendre à l'État ».

5. *Histoire Auguste*, IV, 22, 3-4

| Avant d'entreprendre quelque chose, il s'entretenait 3
toujours avec les personnalités les plus éminentes, tant pour les affaires militaires que pour les affaires civiles.
| En un mot, son sentiment profond a toujours été celui-ci : 4
« Il est plus juste que ce soit moi qui suive l'avis d'amis si nombreux et d'une telle qualité, plutôt que de voir tant d'amis d'une telle qualité suivre la volonté d'un seul, la mienne. »

6. Dion Cassius, *Histoire romaine*, LXXII, 29, 4

Il éprouvait tant d'aversion pour toute effusion de sang qu'après avoir, à la demande du peuple, ordonné qu'un lion entraîné à manger les hommes soit introduit dans l'arène, il a non seulement refusé de regarder la scène et d'affranchir le dresseur de l'animal – en dépit de la vive insistance des spectateurs – mais il a en outre fait proclamer publiquement que « cet homme n'a rien fait pour mériter la liberté ».

7. *Histoire Auguste*, IV, 19, 8-9

| Comme on conseillait à Marc Antonin de répudier 8
son épouse s'il ne voulait pas la mettre à mort, il aurait répondu : « Si nous répudions l'épouse, nous devons aussi
rendre la dot. » | Cette dot n'était autre que l'Empire, qu'il 9
avait reçu de son beau-père quand ce dernier l'avait adopté selon la volonté d'Hadrien[1].

1. La conduite de Faustine, épouse de Marc-Aurèle, alimentait les rumeurs sur son infidélité. Marc-Aurèle avait été adopté par Hadrien

8. *Digeste*, IV, 2, 13

Il existe un rescrit du divin Marc conçu en ces termes : « Si tu penses avoir des demandes à présenter, le meilleur parti est que tu intentes une action en justice. » Marcianus ayant déclaré : « Je n'ai commis aucune violence », César[1] lui répondit : « Tu juges qu'il y a violence seulement si des hommes sont blessés ? Il y a violence aussi chaque fois que quelqu'un réclame autrement que par la voie d'un jugement ce qu'il estime lui être dû. Mais je pense qu'il ne sied ni à ta dignité personnelle ni à ton rang ni à ton patriotisme de faire quoi que ce soit au mépris du droit[2]. Toutes les fois donc qu'il m'aura été prouvé qu'un créancier possède ou a reçu sans raison valable un bien de son débiteur, voire la somme qui lui est due sans qu'elle lui aura été remise volontairement par le débiteur et sans l'autorité du juge, et qu'il s'est par lui-même attribué un droit sur ces choses, il perdra sa créance. »

9. Galien, XIV, 658

Marc-Aurèle dit à Peitholaus[3] qu'il n'avait qu'un seul médecin, qui était un homme libre. Et il répétait constamment à mon sujet que j'étais le premier des médecins et le seul philosophe.

10. Dion Cassius, *Histoire romaine*, LXXII, 3, 3

Bien que la bataille fût acharnée et la victoire brillante, l'empereur ne céda pas à la demande des soldats et refusa de leur faire des distributions d'argent, disant exactement

pour lui succéder plus tard et n'avait pas reçu l'Empire directement d'Antonin ; mais Faustine, fille d'Antonin, avait apporté à son mari une grande fortune.

1. L'empereur Marc-Aurèle.

2. Cette phrase est empruntée à une autre version du même texte (*Digeste*, XLVIII, 7, 7).

3. Médecin de la cour, qui s'était gravement trompé sur la maladie de Marc-Aurèle, alors que Galien avait fait le bon diagnostic.

« que tout ce qu'ils auraient reçu en plus de la solde convenue serait payé par le sang de leurs parents et de leurs proches ; et pour ce qui touche à l'autorité suprême, seul le dieu a le pouvoir d'en décider. »[1]. Il exerçait le commandement sur les soldats avec une telle sagesse et une telle maîtrise de soi qu'il eut beau être engagé dans de nombreuses guerres importantes, il ne disait rien qui fût contraire au devoir ou concédé à la flatterie, et n'agissait jamais sous l'emprise de la crainte.

11. Philostrate, *Vie des sophistes*, II, 1, 14 (560)[2]

Sous l'effet de ce tragique accident[3], Hérode perdit le sens ; il se présenta au tribunal de l'empereur sans avoir recouvré ses esprits et désireux de mourir. Arrivé devant l'empereur, il se mit à l'invectiver sans avoir peaufiné son discours – on s'attendait en effet, de la part d'un homme rompu à cet exercice, à ce qu'il maîtrisât sa colère ; mais il s'obstina et, dans une langue libre et sans fioritures, il déclara : « Tout cela, je le dois à mes liens avec Lucius[4], que tu m'as toi-même envoyé ; voilà pourquoi tu me juges, pour être agréable à une épouse et à un enfant de trois

1. C'est-à-dire : les décisions de l'empereur ne dépendent pas de la volonté des soldats.

2. Les chiffres entre parenthèses renvoient à l'édition d'Olearius, Leipzig, 1709 ; il ne s'agit pas de l'édition princeps, mais cette pagination est ordinairement utilisée dans les références.

3. D'Hérode Atticus il a été question déjà ci-dessus *Lettres III et XVI.* Il était accusé devant le tribunal de l'empereur par les Athéniens, qui se plaignaient de la manière tyrannique dont il exerçait ses magistratures à Athènes. L'accident dont parle Philostrate concerne la mort au cours d'un orage de ses filles adoptives, enfants de l'Alcimédon nommé plus loin.

4. Lucius Vérus, qui partageait le pouvoir avec Marc, et mort depuis un an. L'affirmation d'Hérode s'explique sans doute par le fait qu'il avait accueilli Lucius chez lui et que ce dernier avait été soupçonné de vouloir assassiner l'empereur (cf. *Histoire Auguste*, V, X, 4 ; Dion, LXXI, 3, 1).

ans. »[1] Et quand Basséus, investi du pouvoir d'appliquer la peine capitale, le menaça de mort, Hérode lui dit : « Mon très cher, un vieil homme a peu de choses à redouter. » Après quoi, il quitta le tribunal alors que son temps de parole était loin d'être épuisé. De notre côté, nous devons reconnaître que le comportement de Marc-Aurèle dans ce procès fait aussi partie de ces faits qui manifestaient clairement ses convictions philosophiques. Car il ne fronça pas les sourcils et ne détourna pas le regard comme l'aurait fait un arbitre, mais il se tourna vers les Athéniens et leur dit : « Plaidez votre cause, Athéniens, même si Hérode n'y consent pas. » En entendant la défense des Athéniens, il souffrit secrètement en maints endroits. Mais quand on lui fit la lecture des accusations portées par les Athéniens dans lesquelles ils reprochaient ouvertement à Hérode de soumettre à son pouvoir les gouverneurs de la Grèce par des propos doucereux, et s'écriaient par intervalle « Ô douceur amère ! » et « Bienheureux ceux qui sont morts pendant la peste ! », l'empereur fut si profondément ébranlé par ce qu'il entendait qu'il ne put s'empêcher de verser des larmes aux yeux de tous. Cependant, comme le plaidoyer des Athéniens contenait une accusation qui visait aussi bien Hérode que les affranchis, Marc tourna sa colère contre ces derniers et les punit aussi équitablement que possible – c'est ainsi que lui-même caractérisa sa sentence – et il dispensa du châtiment le seul Alcimédon, en disant qu'il était assez puni par le malheur qui le frappait dans ses enfants. Voilà comment Marc se comporta en philosophe en cette circonstance.

1. Philostrate rapporte un peu auparavant que l'épouse et une des filles de Marc-Aurèle, alors en bas âge, étaient favorables aux Athéniens.

11 bis. Philostrate, *Vie des sophistes*, II, 1, 15 (562)[1]

Après les événements de Pannonie, Hérode résida en Attique dans les dèmes qu'il affectionnait le plus, Marathon et Céphisia, entouré d'une jeunesse venue de toutes parts et séjournant à Athènes par amour de son éloquence. Voulant vérifier si l'empereur n'était pas mal disposé envers lui à la suite de ce qui s'était passé au tribunal, il lui adresse une lettre qui ne contenait pas de justification mais une plainte : il s'étonnait, disait-il, de ce que l'empereur ne lui envoyait plus de lettres alors qu'auparavant il écrivait si souvent qu'une fois trois courriers étaient arrivés le même jour, sur les talons l'un de l'autre.

L'empereur écrivit alors longuement à Hérode sur divers sujets, entremêlant ses propos d'expressions empreintes d'une admirable humanité ; je vais le montrer en extrayant de cette lettre ce qui se rapporte à mon sujet. Elle commence par ces mots : « Salut à toi, mon cher Hérode. » Il évoque ensuite les quartiers d'hiver où il se trouvait du fait de la guerre, déplore la mort récente de son épouse[2], dit quelques mots de sa propre faiblesse physique, et poursuit ainsi : « Je te souhaite d'être en bonne santé ; pour ce qui me concerne, je te prie de croire que je suis bien disposé à ton égard, et de ne pas juger que tu as été traité injustement si après avoir découvert les fautes de certains de tes gens je les ai punis – de façon aussi douce que possible. Ne t'irrite donc pas contre moi, et si je t'ai fait ou te fais de la peine en quoi que ce soit, demande-moi

1. Ce texte suit de peu le précédent et fait allusion au procès dont il vient d'être question ; absent de l'édition de Marc-Aurèle par Haines, il a été inséré par le même en complément de son édition de la correspondance de Fronton, vol. II, p. 294.

2. L'impératrice Faustine est morte en 176, au cours d'un voyage en Orient avec Marc.

réparation dans le temple d'Athéna qui est dans la cité, à l'occasion des Mystères. Car au moment où la guerre faisait rage, j'ai formé le vœu d'être moi aussi initié en souhaitant que tu sois mon initiateur. »[1] Voilà quelle était la défense de Marc, si humaine et si ferme à la fois.

12. Thémistios, *Orationes*, 15, 191b

Alors que l'armée d'Antonin, l'empereur romain surnommé le Pieux, était écrasée par la soif, ce dernier leva les mains vers le ciel et dit : « C'est avec cette main qui n'a pas ôté la vie que je t'ai imploré, que j'ai supplié celui qui donne la vie. » Et il a tant impressionné le dieu par sa prière que dans un ciel serein apparurent des nuages apportant la pluie aux soldats[2].

13. Ammien Marcellin, *Histoire*, XXII, 5

En traversant la Palestine pour se rendre en Egypte, souvent dégoûté par les mauvaises odeurs et le tapage des Juifs, Marc se serait douloureusement écrié : « Ô Marcomans, ô Quades, ô Sarmates, j'ai finalement trouvé plus veules que vous ! »[3]

1. De retour d'Orient, Marc s'est arrêté à Athènes en 176 et s'est fait initier aux mystères d'Eleusis.

2. Cet épisode de la pluie miraculeuse est souvent raconté ; rapporté ici à Antonin, il l'est partout ailleurs à Marc-Aurèle. Les auteurs chrétiens qui en font mention précisent que c'est à la suite des prières des soldats chrétiens qui faisaient partie de l'armée que la pluie s'est mise à tomber (*cf.* Tertullien, *Apologétique*, V, 6 ; Eusèbe, *Histoire ecclésiastique*, V, 5, 5), ce qui ne figure ni chez Dion Cassius (LXXII, 8-10) ni dans l'*Histoire Auguste* (IV, 24, 4) ; le premier évoque l'intervention d'un mage égyptien qui aurait accompagné Marc-Aurèle, mais son abréviateur, Xiphilinus, un moine du XIe siècle, dans un commentaire ajouté, s'applique à corriger Dion et donne la version chrétienne. Épisode semblable dans une lettre figurant après les *Apologies* de Justin (voir ci-après p. 316).

3. Passage brièvement commenté dans Th. Reinach, *Textes d'auteurs grecs et romains relatifs au Judaïsme*, Paris, Les Belles Lettres, 2007,

14. Dion Cassius, *Histoire romaine*, LXXII, 27, 1a

Lorsque Marc préparait la guerre contre Cassius, il n'accepta aucun concours des barbares bien qu'ils fussent nombreux à lui offrir leur aide, disant : « Il ne faut pas que les barbares aient connaissance des maux qui naissent entre Romains. »

15. *Histoire Auguste*, VI, 8, 1-7

Quand la tête de Cassius eut été apportée à Antonin, il ne manifesta ni allégresse ni orgueil, il fut au contraire affligé de ce qu'on lui enlevait l'occasion de faire preuve de mansuétude ; il aurait voulu, disait-il, le prendre vivant pour pouvoir lui reprocher d'avoir oublié les bienfaits dont
il l'avait comblé, et pour lui laisser la vie. | Un autre jour, 2
quelqu'un prétendait qu'Antonin était à blâmer pour s'être montré si clément envers son ennemi, ses enfants, ses proches ainsi qu'envers tous ceux dont il avait appris la complicité lors du coup d'État, et l'homme qui le blâmait ajoutait : « Que serait-il arrivé si Cassius avait été vainqueur ? » ; Antonin aurait répondu : « Notre respect des dieux et notre mode de vie ne permettaient pas qu'il pût nous vaincre. »

| Passant ensuite en revue tous les empereurs qui avaient 3
été assassinés, il expliquait qu'il y avait eu des raisons justifiant leur assassinat, et qu'aucun bon empereur n'avait
été soit aisément vaincu par un usurpateur soit tué. | Néron 4
l'avait mérité, pour Caligula c'était nécessaire, Othon et
Vitellius n'avaient pas voulu être empereurs. | Il exprimait 5
une opinion du même genre sur Galba, disant que chez un empereur l'avarice est un défaut particulièrement pénible.
| Par contre, ni Auguste ni Trajan ni Hadrien ni son père 6
n'avaient pu être renversés par leurs ennemis révoltés – ils

p. 353 (« veules » pour *inertiores* ; Reinach traduit par « brutes »).

étaient nombreux pourtant, et ont été éliminés contre le
7 gré des empereurs ou à leur insu. | De son côté, Antonin
demanda au Sénat de ne pas sévir lourdement contre les
complices de la rébellion, lui proposant en cette même
occasion de décider qu'aucun sénateur ne subît la peine
capitale sous son règne ; ce qui lui valut la plus grande
affection.

15 bis. *Histoire Auguste*, VI, 2, 1-8

Réponse de Marc à Vérus au sujet d'Avidius Cassius[1] :

« J'ai lu ta lettre : elle est d'un homme alarmé plutôt
que d'un empereur, et elle est en désaccord avec l'esprit
2 de notre règne. | Si en effet l'empire est destiné à Cassius
par la volonté des dieux, nous ne pourrons pas le tuer même
si nous le voulons. Tu connais cette parole de ton bisaïeul[2] :
"Personne jamais ne tue son successeur." Mais si ce n'est
pas le cas, il tombera de lui-même dans le filet du destin
3 sans que nous ayons à faire preuve de cruauté. | Ajoute
que nous ne pouvons pas mettre en accusation un homme
que personne n'accuse et qui, tu le dis toi-même, est aimé
4 des soldats. | D'un autre côté, dans les causes de haute
trahison, la nature des choses veut que même ceux dont
5 la culpabilité est avérée passent pour des victimes. | Tu
connais en effet ces mots de ton grand-père Hadrien :
"Misérable condition que celle des empereurs, qui ne sont
crus, quand il est question de conjuration, qu'après avoir
6 été assassinés." | J'ai choisi d'attribuer cette phrase à

1. Réponse de Marc à son « frère » et collègue Lucius Vérus, lequel le mettait en garde contre les ambitions d'Avidius Cassius. Lettre fictive, certes, mais plus révélatrice que le texte précédent des excès auxquels l'idéalisation de Marc-Aurèle a pu donner lieu. – Lettre absente de l'édition Haines de Marc-Aurèle, mais publiée par lui en complément de son édition de la correspondance de Fronton, vol. II, p. 308.

2. Trajan.

Hadrien plutôt qu'à Domitien, dont on dit qu'il a été le
premier à la prononcer[1], car les paroles des tyrans, même
lorsqu'elles sont pleines de sens, n'ont pas le poids qu'elles
devraient avoir. | Que donc Cassius suive sa voie, surtout 7
qu'il est bon général, sérieux, courageux et indispensable
à l'État. | Quant à dire, comme tu le fais, que la sécurité 8
de mes enfants exige qu'il meure, que mes enfants périssent
si Avidius mérite d'être aimé plus qu'eux, et si la vie de
Cassius est plus utile à l'État que la vie des enfants de
Marc. »

16. Philostrate, *Vie des sophistes*, II, 9, 35 (582)

Faire l'éloge d'Aristide[2] en l'appelant « le fondateur de Smyrne »[3] n'est pas exagéré, c'est au contraire l'éloge le plus juste et le plus vrai. En effet, quand la ville eut été totalement détruite par des tremblements de terre et des failles dans le sol, il se lamenta de façon si émouvante devant Marc que l'empereur poussa de fréquents gémissements au cours de la complainte[4] d'Aristide ; mais en l'entendant dire que « le souffle des vents avait fait de la ville un désert », il laissa tomber des larmes sur l'écrit <qu'il tenait à la main[5]>, et il approuva la suggestion[6] d'Aristide de rebâtir la ville.

1. Voir Suétone, *Domitien*, 20, 1.

2. Aelius Aristide, célèbre rhéteur né vers 120, un des principaux représentants de la Seconde Sophistique. Il nous reste de lui un nombre important de textes ; il eut pour maître Alexandre de Cotyaeum, qui fut par la suite un des précepteurs de Marc-Aurèle (*Écrits*, I, 10).

3. « Fondateur » est un terme honorifique désignant le bienfaiteur d'une cité. En l'occurrence, la ville de Smyrne ayant été entièrement détruite, le terme retrouve un sens fort.

4. En grec μονῳδία, terme emprunté au langage de la musique.

5. Sans doute la lettre adressée à Marc par Aristide.

6. Autre terme emprunté au langage de la rhétorique et de la musique : ἐνδόσιμον, littéralement *prélude*.

Il se trouve qu'Aristide avait antérieurement rencontré Marc en Ionie. Comme je l'ai entendu de la bouche de Damianos d'Éphèse[1], l'empereur avait déjà passé trois jours à Smyrne ; mais comme il n'avait pas encore fait la connaissance d'Aristide, il demanda aux Quintillii[2] si sa présence ne lui avait pas échappé dans la foule de ceux qui étaient venus le saluer ; ils lui répondirent qu'ils ne l'avaient pas vu non plus, sinon ils n'auraient pas manqué de le présenter à l'empereur. Le lendemain, ils arrivèrent tous les deux accompagnant Aristide ; l'empereur s'adressa à ce dernier et lui demanda : « Pourquoi avons-nous dû attendre si longtemps de te voir ? » Aristide expliqua : « J'étais absorbé dans l'étude d'un problème, ô Empereur, et quand l'esprit est en train d'étudier il ne doit pas être distrait de l'objet de sa recherche. » L'empereur, enchanté du caractère de cet homme, à savoir de son extrême simplicité et de sa passion pour l'étude, lui dit : « Quand pourrai-je t'entendre ? » Réponse d'Aristide : « Propose-moi un sujet aujourd'hui et viens m'écouter demain. Je ne suis pas de ceux qui vomissent leurs discours mais de ceux qui les travaillent avec soin. Et, ô Empereur, permets à mes disciples d'assister eux aussi à la séance. » « Ils ont ma permission, dit Marc, car cela est conforme à l'esprit démocratique. »[3]. Comme Aristide ajoutait : « Accorde-leur en outre, ô Empereur, la permission de crier et

1. Sophiste inconnu par ailleurs, auquel Philostrate consacre tout un chapitre plus loin (II, 23).

2. Deux frères qui gouvernaient ensemble l'Achaïe.

3. Philostrate relève plus haut (II, 1, 14) que les Athéniens qui vinrent trouver Marc-Aurèle pour se plaindre d'Hérode le faisaient parce qu'ils avaient confiance en son naturel favorable à la démocratie. Voir aussi *Écrits*, I, 14 (la notion d'une constitution « égalitaire », c'est-à-dire démocratique, respectant la liberté).

d'applaudir aussi fort qu'ils le pourront », l'empereur répliqua en souriant : « Cela, ça dépend de toi. »

17. Dion Cassius, *Histoire romaine*, LXXII, 32, 1

De retour à Rome, Marc s'adressa au peuple. Comme il mentionnait, entre autres choses, qu'il avait été absent plusieurs années, les gens crièrent « huit ! », et ils montraient aussi ce chiffre avec les doigts de leurs mains, manifestement pour recevoir un nombre égal de pièces d'or à l'occasion de la distribution d'argent[1]. L'empereur sourit et reprit à son tour ce « huit » ; après quoi il leur distribua 200 drachmes par personne, une somme supérieure à ce qu'ils avaient reçu jusque-là.

18. Dion Cassius, *Histoire romaine*, LXXII, 33, 2

Marc demanda aussi au Sénat de l'argent du trésor public, non que ces fonds ne relèvent pas du pouvoir de l'empereur, mais parce que Marc affirmait que tout dépendait du Sénat et du peuple, cet argent comme le reste ; s'adressant au Sénat, il déclara : « Il est si vrai que rien ne nous appartient en propre que la maison même où nous vivons est la vôtre. »

19. Philostrate, *Vie des sophistes*, II, 1, 11 (557)

Voici une autre anecdote remarquable concernant Lucius[2]. L'empereur Marc était très intéressé par Sextus, le philosophe de Béotie[3], qu'il fréquentait et venait même attendre devant sa porte. Tout juste arrivé à Rome, Lucius

1. Littéralement : « pour le repas ». Référence aux distributions publiques de nourriture faites par les magistrats en certaines occasions ; elles devinrent par la suite des distributions d'argent.

2. Lucius est un personnage célèbre pour ses réparties, connu seulement par Philostrate. Voir S. Follet, dans *Dictionnaire des philosophes antiques*, *op. cit.*, IV, 2005, p. 166.

3. Sextus de Chéronée, né vers 85, peut-être stoïcien. Marc-Aurèle lui rend hommage dans les *Écrits*, I, 9. *Cf.* S. Puech, dans *Dictionnaire des philosophes antiques*, *op. cit.*, VI, 2016, p. 263.

rencontra l'empereur qui était sorti de chez lui ; il lui demanda où il allait et dans quel but. Marc lui répondit : « Il est beau d'apprendre, même pour un homme âgé[1] : je me rends chez le philosophe Sextus pour apprendre ce que je ne sais pas encore. » Lucius alors leva la main au ciel et dit : « Ô Zeus, l'empereur des Romains, un vieil homme déjà, s'est attaché une tablette au cou pour aller à l'école, alors que mon roi, Alexandre, est mort à 32 ans. »[2].

20. *Histoire Auguste*, IV, 28, 1-9

Dès le début de sa maladie, Marc fit venir son fils[3] et
lui demanda d'abord de ne pas négliger ce qui restait à
faire pour achever la guerre, afin de ne pas passer pour un
2 traître à l'État. | Comme son fils lui répondit qu'il désirait
avant tout se conserver en bonne santé, il lui permit d'agir
à sa guise, le priant seulement d'attendre quelques jours
3 et de ne pas partir sur le champ. | Puis il s'abstint de manger
et de boire, car il voulait mourir ; ce qui aggrava sa maladie.
4 | Le sixième jour[4], il convoqua ses Amis[5] ; raillant les
affaires humaines et méprisant la mort, il leur dit :
« Pourquoi pleurez-vous sur moi et ne songez-vous pas
plutôt à la peste[6] et à la mort qui nous attend tous ? »
5 | Quand ils voulurent se retirer, il leur dit en soupirant :
« Puisque vous me quittez déjà, je vous dis adieu et je vous
6 précède. » | Et comme ils lui demandaient à qui il
recommandait son fils, il répondit : « À vous, s'il s'en

1. Vers 178, Marc-Aurèle avait environ 57 ans. Lucius le rencontre à Rome, donc avant l'ultime départ de l'empereur pour la guerre.

2. Sous-entendu : « après avoir conquis un empire ».

3. Voir ci-dessus le 3e discours, p. 298.

4. Au sixième jour *de la maladie*, comme plus bas phrase 8.

5. Voir le 3e Discours, p. 298, note 2.

6. Pour certains, Marc serait mort de la peste. Selon Dion Cassius (LXXII, 33-34), il aurait été empoisonné sur ordre de Commode.

montre digne, et aux dieux immortels. » | Quand sa maladie 7
a été connue, l'armée en fut profondément affligée, car les
soldats avaient pour lui une affection exceptionnelle[1]. | Au 8
septième jour, son mal empira et il ne laissa entrer que son
fils ; mais il le renvoya aussitôt pour lui éviter la contagion.
| Après le départ de son fils, il se couvrit la tête comme s'il 9
voulait dormir, mais il rendit l'âme dans la nuit.

21a. Dion Cassius, *Histoire romaine*, LXXII, 22, 1[2]

Le mal de Marc s'aggrava au point que l'espoir d'une guérison s'amenuisait ; et souvent dans le cours de cette maladie il récitait à voix forte ce vers iambique tiré d'une tragédie :

> De pareils coups sont l'œuvre de la guerre funeste[3].

21b. Dion Cassius, *Histoire romaine*, LXXII, 33

Sur le point de mourir, il répondit au tribun militaire qui lui demandait quel était le mot d'ordre : « Va vers le soleil levant, car moi je suis sur le déclin. »

22. Philostrate, *Vie des sophistes*, I, 25, 74 et 76 (539)

Quand l'empereur Marc demanda à Hérode : « Que penses-tu de Polémon ? »[4], il regarda droit devant lui et répondit :

> Le fracas des coursiers rapides enveloppe mes oreilles[5]

voulant signifier ainsi que ses discours étaient sonores et retentissants. [...].

1. La phrase 7 est absente du texte de Haines.
2. Boissevain, p. 262, 2e colonne. Dans l'édition Loeb de Dion, le texte figure en note p. 34.
3. Euripide, *Suppliantes*, 119. Thésée répond par ce vers à Adraste évoquant la ruine de son armée.
4. Sur Hérode, voir ci-dessus n°11, p. 303 ; pour Polémon, voir *Lettres* VII et IX.
5. *Iliade*, X, 535.

La ville de Smyrne, engagée dans un conflit au sujet des sanctuaires et des privilèges qui leur étaient attachés, avait choisi comme avocat Polémon, dont la vie touchait à sa fin. Polémon mourut cependant dès le début du voyage qu'il avait entrepris pour cette action en justice et la ville dut s'en remettre à d'autres avocats. Mais comme ces derniers faisaient une mauvaise plaidoirie au tribunal de l'empereur, ce dernier se tourna vers les délégués de Smyrne et leur demanda : « N'aviez-vous pas désigné Polémon pour être votre avocat dans ce procès ? » « Si, dirent-ils, si c'est de Polémon le Sophiste que tu parles. » L'empereur reprit : « Peut-être, dans ce cas, a-t-il rédigé un discours pour défendre vos droits, vu qu'il devait plaider devant moi et pour une affaire aussi importante ? » « Peut-être, Empereur, répondirent-ils, mais pas à notre connaissance. » L'empereur alors ajourna le procès jusqu'au jour où on lui apporta le discours. On le lut au tribunal et l'empereur rendit un verdict conforme aux conclusions du discours. C'est ainsi que Smyrne s'en retourna en ayant remporté la victoire dans la question de la primauté[1], et les habitants dirent que Polémon était revenu à la vie pour eux.

23. *Histoire Auguste*, IV, 29, 4

Quand il s'apprêtait à repartir pour la guerre contre les Marcomans, il jura au Capitole qu'aucun sénateur n'avait été mis à mort avec son consentement, puisqu'il aurait même fait grâce aux rebelles, avait-il dit, s'il avait eu connaissance de leur sort à temps.

1. À propos des droits attachés aux sanctuaires.

SUPPLÉMENT

I. Lettre d'Antonin à l'Assemblée d'Asie (Eusèbe, *Histoire ecclésiastique*, IV, 13, 1-7)

Moins encore que les textes précédents de l'Annexe, cette lettre ne peut guère prétendre à l'authenticité, mais elle offre un témoignage caractéristique de l'usage qui a été fait du nom de Marc-Aurèle par les Chrétiens. Il est compréhensible que l'image idéalisée de son règne et de sa personne, répandue tant chez les païens que chez les Chrétiens[1], ait été utilisée par ces derniers pour soutenir leur cause. C'est dans ce contexte qu'il faut situer des documents tels que celui-ci, qui se donne pour une lettre de Marc-Aurèle destinée à faire cesser les persécutions. Les inexactitudes de l'adresse initiale ainsi que la bienveillance un peu trop marquée envers les Chrétiens invitent clairement à considérer cet écrit comme un faux, mais son authenticité (au moins partielle) a longtemps été soutenue.

1. Pour les premiers, Haines cite à la volée Galien, Dion, Philostrate, Aelius Aristide ; voir aussi les textes de l'*Histoire Auguste* ci-dessus. Les témoignages authentiques d'auteurs chrétiens sont plus rares : Tertullien parle de lui comme « protecteur des Chrétiens » (*Apologétique*, V, 6) ; Athénagoras évoque sa douceur, son esprit d'indulgence, son humanité, mais déplore qu'il *permette* néanmoins les persécutions (*Supplique au sujet des Chrétiens*, I, 2-3). Ce qu'a été dans les faits l'attitude de Marc-Aurèle à l'égard des Chrétiens ne peut être examiné ici ; voir la Bibliographie sur ce point dans l'article « Marc Aurèle » du *Dictionnaire des philosophes antiques, op. cit.*, IV, 2005, p. 280, et B. Pouderon dans l'Introduction du texte cité d'Athénagoras, p. 23.

Cette lettre remonterait à un original latin dont on ignore l'auteur. Cortassa fait l'hypothèse qu'un premier faux, attribué à Antonin le Pieux, circulait à la fin du IIe siècle, et que ce texte a ensuite été repris et adapté aux circonstances à plusieurs reprises. À côté de la version grecque traduite ici, on en trouve une autre, toujours en grec, à la suite des *Apologies* de Justin ; le texte en est un peu différent, mais il s'accorde pour l'essentiel avec celui d'Eusèbe[1]. Cette lettre est d'ailleurs suivie, chez Justin, par une autre lettre de même inspiration, à laquelle il a été fait allusion ci-dessus à propos du n° 12 des « Paroles mémorables » (la pluie miraculeuse) ; l'empereur Marc-Aurèle s'adresse cette fois au Sénat pour témoigner de ce que les Chrétiens sont les artisans de cette victoire que les Romains viennent de remporter[2].

1 | L'empereur César Marc Aurèle Antonin Auguste, Arménique, grand pontife, revêtu de la puissance tribunitienne pour la 15e fois, consul pour la 3e fois[3], à l'assemblée d'Asie, salut.

2 | Je sais que les dieux veillent eux aussi à ce que cette catégorie d'hommes n'échappe pas aux poursuites. En fait ce sont eux, plutôt que vous, qui devraient punir ceux qui
3 refusent de les adorer. | Vous les jetez dans le trouble et vous les confortez dans leurs opinions en les accusant d'athéisme. Ils peuvent bien juger préférable d'être accusés et de mourir pour leur dieu d'une mort apparente plutôt que de vivre. Ce faisant, ils sont de surcroît victorieux quand ils sacrifient leur vie plutôt que de vous obéir et de
4 faire ce que vous leur demandez de faire. | Au sujet des tremblements de terre passés et présents, il n'est pas hors

1. Le texte est publié en note par Cortassa, p. 744

2. Texte et traduction italienne dans Cortassa, p. 748-753.

3. Cette adresse contient plusieurs inexactitudes, voir la note 1, p. 177 de l'édition de l'*Histoire ecclésiastique* d'Eusèbe des Éditions du Cerf (Sources chrétiennes). « Arménique » est un titre honorifique, que Marc-Aurèle n'avait pas encore à la date supposée de la lettre (161).

de propos que vous vous les remettiez en mémoire, vous
qui perdez courage chaque fois qu'ils se produisent et
pouvez comparer votre comportement au leur. | Ils se 5
tournent vers leur dieu avec plus de confiance encore, alors
que vous, durant tout ce temps – temps durant lequel vous
étiez apparemment plongés dans l'ignorance – vous
négligez à la fois les autres dieux et l'adoration du dieu
immortel ; et ceux qui l'adorent, les Chrétiens, vous les
pourchassez et les persécutez jusqu'à la mort. | De 6
nombreux gouverneurs de province ont déjà écrit à mon
divin père en faveur de ces gens ; il leur a répondu de ne
pas les inquiéter, sauf s'il était manifeste qu'ils entre-
prenaient quelque chose contre la souveraineté des
Romains. J'ai moi aussi reçu de nombreux signalements
à leur sujet, et la réponse que j'ai faite est conforme à l'avis
de mon père. | Si donc on persiste à poursuivre l'un d'entre 7
eux parce qu'il est chrétien, que celui qui est poursuivi
soit absous de l'accusation même s'il apparaît clairement
qu'il est chrétien, et l'accusateur sera passible de peine.

Promulgué à Éphèse, dans l'assemblée d'Asie.

II. Inscription découverte à Éphèse (extrait)[1]

L'empereur César Marc Aurèle Antonin Auguste, et l'empereur César Lucius Aurèle Vérus Auguste Arméniaque saluent Ulpius Euriclès[2].

[...] La première question que tu nous as soumise, celle qui concerne les statues en argent – une affaire qui réclame

1. D'après le texte édité par G. Cortassa, p. 642. Inscription en grec datée de l'an 164, publiée pour la première fois par R. Heberdey, *Forschungen in Ephesos*, II, 1912.

2. Curateur de la ville d'Éphèse.

vraiment notre accord – elle t'a manifestement offert le prétexte pour présenter tes autres demandes. Donc pour ce qui regarde les anciennes statues des empereurs dont tu dis qu'elles sont déposées dans ce Sénat[1], nous jugeons bon, en un mot, qu'elles doivent toutes être conservées avec les noms de ceux pour qui chacune d'elles a été érigée, et qu'il ne faut rien modifier dans le matériau pour les faire à notre ressemblance. En effet, nous qui par ailleurs ne recherchons pas les honneurs qu'on nous rend, bien moins supporterions-nous qu'on nous transfère les honneurs rendus à d'autres. Mais toutes les statues... (*lacune*) qui ont gardé leurs formes, fût-ce juste assez pour qu'on reconnaisse les traits du visage, il t'est venu à l'esprit à toi aussi, après réflexion, qu'il fallait les conserver avec leurs noms d'origine. Quant à celles qui selon toi sont si gravement endommagées qu'elles ne permettent plus d'y reconnaître aucune figure, peut-être pourrait-on restituer leurs noms à partir des inscriptions figurant sur le socle, ou peut-être à partir des archives, s'il en existe dans ledit Sénat (*lacune*) ; de la sorte, <l'honneur rendu> à nos prédécesseurs sera renouvelé au lieu d'être effacé à cause de la refonte des statues.

III. Sur l'enseignement de la philosophie à Athènes

a) Dion Cassius, *Histoire romaine*, LXXII, 31, 3

Après être arrivé à Athènes et avoir été initié aux mystères[2], Marc donna non seulement des marques d'honneur aux Athéniens, mais au bénéfice de tous les

1. Le Sénat d'Éphèse.
2. Les mystères d'Éleusis.

hommes il établit à Athènes des maîtres dans toutes les disciplines en leur attribuant un salaire annuel.

b) Philostrate, *Vie des sophistes*, II, 2, 20 (566)

Théodote[1] occupa la chaire <de rhétorique> destinée à l'éducation des jeunes athéniens, et il fut le premier à percevoir de l'empereur un salaire de 10 000 drachmes. Ce fait ne mérite pas d'être noté pour lui-même (car il ne vaut pas la peine de mentionner tous ceux qui ont occupé cette chaire), mais parce que Marc, qui avait chargé Hérode[2] de choisir les philosophes platoniciens, stoïciens, péripatéticiens et épicuriens, le choisit personnellement pour la formation des jeunes, à cause de sa réputation, l'appelant champion dans l'art oratoire politique et orgueil de la rhétorique.

c) Zonaras, *Epitome historiarum*, XII, 3[3]

Arrivé à Athènes, Marc donna des marques d'honneur aux Athéniens, et nomma des maîtres pour chacune des disciplines, leur attribuant un salaire annuel payé sur le trésor public.

1. Julius Théodotos, rhéteur et sophiste athénien, élève d'Hérode, nommé par Marc-Aurèle à la chaire de rhétorique.

2. Sur Hérode Atticus, voir ci-dessus les n° 11 et 11 bis, p. 302*sq*.

3. Texte reproduit dans le volume de Cortassa, p. 734.

BIBLIOGRAPHIE

I. TEXTES ANCIENS

A) *Textes de Fronton et de Marc-Aurèle*

[FRONTON] Marcus Cornelius Fronto, *Correspondence*, texte et trad. C.R. Haines, London-Cambridge (Mass.), Loeb Classical Library, 2 vol., 1919; 1962.
– M. Cornelii Frontonis *Epistulae*, texte M.P.J. Van den Hout, Leiden, Brill, 1954.
– M. Cornelii Frontonis *Epistulae*, schedis tam editis quam ineditis E. Hauleri usus, iterum edidit M.P.J. Van den Hout, Leipzig, Teubner, 1988.
– *Correspondance*, trad. P. Fleury et S. Demougin, Paris, Les Belles Lettres, 2003.

[MARC-AURÈLE] Μάρκου Ἀντωνίνου αὐτοκράτορος τῶν εἰς ἑαυτὸν βίβλια ιβ′. *Marci Antonini imperatoris de rebus suis, siue de is quae ad se pertinere censebat libri XII*, texte T. Gataker, Cambridge, Thomas Buck, 1652.
– Marcus Aurelius, texte et trad. C.R. Haines, London-Cambridge (Mass.), Loeb Classical Library, 1916; 1930.
– *Pensées*, texte et trad. A.I. Trannoy, Paris, Les Belles Lettres, C.U.F, 1925; 1964.
– *The Meditations of the Emperor Marcus Antoninus*, texte, trad. et comm. A.S.L. Farquharson, Oxford, Clarendon, 2 vol., 1944.
– Kaiser Marc Aurel, *Wege zu sich selbst*, texte et trad. W. Theiler, Zürich-München, Artemis, 1951 ; 1974.

– *Marco Aurelio latino*, intr., texte et comm. L. Pepe, Napoli, Armanni, 1957.
– *Pensées*, trad. E. Bréhier, rév. J. Pépin, dans *Les Stoïciens*, trad. E. Bréhier et éd. P.-M. Schuhl, « Bibliothèque de la Pléiade », Paris, Gallimard, 1962 ; Tel-Gallimard, 2 vol., 1997.
– Marcus Aurelius Antoninus, *Ad se ipsum libri XII*, texte J. Dalfen, Leipzig, Teubner, 1979 ; 1987.
– *Scritti di Marco Aurelio*, intr., trad. et comm. G. Cortassa, Torino, UTET, 1984.
– *Écrits pour lui-même*, livre I, texte, trad. et comm. P. Hadot et C. Luna, Paris, Les Belles Lettres, C.U.F., 1998.
– *A soi-même* (*Pensées*), trad. P. Maréchaux, Paris, Payot & Rivages, 2003.
– *Marco Aurelio. Pensieri*, trad. de A. Marchiori, comm. de M.L. Gambato, Roma, Salerno, 2005.
– *Marcus Aurelius. Meditations. Books 1-6*, trad. et comm. Ch. Gill, Oxford, University Press, 2013.
– *Marc Aurèle. Pensées pour soi*, trad. C. Dalimier, Paris, Flammarion, 2018.

B) *Autres textes anciens*

AMMIEN MARCELLIN, *Histoire*, 6 tomes (livres XIV-XXXI), texte et trad. E. Galletier, G. Sabbah, J. Fontaine, M.A. Marié, Paris, Les Belles Lettres, C.U.F., 1968-1999.
ATHÉNAGORE, *Supplique au sujet des chrétiens*, texte et trad. B. Pouderon, Paris, Éditions du Cerf, 1992.
Digeste, dans *Corpus iuris civilis*, éd. de Metz, 1803.
DIOGÈNE LAËRCE, *Vies et Doctrines des Philosophes illustres*, trad. et comm. M.-O. Goulet-Cazé *et al.*, Paris, Le Livre de Poche, 1999.
– Diogenes Laertius, *Lives of Eminent Philosophers*, texte T. Dorandi, Cambridge, Cambridge University Press, 2013.
[DION CASSIUS] *Cassii Dionis Cocceiani Historiarum romanarum quae supersunt*, texte Ph. Boissevain, Berlin, Weidmann-Teubner, 4 vol., 1895-1901 ; 1955.

– *Dio's Roman History*, texte et trad. H. Baldwin Foster, E. Cary, London-Cambridge (Mass.), Loeb Classical Library, 1927 *sq.*, 9 vol.

ENNIUS, voir *Remains of old Latin*, vol. I.

EUSÈBE DE CÉSARÉE, *Histoire ecclésiastique*, livres I-IV, texte E. Schwartz et trad. G. Bardy, Paris, Éditions du Cerf, 2001.

[GALIEN] CLAUDII GALENI, *De praenotione ad posthumum*, dans *Opera omnia*, texte C.G. Kühn, vol. XIV, Leipzig, 1827.

[HÉRODIEN] HERODIAN, *History of the Empire*, texte et trad. C.R. Whittaker, 2 vol., London-Cambridge (Mass.), Loeb Classical Library, 1969-1971.

– *Histoire des empereurs romains de Marc-Aurèle à Gordien III*, trad. D. Roques, Paris, Les Belles Lettres, 1990.

Histoire Auguste, texte et trad. A. Chastagnol, Paris, Robert Laffont, 1994.

JORDAN H., *M. Catonis praeter librum De re rustica quae extant*, Leipzig, 1860.

LABÉRIUS, voir Ribbeck.

NAEVIUS, voir *Remains of old latin,* vol. II.

NOVIUS, voir Ribbeck.

[PHILOSTRATE ET EUNAPE] Philostratus and Eunapius, *The Lives of the Sophistes*, texte et trad. W. Cave Wright, London-Cambridge (Mass.), Loeb Classical Library, 1921 ; 1968.

Philostrate, *Vie des sophistes. Lettres érotiques*, trad. G. Bounoure et B. Serret, Paris, Les Belles Lettres, 2019.

[PLAUTE] PLAUTUS, vol. IV, *Stichus. Three Bob Day. Truculentus. The Tale of a Travelling Bag*, *Fragments*, texte et trad. P. Nixon, London-Cambridge (Mass.), Loeb Classical Library, 1938 ; 1960.

– *Comédies*, vol. VII, *Trinummus, Truculentus, Vidularia, Fragments*, texte et trad. A. Ernout, rév. J.-C. Dumont, Paris, Les Belles Lettres, C.U.F, 2003.

[PRÉSOCRATIQUES] *Die Fragmente der Vorsokratiker*, texte et trad. H. Diels et W. Kranz, Berlin, Weidmann, 1903 ; 1951-1952.

REINACH Th., *Textes d'auteurs grecs et romains relatifs au Judaïsme*, Paris, Les Belles Lettres, 1895 ; 2007.

Remains of old latin, I et II, texte et trad. E.H. Warmington, London-Cambridge (Mass.), Loeb Classical Library, 1935-1936 ; 1961.

RIBBECK O., *Comicorum Romanorum Fragmenta*, Leipzig, Teubner, 1873.

[SOUDA] *Suidae Lexicon*, texte A. Adler, Leipzig, Teubner, 5 vol., 1928-1938.

[THÉMISTIOS] *Temistio. Discorsi*, trad. R. Maisano, Torino, UTET, 1995.

TERTULLIEN, *Apologétique*, texte et trad. J.-P. Waltzing, Paris, Les Belles Lettres, C.U.F, 1929 ; 2003.

ZONARAS J., *Epitome historiarum*, texte L. Dindorf, vol. III, Leipzig, Teubner, 1870.

II. AUTEURS MODERNES

ACKEREN M. van (dir.), *A Companion to Marcus Aurelius*, London, Blackwell, 2012.

ALEXANDRE M., « Le travail de la sentence chez Marc-Aurèle : philosophie et rhétorique », *La Licorne* 3, 1979, p. 125-158.

ANNAS J., « Marcus Aurelius : Ethics and its Background », *Rhizai* 2, 2004, p. 103-119.

ASMIS E., « The Stoicism of Marcus Aurelius », *ANRW* 2.36/3, 1989, p. 2228-2252.

BRAUNE A., *Marc Aurels* Meditationen *in ihrer Einheit und Bedeutung*, Diss. Altenburg, 1878.

CARATINI R., *Marc Aurèle. L'empereur philosophe*, Neuilly-sur-Seine, Lafon, 2004.

COOPER J., « Moral Theory and Moral Improvement : Marcus Aurelius », in *Knowledge, Nature, and the Good. Essays on Ancient Philosophy*, Princeton, Princeton University Press, p. 335-368.

DALFEN J., *Formgeschichtliche Untersuchungen zu den* Selbstbetrachtungen *Marc Aurels*, Diss. Munich, 1967.

FLEURY P., « Marc Aurèle épistolier : comment faire écrire un empereur romain de l'antiquité au XVI e siècle », *Anabases* 19, 2014, p. 133-153.

FOLLET S., « Lettre de Marc Aurèle aux Athéniens : nouvelles lectures et interprétations », *Revue de Philologie, de littérature et d'histoire anciennes* 53, 1979, p. 29-43.

GIAVATTO A., *Interlocutore di se stesso. La dialettica di Marco Aurelio*, Hildesheim-Zürich-New York, Olms, 2008.

– « Logic and the *Meditations* », *in* M. van Ackeren (dir.), *A Companion to Marcus Aurelius*, London, Blackwell, 2012, p. 408-419.

GOULET R. (dir.), *Dictionnaire des philosophes antiques*, Paris, CNRS Éditions, 8 vol., 1989-2018.

GRIMAL P., « Ce que Marc-Aurèle doit à Fronton », *Revue des études latines* 68, 1990, p. 151-159.

HADOT P., « La physique comme exercice spirituel, ou pessimisme et optimisme chez Marc-Aurèle », *Revue de Théologie et de Philosophie* 102, 1972, p. 225-239.

– *La citadelle intérieure. Introduction aux* Pensées *de Marc Aurèle*, Paris, Fayard, 1992 ; 1997.

HATT J. J., *Histoire de la Gaule romaine*, Paris, Payot, 1970.

HEBERDEY R. *et al.*, *Foschungen in Ephesos*, 2 : *Das Theater in Ephesos*, Wien, Alfred Hölder, 1912.

ILDEFONSE F., *Le multiple dans l'âme. Sur l'intériorité comme problème*, Paris, Vrin, 2022.

JONES C.P., « A new letter of Marcus Aurelius to the Athenians », *Zeitschrift für Papyrologie und Epigraphik* 8, 1971, p. 161-183.

KRIER J., « Zum Brief des Marcus Aurelius Caesar an den dionysischen Kultverein von Smyrna », *Chiron* 10, 1980, p. 449-456.

MARTINAZZOLI F., *La* successio *di Marco Aurelio. Struttura e spirito del primo libro dei* Pensieri, Bari, Adriatica, 1951.

MULLER R., *Les Stoïciens*, Paris, Vrin, 2012.

RATTI S., *L'Histoire Auguste*, Paris, Les Belles Lettres, 2016.

REYDAMS-SCHILS G., *The Roman Stoics. Self, Responsibility, and Affection*, Chicago-London, The University of Chicago Press, 2005.

RIST J., « Are You a Stoic ? The Case of Marcus Aurelius », *in* B.F. Meyer, E.P. Sanders (dir.), *Jewish and Christian Self-Definition*, 3 : *Self-Definition in the Graeco-Roman Word*, Londres, SMC, 1982, p. 23-45.

ROBINNE G., « Correspondance de Fronton et de Marc Aurèle. Fragments sur le sommeil », dans *Une traversée des savoirs. Mélanges offerts à Jackie Pigeaud*, textes rassemblés par Ph. Heuzé, Y. Hersant et édités par E. Van der Schueren, Québec, Presses de l'Université de Laval, 2008, p. 263-283.

ROSSIGNOL B., *Marc Aurèle*, Paris, Perrin, 2020.

RUTHERFORD R.B., *The* Meditations *of Marcus Aurelius. A Study*, Oxford, Clarendon, 1989.

SELLARS J., *Marcus Aurelius*, London, Routledge, 2020.

INDEX

TABLE DES MATIÈRES

Achevé d'imprimer en janvier 2024
La Manufacture - *Imprimeur* – 52200 Langres – Tél. : (33) 325 845 892
Imprimé en France – N° : 240027 – Dépôt légal : janvier 2024